# 美育教师手册
## 理论、方法与实践

李 睦 主编  沈 晖 副主编

清华大学出版社
北京

本书封面贴有清华大学出版社防伪标签，无标签者不得销售。
版权所有，侵权必究。举报：010-62782989，beiqinquan@tup.tsinghua.edu.cn。

图书在版编目（CIP）数据

美育教师手册：理论、方法与实践/李睦主编.—北京：清华大学出版社，2023.2（2025.5重印）
ISBN 978-7-302-62581-0

Ⅰ.①美… Ⅱ.①李… Ⅲ.①美育-教师培训-手册 Ⅳ.①G40-014②G451.2-62

中国国家版本馆CIP数据核字（2023）第021664号

责任编辑：宋丹青
封面设计：傅瑞学
责任校对：王荣静
责任印制：丛怀宇

出版发行：清华大学出版社
网 址：https://www.tup.com.cn，https://www.wqxuetang.com
地 址：北京清华大学学研大厦A座　　邮 编：100084
社 总 机：010-83470000　　邮 购：010-62786544
投稿与读者服务：010-62776969，c-service@tup.tsinghua.edu.cn
质量反馈：010-62772015，zhiliang@tup.tsinghua.edu.cn
印 装 者：涿州市般润文化传播有限公司
经 销：全国新华书店
开 本：145mm×210mm　　印 张：12　　字 数：300千字
版 次：2023年3月第1版　　印 次：2025年5月第8次印刷
定 价：68.00元

产品编号：098121-01

"以**美育浸润学生**，全面提升学生文化理解、审美感知、艺术表现、创意实践等核心素养，丰富学生的精神文化生活，让学生身心更加愉悦，活力更加彰显，人格更加健全。**以美育浸润教师**，发挥教师职业的美育功能，提升全员美育意识和美育素养，塑造人格魅力，涵养美育情怀。**以美育浸润学校**，打造昂扬向上、文明高雅、充满活力的校园文化，建设时时、处处、人人的美育育人环境。"

"配齐配好美育教师，加强师德师风建设。强化各学科教师的美育意识和美育素养，将美育纳入教育系统领导干部和教师培训计划……开展艺术学科教师素质与能力监测，提升教学与专业能力。抓好教师源头培养，将美育课程纳入师范类专业学生人文素养课程，将美育素养有关内容纳入教师资格考试，办好全国艺术教育类专业学生和教师教学基本功展示。建设国家、省、市、县各级学校美育名师工作室，构建名师和骨干教师学习成长共同体。"

——教育部《关于全面实施学校美育浸润行动的通知》（2023年）

# "美育终身研习系列"卷首语[①]

提到美育，人们习以为常地以为专属于青少儿，一旦成人，对于美则不必认真，也无暇认真。其实不然，美育本不是少数人的需要和专利，而是向更广义更广泛的终身学习者敞开，以人传人，相互照亮。

清华大学美术学院社会美育研究所成立之初，即以"社会美育"为名，因为我们既立足于大学，亦负有一份社会教育的责任。百余年来，美育是清华教育思想和实践的重要一脉，梁启超先生在题为"美术与生活"（1922）的演讲中谈道："人类固然不能个个都做供给美术的'美术家'，然而不可不个个都做享用美术的'美术人'"[②]。此外，王国维、梅贻琦、洪深、朱自清、闻一多、梁思成、林徽因、黄自、陈梦家、曹禺、蒋南翔、张肖虎、刘曾复、王逊、吴冠中等前辈，在中国近现代美育的历程中留下了印迹，他们的美育观点时至今日还常被引用和讨论。而身处新技术变革、新时代发展之中的我们，又对美育有何新解？对今日的教育问题作何回答？

基于以上认识，我们认为，以丛书的形式组编"美育终身研习系列"会是一件有益的可为之事。其主旨既包含对于青少年美育的观照，更致力于促进学校美育、家庭美育与社会美育的协同与

---

① 本系列由清华大学美术学院社会美育研究所倡议、组编，李睦教授任该系列学术顾问，孙墨青任该系列学术主持及策划编辑。

② 梁启超.美术与生活[M]//梁启超.梁启超论教育.北京：商务印书馆，2017:231.

融合，向最广义上的教育界推介新理念、新方法，提出新问题、新思路。

此系列以《美育教师手册》为起点，将陆续推出兼具专业水准和教学适用性的各类美育著作及相关教学资源。面向学术研究者与院校教师作者，我们长期征集以下方向的选题——"美育理论与美育史""美育与艺术心理学""美育课程与教学论""美育评价体系与应用""美育研究方法与写作"，等等。面向更广泛的作者群，我们长期征集以下专题——"学校美育""家庭美育""博物馆美育""非遗美育""乡村美育""设计美育""音乐美育""自然美育"，等等。欢迎有相关教研积淀与写作计划的作者与我们联系，也欢迎读者指出不足、交流心得（sunmq@tup.tsinghua.edu.cn），逐渐形成美育终身研习的共同体。

我们希望每一本书都在探讨教育理念、艺术与审美标准的同时，紧密关注和回应美育"正在进行时"所面临的共性问题。我们将格外珍视尝试化解这些问题的种种思考、行动和书写，因为美育并非一种抽象而遥远的美学理想，它和人本身一样具体，也一样切近而有温度。

清华大学美术学院社会美育研究所

2023年9月

# 如何成为一名美育教师

作为一名从教四十年的艺术教师，我所从事的工作自然是关于艺术教育的，但我不确定这项工作是否顺理成章地与美育有关。作为一名美育的教学和研究者，我的愿望是通过艺术教育达到美育的效果。但是，在教育实践中，我们经常用艺术教育替代了美育，陷入了"以艺术代美育"的状态。艺术和美育是相关而不同的两个领域，艺术求"专"，美育求"通"，在教育的理念和方法上，不可相互替代。厘清艺术教育与美育的关系，以及美育与其他学科领域的关系，既是艺术教学和研究者们的专业责任，也是我们的社会责任。艺术教师是职业，美育教师是事业，我们正是借助艺术教育去达成以美育人的目的。否则，我们如何解释美育教师这个角色以及教育使命的崇高呢？

艺术教育与美育之间的联系千丝万缕，这也是人们常常会将艺术等同于美育的原因，艺术可以起到美育的作用，但美育应起的作用并不仅限于艺术，而是德、智、体、美、劳等教育维度的融会贯通。美育既促进艺术教育从"专业"走向"通识"，又经由艺术教育连接和融合了更多的学科教育，发掘各个学科之间的"共性"，亦凸显各个学科的"特性"。当我们把艺术教育的视野扩展到以上范围，艺术教育才能超越其专业属性，承载美育作为育人事业的部分使命和职能，才能成为美育的主要手段和重要支撑。艺术教育和美育的关系，也只有在这样的视野下才能被澄清。

长久以来，我们都在主张美育对于教育的完整性是重要的，但也许正因为美育被放到一个"曲高和寡"的位置，它的实际意义和作用反而被弱化了，弱化到只剩下一个"高度"而已。到目前为止，什么是美育？我们为什么需要美育？如何才能落实美育？学者和教育者们都还没能达成相应的共识。旷日持久的宣传和研讨，既不能让美育深入人心，也无法让美育脚踏实地。我们需要的不是空洞的"说辞"，而是具体地"去做"。

　　比如，人们常说，教育理论的研究要与教育实践紧密结合，我们需要进一步触及更具体的问题：何为紧密，怎样结合？我们应该知道，美育能否切实落地至少与以下几方面密切相关：一是美育教师，二是美育课程，三是美育标准，四是美育评价。评价需要标准，标准需要课程，课程需要教师，而教师恰恰是美育目标能否实现的关键。但如何成为一名美育教师呢？尚未有明确的答案。

　　美育是促进各个学科之间融会贯通的教育，所以它是关于大多数人的教育，甚至是关于所有人的教育。长久以来，自上而下的教育指导当然不可或缺，自下而上的努力实践也同样应给予充分的尊重和肯定——教师的工作属于后者，却可以影响前者所作的决定。这也是美育教师的价值所在，为我们的艺术教育工作赋予了美育的意义。我们缺少兼具美育情怀和艺术水准的教师，缺少擅于用艺术的方法去贯通学生思维的教师，更缺少在教学过程中寻找机会研究美育教学方法的教师。

　　正因如此，我们必须不断地鼓励有经验的教师与青年教师们就美育与艺术教育进行理论和实践的思辨：美育是否等同于艺术教育？艺术教育是否等同于专业教育？专业教育与技能教育的差异在哪里？技能教育与美育的关系到底是怎样的？二者是否有关系？……在这些基本认知上研讨、探索，或达成共识，或辩论差异，是所有美育教师都应该做的功课，也是推动整个美育事业向前的根本驱动力。

激发美育工作者们的思辨，呈现艺术和美育方面的实践和探索，推动美育和艺术教育的两重性及其在实践中的发展，是我们编辑和出版这本手册的全部意义。

李睦

清华大学美术学院教授、博士生导师
清华大学美术学院社会美育研究所所长
清华青岛艺术与科学创新研究院美育实验室主任
2022年9月

# 目录

### 第一章　开启美育之门　　　　　　　　　　　　　　　／001

引言　　　　　　　　　　　　　　　　　　　　　　　　／003

艺术教育的四副面孔　　　　　　　　　　　　彭锋／004

探索"不被定义"的艺术教育　　　　　　　　　李睦／011

艺术在美育中的方位与价值　　　　　　　　黄宗贤／016

美感的培养：情境、感知与沁润　　　　　　　顾平／025

艺术教育对大脑开发的作用　　　　　　　　郑勤砚／038

艺术为什么重要？　　　　　　　　　　　　刘未沫／046

美育为人人：《审美教育书简》的人类关怀　　孙墨青／060

延伸思考　　　　　　　　　　　　　　　　　　　　　／070

拓展学习　　　　　　　　　　　　　　　　　　　　　／071

### 第二章　跨学科美育对话　　　　　　　　　　　　　　／073

引言　　　　　　　　　　　　　　　　　　　　　　　　／075

哲学教育、艺术教育，为什么？　　黄裕生　李睦　肖怀德／076

艺术与科学的共同追求　　　　　　　　　李睦　吴国盛／087

通过艺术、文学、音乐的人格养成　　李睦　高瑾　陈曦／098

心通天宇的艺术和科学　　　　　　　　　刘巨德 / 106

图像、文化理解与美育　　　　　　　　　甄巍 / 112

作为美育的文学教育　　　　　　　　　　高瑾 / 120

音乐课堂与多元文化　　　　　　　　　　罗薇 / 130

德国戏剧教育中剧院、学校和机构的角色　敖玉敏 / 141

延伸思考　　　　　　　　　　　　　　　　 / 150

拓展学习　　　　　　　　　　　　　　　　 / 151

## 第三章　大学美育的思与行　　　　　　／153

引言　　　　　　　　　　　　　　　　　　 / 155

大学、艺术教育和我们的职责　　　　　　封帆 / 156

大学美育的人文理念　　　　　　　　　　孙墨青 / 162

当代艺术教育面临的四个问题：思维、传统、指导、跨界
　　　　　　朱迪斯·M.伯顿（Judith M.Burton）　封帆，译 / 172

艺术家如何成为艺术教育工作者　　　　　李睦 / 181

新时代学校美育的使命与教学实施　　　　赵洪 / 191

清华大学艺术博物馆美育理念与实践　　　杜鹏飞 / 200

审美教育与非遗课堂　　　　　　　　　　陈岸瑛 / 208

"寓教于戏"的创作实践　　　　　　　　　　　肖薇 / 217

延伸思考　　　　　　　　　　　　　　　　　　/ 226

拓展学习　　　　　　　　　　　　　　　　　　/ 227

## 第四章　中小幼美育的方向与方法　　　/ 229

引言　　　　　　　　　　　　　　　　　　　　/ 231

创建新时代大美育课程体系　　　　　　　赵伶俐 / 232

中小学一体化美育课程体系探索　　　　　黄静 / 244

视觉艺术与学校美育课程建设及评价　　　高登科 / 257

我用美术说美育　　　　　　　　　　　　龙念南 / 270

在少儿美术教育中融入"大概念"　　　　尹少淳 / 279

核心素养背景下的学校美术教育展望　　　段鹏 / 286

美术教学的"馆校合作"模式与实践　　　吕鹏 / 298

关于色彩教学的若干思考　　　　　　　　李睦 / 308

设计思维如何激活美育课程设计　　　　　于妙 / 318

中外原创绘本的创作与阅读　　　　　　　熊亮 / 324

延伸思考　　　　　　　　　　　　　　　　　　/ 333

拓展学习　　　　　　　　　　　　　　　　　　/ 334

## 第五章　审美素养如何评价　　　/ 335

引言　　　　　　　　　　　　　　　　　　　　/ 337

审美素养评价的基本原则

　　　　　　　清华大学美术学院社会美育研究所 / 338

审美素养评价，为何不同于美术考试　　　孙墨青 / 342

审美素养的五维评价体系与培养路径　　王东　于妙 / 345

学生审美素养评价的方法与思考　　　高登科　弋语可 / 358

大学生艺术素质评价体系及提升策略　　　石春轩子 / 360

延伸思考　　　　　　　　　　　　　　　　　　/ 367

拓展学习　　　　　　　　　　　　　　　　　　/ 368

## 后　记　　　　　　　　　　　　　　　　/ 369

第一章

# 开启美育之门

# 引 言

假如你来到一所没有开设过艺术课的学校,或者面对一位对艺术和美比较陌生的家长,又或者在新学期第一堂课上面对许多双清澈的眼睛,你,会怎样介绍美育的含义呢?

美育是审美教育,美术教育,还是教育美学?美育和艺术教育有区别吗?美育是茶道、花艺、刺绣班吗?时尚美妆算美育吗?美育和德育是什么关系?美育可以代宗教吗?美育是怎样促进创造性思维的?它对提升学生成绩有用吗?美育,是可教可学的吗?……尽管你在教学生涯中也许重复面对类似的提问,或许早已有些不耐烦,但是每一位提问者都真诚地想知道答案,你的每一次回答对于化解对方的疑惑都是重要的。对你自身而言,美育究竟有什么意义,这样的疑惑也会在忙碌一周之后闪过你的脑海吗?

本章中,我们邀请了美育研究者、艺术史学者、艺术家、艺术教师、哲学学者等,请他们从各自的审美与教学体悟出发,分享美育的含义与作用,开启美育之门。

# 艺术教育的四副面孔[1]

彭锋[2]

## 艺术教育的多副面孔,源于艺术的多种含义

艺术教育形式的多样性源于艺术包含多种含义。首先,艺术有创作和研究之分。哲学家的创作和研究是不分家的,即哲学思考和对哲学思考的研究是一回事;但艺术是有区分的,艺术创作和对艺术创作的研究是两回事。有些人深谙艺术创作的规律,但并不一定能够做好艺术创作。

其次,艺术在意义上有分类和评价之分。一幅画可以被称为艺术作品而被归到艺术之列,这是从分类意义上看;但若是评价一幅画是艺术时,指的是此画的艺术价值高,与其他普通画作不一样。甚至有些日常事物在分类意义上不属于艺术作品,但当它们呈现出优美的造型和设计时,也可以说它们是艺术或艺术性的。同时,艺术创作还有专业和业余之分,职业歌唱家和业余歌手肯定不同。

根据艺术在日常语言中的多种用法,艺术教育基本可以被分为四种不同的类型。第一种是艺术的专业教育,例如清华大学美

---

[1] 本文于2021年发表于微信公众号"清美美育研究所",经作者授权,收入本书时有修订。

[2] 彭锋,北京大学艺术学院院长、教授、博士生导师,国务院艺术学理论学科评议组召集人、教育部高等学校艺术学理论教学指导委员会秘书长、中华美学会副会长、中国文艺评论家协会理事、中国美术家协会理事、国际美学协会执行委员,2016年度获评教育部长江学者特聘教授。从事美学理论、艺术理论、艺术批评、展览策划、剧本创作等方面的研究、教学和实践。

术学院开展的就是艺术的专业教育，旨在培养艺术家和设计师。第二种是艺术的学术教育，比如北京大学艺术学院所从事的便是艺术的学术教育，培养艺术理论家、艺术史家和艺术批评家等。第三种是艺术的素质教育，比如当下广受重视的美育，不是以培养艺术从业者或研究人员为最终目的，而是希望培养出有素质、有修养、有创造力的人才。最后一种是教育艺术，即教育的形式本身可视作一种艺术的行为。通常师范大学里有关于教育教学法的研究，也属于教育艺术的范畴。

## 艺术的专业教育与学术教育

艺术专业教育可追溯到欧洲文艺复兴时期，此时仍以师徒关系为主，即处于前学科阶段。成熟的艺术专业教育出现在18世纪的法国，涌现出的学院与传统工作室最大的区别在于，学院不为单个师傅所掌管，传承的也非个人的技术。而中国的艺术专业教育存在三种模式，即欧洲模式、苏联模式和传统的师徒模式。

20世纪初，老一辈艺术教育家把学科阶段的艺术教育引进中国，但并非照搬西方。国际美学协会前主席卡特提出，尽管西方一直努力将自己的艺术与美学理念带入中国并建立权威，但始终不能成功。因为中国艺术传统太深厚，与其相近的日韩两国，同样呈现出对西方文化的张力。

目前我们所知的中国古典舞其实是受到西方芭蕾舞的影响，并结合中国古代文献、壁画中的舞蹈形象和中国传统戏曲中的舞蹈动作创作而成。之后的《红色娘子军》芭蕾舞又结合了苏联艺术的特色，是三种模式的综合体现。徐悲鸿的作品也体现出对国画笔墨趣味和韵味的传承，他本人是较成功地融合中西画法的艺术大家。

艺术专业教育兴起的同时，关于艺术的学术研究也出现了。

克里斯特勒的《艺术的现代系统：一种美学史研究》中详尽考证了18世纪欧洲美学家和文艺批评家共同努力确立艺术现代系统的过程。在更早的中世纪，"自由七艺"分为语法、修辞、逻辑、算术、几何、天文、音乐7类，其中仅音乐跟今天所说的艺术概念有关。而现代艺术的概念则涵盖雕塑、绘画等门类。在中国，促成艺术学术研究飞跃式发展的则是2011年艺术学理论学科的确立。从此，美术、音乐、舞蹈、电影等多领域的研究相互借鉴并快速发展。

徐悲鸿《泰戈尔像》

西方虽发明了现代艺术的概念，却满足于学科类研究，缺乏对"超学科"的追求。西方美学史上对艺术作"超学科"探索的大学者并不多见，具有代表性的是黑格尔，他尝试将全部艺术门类总括起来，其美学包含了对建筑、雕塑、绘画、音乐、戏剧、诗歌等的探讨，每种艺术门类都占据着独特的位置。而中国艺术学界在多年前呼吁"超学科"的设立，这或许与中国文化普遍联系、万有相通的思维方式有关。有两件方法论相像的装置艺术作品体现出中西方思维上的差异：科索斯的《一把和三把椅子》中画家和木匠的椅子是形而下的，而椅子的概念是形而上的，这之间的鸿沟无法跨越；而徐冰的《鸟飞了》则表达了文字和其所代表的实物是可以联系起来的。

约瑟夫·科索斯《一把和三把椅子》

徐冰《鸟飞了》

詹姆斯·埃尔金斯的《艺术是教不出来的》(Why Art Cannot Be Taught)中提出一个艺术专业教育的难题,即艺术可学但不可教,艺术创作者仅靠技术和学识是不够的。《沧浪诗话》中有言:"夫诗有别材,非关书也;诗有别趣,非关理也。然非多读书、多穷理,则不能极其至。"① 不是广读诗书、知晓道理便会写诗,要有特别的才能和趣味,而这些都是天生的,勉强不来。但若仅有才趣,不读书也不思考,便无法登上艺术的高峰,二者应结合。从这个意义上讲,艺术是不能教的,好的艺术教育应保护并进一步启发受教育者天性的发挥。

而艺术学术教育的困难则是学术研究、艺术欣赏和艺术创作之间或许并无直接的因果关系,即使学习艺术也可能无法解释艺术。王尔德在《作为艺术家的批评家》中提出三个要点,如果艺术家的作品简单易懂,何必去解释;而若是晦涩难懂,又怎么能解释;为了保持艺术的魅力,其实无须解释。艺术与其他事物最大的区别在于它的不可言说性,只让人沉浸享受,若是说得一清二楚,反而失去了魅力。

《庄子·应帝王》中有个故事也与此相关:南海之帝为儵,北海之帝为忽,中央之帝为浑沌。儵忽二人有次在中央碰面,浑沌款待了他们,儵忽二人想要报答。人皆有七窍,而浑沌什么都没有,他们便为浑沌日凿一窍,第七天浑沌便死了。浑沌并不是真的死了,而是因为有了七窍之后他不再浑沌,拥有了智慧。艺术的学术研究可能会让艺术失去它的魅力,我认为这是艺术学术研究所面临的最大难题之一。

---

① (宋)严羽.沧浪诗话[M].北京:中华书局,2014.

## 艺术素质教育与当代美育

为了与艺术专业教育和艺术学术教育区别开来,艺术素质教育也可称作"艺术的态度教育"。对于艺术素质教育来说,最重要的既非技术也非学问,而是态度的转变。今天所讲的美育,狭义上指的就是艺术素质教育,主要是培养鉴赏力、创造力、想象力、感受力等。这些能力可以用在艺术创作和研究上,也可用在其他学科领域的创造和生产上,更重要的是帮助我们追求美好的生活。

之前谈到美学和现代艺术的概念是在18世纪的欧洲确立起来的,这与艺术业余爱好者群体的兴起有关。艺术业余爱好者与艺术家们不同,艺术家多半局限在某个艺术门类之内,而艺术爱好者们可以出入不同的艺术门类,发现其中的共性,从而将具有共性的艺术门类归入艺术之中,并确立研究它们的学问。因此,美学最初是为艺术业余爱好者、艺术公众,而非为艺术行家确立的学问。

艺术素质教育的核心是培养一种无利害的态度,即对对象的存在不感兴趣,或对对象是否存在不予表态。例如,当欣赏画作上的一只苹果时,其实我们对苹果的存在不感兴趣。这跟现实可吃的苹果不同,苹果被吃,他人就无法享用;但画作中的苹果,人人可观赏,却不包含对其的占有和存在的消灭。我们在审美时,对对象就是持这种无利害的态度。把审美经验中训练起来的这种态度带到社会生活中,有助于我们成为道德的人。

## 教育美学与教育艺术

教育艺术指的是将教育本身作为艺术来实施,不仅艺术教育需要将教育作为艺术来看待和实施,所有科目的教育都应该将教育当作艺术来看待和实施。这就是所谓的教育美学或者教育艺术,从分类上看,它应该属于教育学中的教学法的研究领域。

目前的教学法多半注重特定科目的教学效果，对于教育在特定历史时期的变化很少作出及时的反应。事实上，随着信息技术的发展，知识不再为少数人垄断，学生有了更多的获取知识的渠道。传统的"以教师为中心"的教育，正在过渡为"以学生为中心"的教育。如何调动学生的积极性，引导学生的自主学习，成为当今教育的重要课题。

当下知识生产的模式正在由传统的模式一向当代的模式二发展。模式一的知识生产，只受学术兴趣的指导。在这种模式下生产出来的知识，被认为是一种纯粹的科学知识，跟知识之外的社会不必发生任何联系。这种纯粹的"为科学而科学"的知识，只跟科学自身相关。比如，数学家只解决前一代数学家留下来的难题，同时留下自己的难题等待后一代数学家来解决，如此演进构成自律的数学发展史。这种意义上的数学，可以与人类实际的计算需要没有关系。

而模式二的知识生产，是针对某个具体的应用目标的生产。在这种模式下的科学，不再具有自律的特征，而是与整个社会密切相关，受到政治、文化、商业利益等方面的影响。模式二的知识以解决问题为目标，模式一的知识以建立理论体系为目的。模式二的知识具有偶发性和不可设计性，而艺术对时间性和偶发性的兼容，使其具有明显的事件（event）的特征。我设想的教育是对事件的预演，在此意义上，当代教育本身在总体上具有艺术的特征。教育就是为培养演绎事件的人才，教师只是组织者和观察者，学生才是演员。

# 探索"不被定义"的艺术教育[①]

李睦[②]

## 在"控制"和"失控"中的教学

所有的艺术教学都是在"控制"和"失控"中不断寻找平衡点的过程,艺术教育者最实质的工作就是要平衡两者的关系。

让绘画成为一种"思维习惯"。艺术教育者需要帮助学生建立起"思维习惯",让绘画成为一种"思维习惯",这种思考包括在艺术实践与体验的过程中去平衡"控制"和"失控"的关系。但是这样的思考过程也会导致模式,乃至套路的建立,而这些模式乃至套路却是和美育以培养人的思维为最终目的背道而驰的,如何去改变这样绝对的单纯的控制?

"改变"既是过程也是目的。改变的过程会有各种可能性,教学以改变的过程为目的,教学的结果就会更多样更不同。学生不仅要学会解决问题和困惑,也要学会与困惑和纠结共存,艺术教育与问题和困惑共存是常态,在常态中改变是艺术教育的目的,艺术教育的目的不是功利化地"考学"和"达到某个艺术家的高度"等,而是学会在过程中思考"控制"和"失控"的过程。

不确定性中暗含着"启示"。在教学的"控制"和"失控"

---

[①] 本文于2020年发表于微信公众号"艺术的启示",经作者授权,收入本书时有修订。
[②] 李睦,艺术家,清华大学美术学院绘画系教授、博士生导师,美术学院学术委员会委员,社会美育研究所所长。教育部优秀网络公开课、清华大学精品课主讲人。

的过程中存在很多不确定因素，它们也是艺术教育中要探讨的重点。不确定性是"不被定义"的艺术教育的特征，如何去判断学生身上的"好"与"坏"，如何在达到"共性"的过程中保留"个性"，鼓励个性的发展，对于学生个性的接纳度和宽容度也是重点。不确定性充满了启示、机遇和挑战，暗含了艺术思考，艺术教育工作者通过反思艺术教育的不确定性，平衡学生的个性与共性发展，培养健全的人格，是艺术教育工作者崇高的使命。

## 瞬间的审美判断

把艺术教育的诉求和审美判断能力做一个衔接，只有通过艺术教育让更多的人具有比较好的审美判断能力，我们的精神生活更加充实，我们的社会才会更好。如何建立和获得良好的审美判断能力？我们在绘画中到底应该学习什么？

教师如何判断学生作品的好坏？教师如何引导学生在审美判断过程中形成一种主动的判断能力，如何教授学生判断自己作品的好坏？这是艺术教育里面一个重要的方面。学生具有主动性去判断自己作品的好坏，可以避免教师的个人好恶成为学生的评判标准。

发现每个人都有的"绝技"。在审美判断的过程中，会发现每个人的"绝技"，"绝技"指的是每个人独一无二的表达方式，即艺术范畴内的"特色"和"风格"。"好坏"和"绝技"的关系在哪里？"绝技"就一定要和所有人认可的"共性"相符吗？"个性"和"共性"的纠结会伴随艺术追求的过程，教师要做的是培养学生的自我判断能力，帮助学生在判断的时候保持住自己与生俱来的"特征"，同时融入"共性"去被更多的人接受，通过自己的作品建立自信。虽然其他学科的学习也可以培养自信，但是学习艺术确实是最快建立自信的途径之一。审美判断、呈现、表达的灵光往往转瞬即逝，要求艺术教育者要有敏锐的感觉、快速捕捉事物的能力，在学生的审美特点消失殆尽之前，使他们建立自信，把易逝的瞬间变成永恒。

**做唤醒他人潜力的人**

成为能发现"差异性"的人。

差异性和共性是艺术教育者应该思考的一个重要问题，艺术教育不能致力于把所有不同的人变成相同的人。

不同的人去描绘同样的事物，画面之间呈现的差异性是艺术的魅力。

差异性是创作与练习过程当中最珍贵的因素，一个人潜在的能力会从中不经意地流露出来。艺术教育者是不是能敏锐地去观察、发现并找到差异性？

人的这种潜在的能力也就是人的天性。当我们谈到一个人是否有天赋和才能，具体指的是什么呢？艺术感知与表达差异性可能就是一例。

差异性引发艺术教育中的思考，要在"消灭"和"纵容"差异性之间找到一个平衡点，即具有能将"个性"融入"共性"的能力。

能激发他人主动创作的能力，能唤醒他们珍贵的天性，是教师的天职。

作为艺术工作者的我们应该反思，人类艺术历史当中大家能够认同的一些"共性"，全部是从一个个具体的"个性"开始逐渐形成的，由潜在生成到逐渐地磨合融入，形成经过历史沉淀的"共性"。如果我们在一开始就致力于消灭差异性，一开始就把一个人潜在的特点都抑制住，都桎梏起来的话，就不会形成属于更多人乃至全社会认同的共性了。

从差异性这个角度入手来考虑我们的教学，会使艺术教学更生动、更有趣，学生和教师的主动性和热情也会被激发起来，最终激发师生双向的能动性。

## 作为艺术行为的绘画

### （一）绘画是艺术家"洞察力"的体现

绘画是艺术的行为，只注重绘画作品（目的）而不注重绘画的行为（过程）是不全面的，绘画的过程也是一个认知的过程。

绘画是描绘事物之间的关系，培养人的"洞察力"。梵高说："绘画表达的是眼睛看不到的事物"，光凭这句话，他就应该流芳百世。

从绘画中可以看出作者的观察力，对事物的某些方面"视而不见"，而对另一方面"情有独钟"的观察方式。艺术家能看到很多人们熟视无睹的东西，经过艺术训练的人、具有一定艺术素质的人会用艺术的方式去思考生活，理解生活，并像艺术家一样去思考。每个人都有用艺术去思考的权利，用艺术方式去认识生活、理解生活的权利，也可以解释为每个人都是艺术家，这也和洞察力有关。

艺术的生活化，是艺术历史进程中的一种追求、一个理想。

### （二）更接近艺术创作的"绘画行为"

我们是不是把绘画本身当作艺术行为呢？人们往往更多地会把绘画的结果即绘画作品作为艺术，而不把绘画作品形成的过程当作艺术来对待。如果我们把绘画的过程当作艺术行为来思考的话，那么这个过程中的每一个环节都会被充分的认识、分析和研究。

先要有呈现，然后才会有呈现基础上的理性思考。如果我们呈现的不是自己的直觉判断，不是自己本能的艺术反应，那么我们很可能呈现的就是从别人处因循而来的知识和经验。艺术教育，如果仅仅是在别人的知识和经验基础上进行分析思考，那就只能是死记硬背，只能是套路，就不会达到艺术教育本身的目的，也就与美育的本质相去甚远。

绘画的过程中有很多值得思考、值得分析，这个过程可以被当作艺术行为来对待。以重视绘画结果的态度去对待和审视绘画过程，可以使我们收获更多，那么我们的艺术教学本身会更具凝聚力、说服力，更具创造性。

拓展学习 PPT

# 艺术在美育中的方位与价值[①]

黄宗贤[②]

> 论勤奋你不及蜜蜂,论敏捷你更像一只蠕虫,论智慧你又低于高级的生物,可是人类啊,你却独占艺术。
>
> ——[德]席勒

## 艺术的意义

对于艺术和艺术教育的意义与价值,不少人仅仅将其视为一种技艺的传承和训练,或者将其理解为浅表的欣赏"美"的方式,认识很不全面。在一些人的心目中,艺术远在天边,是遥不可及的象牙塔,只有走进美术馆、博物馆、歌剧院、音乐厅才能感受和欣赏艺术。的确,艺术之于普通人是有距离的,正因为这种距离,人们以一种膜拜的方式来感受艺术。而有的时候,艺术离我们似乎又很近,近在身边,触手可及。就如不同行业的人,当把自己行业的事做得比较满意的时候,总是以"艺

---

① 本文原题为《携艺术同行——艺术在美育中的方位与价值》,发表于《中国中小学美术》,2020年1月,总第148期。经作者授权,收入本书时有修订。

② 黄宗贤,美术学博士,文艺学博士后,二级教授,博士生导师;2001年至2017年任四川大学艺术学院院长,现任四川大学艺术研究院院长,四川美术学院艺术人文学院院长;第七届国务院学位委员会美术学科评议组成员,教育部艺术教育委员会委员,教育部高校美术学类专业教学指导委员会委员,(全国)教育书画协会高等美术教育分会常务副会长,中国美术家协会理论委员会副主任,特聘巴渝学者讲席教授,享受国务院政府津贴专家,四川省学术与技术带头人,四川省美术家协会副主席。主要从事艺术史论的教学与研究,积极参与当代艺术批评实践。

术"来形容。厨师把烹调做得得意了，说是烹饪艺术；设计师把服装做好了，说是服装的艺术；教师把课讲好了，说是教学的艺术。当然，只有当把一个行业的事做到某种境界时，才能被称为艺术。

不管是殿堂里的艺术，还是生活中的艺术，抑或一种行业的境界，艺术总是与人同在同行，人类从来都不曾疏远过艺术。正因为有艺术相伴，我们的生活才有了更多的光亮与温暖，也正因为有艺术的相伴，人们才得以在黑暗痛苦的境遇中获得一种精神的支撑与超越的力量。艺术对于人类来说是不可或缺的，它有其他学术和文化形态不可取代的意义与价值，这主要体现在以下几个方面：

### （一）艺术之于社会的价值

艺术之于社会的价值是多方面的，其中对于社会治理的价值是不可忽略的。两千多年前，孔子"礼乐并重"的思想就已经将这一点说得很清楚了。"礼乐并重"是中国先秦时期重要的教育内容，也是社会治理的基本方式。"礼"在中国古代是社会的典章制度和道德规范。孔子主张"道之以德，齐之以礼"，而荀子认为"乐合同，礼别异"。"礼"是一种外在的规约，外在规约与个体和谐心灵和完善人格培养的结合，才有利于社会的和谐。而音乐，就是和谐心灵、完善人格塑造的最佳方式。

"礼乐并重"的思想对于现代社会还有借鉴价值吗？当然有，大约100年前，伟大的教育家蔡元培说："文化进步的国民，既然实施科学教育，尤要普及美术教育。"今天的中国，社会不断进步，社会治理能力不断提升，法治体系不断完善，但是立德树人是教育最重要的使命，而艺术教育在人的培养中有着举足轻重的作用。

### （二）艺术之于国家、民族的价值

艺术之于一个国家、一个民族是有特殊意义的。我们往往通过对艺术遗迹的审视，可以触摸一个民族、一个区域的历史和文化传统。艺术使历史不再是抽象的文字，而变得生动、直观、有温度。从这个意义上讲，我们观赏、审视历史中的艺术品，不仅是为了欣赏美，也是通过其形式、风格和题材内容去了解历史的文脉和精神文化。艺术品蕴含着大量丰富的历史文化信息。正因如此，在一些发达国家，除在中小学开展艺术鉴赏教育外，在大学还有艺术史课程。我们在中学开设艺术欣赏课，编写艺术鉴赏教材，不仅是要提升审美欣赏能力，也是为学生打开一扇观照人类历史文化与精神演变的窗口。

### （三）艺术之于个人的价值

艺术之于个人有何意义呢？谈到这个问题，我想起梁启超的一个叩问："人生活于什么？"他的答案非常简洁明确："生活于趣味之中。"在此，我借用梁启超的叩问，也提出一个问题：人生什么最重要？在我看来，人生中"安心"最重要。心无皈依，无处安放，即便千万财富、位高权重，何有快乐与幸福呢？要"安心"首先要"修心"。

千百年来，多少哲人、思想家都在寻找修心之术、安心之道。方式与途径自然是多种多样，而艺术无疑是最重要的一种方式。艺术的存在及其价值，最重要的就在于它的超越性。它可以让我们超越现实、超越功利、超越自我，去追求和接近"诗意地栖居"的境界。当然这并不否定阿多诺、马尔库塞等西方马克思主义学者所言的"艺术就是批判""艺术就是造反"观点价值。在居伊·德波所言的"景观社会"里，更需要艺术对社会对现实担负起质疑、反思、批评的责任，特别是对虚幻的和谐、平庸的快乐等现象保持警觉。但是对社会的介入与批判，并非是艺术的唯一的价值取向。况且介入与批判的根本旨意依然在于超越，让人生活得更好、更有尊严。

## 人为何需要艺术

以马克思主义的观点看来，艺术与科技、哲学、宗教一样都是人认识和掌握世界的方式，也就是人确证自己的方式。在艺术中，人的本质力量能得到充分地呈现，人的情感、想象力、创作力能得到充分地发挥和实现，心性得到彻底的释放，因而从哲学的层面来讲，人只有在艺术里才能得到彻底的确证。尽管这样讲还是显得抽象，要回答人为何一定需要艺术，可以接着从以下几个维度展开。

### （一）艺术是心灵律动的形式

很多时候，人的情感、心绪等心理状态与感受是非语言、文字、概念、逻辑等方式所能充分表达的。艺术总是在心灵的悸动中出场。艺术是"情感的符号"的观点被古今中外的许多艺术家和理论家阐释过，并获得了广泛的认同。如果人的心绪、情感都可以用文字、语言表达得清楚，或许就不需要艺术了。正是在人难以言表之时，艺术出场了。艺术作为心灵世界的外化形式，不仅形象、生动、直观，而且并不缺乏深刻与丰富。

### （二）艺术是想象力驰骋的原野

人是时空的存在物，限制与超越是人面临永恒的矛盾。对时空的超越的根本，是精神的超越，而想象是精神超越的翅膀。艺术为想象提供了巨大的空间。想象是创造的前提，没有想象就没有艺术，更没有好的艺术，也没有创造性。人的想象能也只能在艺术的天地才得以充分发挥。在康德看来，天才式人物不是遵守规则，而是创造规则，而天才具有的重要素质就是想象力的自由。所以，康德认为天才产生于审美和艺术的领域。在科技不发达的时代，我们人类有飞翔的梦想，而这种梦想借助想象力以艺术的方式实现了。

### (三）艺术是自由创造的天地

探究欲与创作欲是人的天性。物质性、技术性创造始终是限制性创造，是鸟笼中舞蹈，如再好的设计方案，当技术、设备、经费等不匹配时，也是无法实施的。而作为精神生产的艺术创造是自由创造，艺术家可以在创作的过程中，天马行空，独往独来，自由地释放自己的情感和想象力。艺术家可以按自己的想象力和创造的欲望，去构建一种这个世界没有的景象，去建造自己的精神家园。尽管科学与艺术是一个硬币的两面，但是艺术与科学毕竟是不同的两面，因而对于艺术不能仅用科学的思维与标准来评价。

### （四）艺术是人拯救自己的方式

在西方马克思主义学者阿多诺、马尔库塞等人看来，艺术是人自我拯救的一种方式，而中国的文化传统将艺术视为一种超越的力量。中国传统书画艺术十分发达，在世界艺林独树一帜，古代文人可以说是无人不能书，很多也能画，因此文人画成为中国艺术史上的重要类型，也尤其能体现出中国人的人生观与审美趣味。古代文人之所以钟情书画，重在"言志"。正是因为有艺术的滋养，许多文人才从欲望的重压和政治的桎梏中超脱出来，使自己的心灵升华到一种"逍遥"的境界，不至于在现实困境与理想追求的矛盾张力中撕裂自身。"天行健，君子以自强不息"是中国文人入世的行为准则，功名成就成为儒生的外在追求，而"虚以待物""入山林观天性，以天合天"往往又是他们内在的精神诉求。入世与出世、外在功业追求与诗意化的精神栖息构成儒生的双重人格。文人们得意时，志在仕途；失意时，超然遁世。唐寅在仕途上意外的失意，使他构筑了"桃花坞里桃花庵"，他在这里成就了他的诗画人生；徐渭在现实人生的旅途中，遭遇重创，却在文学创作与酣畅淋漓的水墨挥洒中，建构起了自己的精神家园；郑板桥对仕途规则的"水土不服"，使他在墨竹幽兰的天地中，找到了自己的心灵归宿。

中国的文化传统不仅为积极入世者提供了一种精神动力，也为超越者储备了一片自由的天空。尚文崇艺，对于中国文人而言，绝不仅仅是才情彰显的需要，更是一种审美化的生活方式。

郑板桥《墨竹》

## （五）艺术是人自我完善的途径

中华文化不把艺术视为纯粹感官欲望的追求或发泄的手段，而是把它看成是道德、情操、智慧的来源，是培养人、完美人格的最佳途径。中国古人把"虚怀若谷""宁静致远"视为艺术活动中应有的审美态度，更是一种人生态度。艺术需要宁静空明之心，而人生要进入宁静空明之境，往往又得借助于艺术。古人在意气风发时能流溢出"春风得意马蹄疾，一日看尽长安花"的激昂情怀，在失意或遭受挫折时会生发出"人生在世不称意，明朝散发弄扁舟"的出世情怀。而在当下消费至上的全球环境中，艺术当然应该担负起拯救与升华的责任，用艺术的超越精神去陶养人们枯竭的心灵。艺术也好，文学诗歌也好，要有现实关注的情怀，但是绝不是附和现实、一味地迎合现实，更不能沉迷于世俗感性欲望的宣泄中，而应以超出日常生活之外的激情和美感，观照、表现世界与自我。艺术和文学关注的是人的心灵中的情感与想象、意志的自由与潜意识的释放等精神生活。以诗性精神为动力探寻人性的秘密，寻求人性的完美体现，这应该是文学艺术追求的境界，也是艺术在这个时代不应卸下的一种担当。

## 艺术与审美教育的维度

艺术还是一种特殊的文化形态。准确地说，艺术是审美意识的视觉文本，是审美情感和观念的物化形式。若不能将思想观念形式化，或者说转换为一种诉诸感观的艺术形式，就谈不上是艺术。所以艺术就必然涉及媒介、语言、手法、形式、风格等问题。因而艺术鉴赏课程应让学生去认识艺术的材质，体验艺术的语言，感受艺术的不同风格。通过艺术实践和鉴赏，训练和培养学生的视觉感受力、形式分析能力，是十分重要的。艺术鉴赏课如果仅是一种知识传授，而不是重在艺术美感的培养，也就失去了艺术鉴赏课的意义与价值。

### （一）艺术是人类精神观念的形象呈现

艺术是一种形式，如海德格尔所说"是用技术重新构造的一个世界"。技术性、技巧，以及用技术技巧构建的形式形成了艺术的外在特征。但是形式仅仅是一种载体，承载的是某种思想观念和精神。因而艺术鉴赏，乃至整个艺术教育，又不能停止在语言、形式、风格的分析与感受上，必须通过形式风格，去解读作品所蕴含的思想观念、文化意义，以及如潘诺夫斯基说的艺术的象征意义。艺术鉴赏与艺术创作是一种逆向运动的关系。艺术家有了情感或者理念，则"由内向外"行进，寻找适当的语言与形式来表达。这种表达的形式是诉诸感性的，让观赏者获得一种直观生动的感受。在观赏者的面前，意蕴是含蓄的内在。而欣赏则是"由表及里",通过艺术的形式、语言而去捕捉其背后的主题或意义。而对于主题或意义的理解与认识,则需要具备必要的历史文化知识和领悟能力。所以鉴赏是形式感悟能力与对知识运用的双重活动,两者缺一不可。

### (二)艺术总是在特定的历史文化语境中生成

任何艺术作品都具有时代性、地方性和事件性。所以解读艺术,必须将艺术还原到时代性、地方性与事件性的具体语境中。否则,很难领会艺术作品的语义与意义。艺术作品是透视历史、地域文化、民族精神的一个窗口。一位好的艺术鉴赏课教师,应如潘诺夫斯基所说"是一个多嘴的鉴定家",不仅知其然,而且要知其所以然。传统图像学的解读方式,需要解读者有艺术的感悟能力,同时还必须有丰富的人文修养。当今流行的视觉文化研究,或者说新艺术史的解读方式,更需要将艺术作品置于更广阔的历史、社会、文化背景中审视,艺术作品在这种解读中被视为历史上各种文化信息的储藏器。一位好的艺术鉴赏课教师首先应该是一位优秀的人文主义学者。艺术鉴赏课也应该是一门特殊的历史文化课。

### (三)艺术是延绵的文脉

由艺术作品勾连起来的艺术史是一条环环相扣的链条,每一环都连接着过去、现在和未来,因而艺术史或者艺术鉴赏教材的编写与教学应该有一种整体的、宏观的艺术史观,将每一件艺术作品或艺术现象置于整体的艺术史链条中来审视、观照,只有这样才能分辨得出某位艺术家、某件艺术作品、某种艺术现象的方位与价值。虽然艺术鉴赏教材不是艺术史教材,鉴赏课不是艺术史课,但是必须有一种艺术史的观念与思维。此外,对于艺术的传统,不能狭隘理解为古代的才是传统,艺术传统是指屡经历史变动而仍然保持某种同一性的文化艺术元素。百年来,中国现代艺术通过转换、借用、再创作等方式,同样形成了若干虽经历史变动仍保持某种历史同一性的艺术元素。其性质又与古代传统迥然有别，它们构成了一种新的传统，一种贯穿百年，在现实中依然生动的艺术的精神观念，一条在革故鼎新、消化吐纳的过程中呈现为代代累积、前后相因的艺术脉络。因而，艺术鉴赏不能只关注古代传统，还应去认识领会百年来，包括改革开放以来形成的新传统和新的艺术观念与艺术形式。正因为如此，在人民美术出版社的高中《美术鉴赏》教材中，编写团队用了一定的比例对中国现代美术的历史脉络及其新的精神观念和取得的成就进行梳理、阐述，希望给学生建构一个比较整体的中国艺术的面貌。

　　基础教育中的艺术课程，包括艺术鉴赏课，不单单是向学生传授学科知识，而且重在通过艺术课程丰富学生的人文艺术修养，拓展学生的学术视野，提升学生的审美判断能力。当然最重要的意义与价值是通过以艺术为核心的审美教育，培育和谐的心灵、完善的人格，即立德树人。人是艺术的出发点和归宿，最高境界的艺术无疑是艺术的人生。为了生活少点灰暗，人一直在用艺术的方式寻找着光明的境界，为改善自己的生存环境和生活空间，人不懈地在编织生活艺术化的蓝图。比创造新的艺术形式和构筑实在的美好生活空间更为永恒的是：人怀揣梦想不停地寻找着自己的心灵归宿，构筑精神的家园。

# 美感的培养：情境、感知与沁润[①]

顾平[②]

审美教育是围绕审美展开的教育活动。本文拟抽取其中一些相对模糊但又十分重要的问题展开探讨，希望能丰富审美教育的理论建设并有益于审美教育活动的有效展开。这里拟选择四个议题进行讨论：第一，从"美育"到"艺术美育"；第二，审美教育情境的设定；第三，审美教育实施的路径；第四，审美教育与教学方法的选择。

## 从"美育"到"艺术美育"

"美育"是通过教育的途径让受教育者积累审美经验，显现出美感意识，从而具备对美的鉴赏能力。对美的敏感进而引起人的情绪变化，美育的功能便延展至以美化人、以美育人。由此，美育在人的成长、日常生活乃至各项事业中都具有潜在的影响，甚至还会上升到思想层面，影响着人的观念与行为。蔡元培早在20世纪初就曾提出"以美育代宗教"[③]的著名观点，在某种意义上正是对美育"形而上"价值的一种肯定。

虽然我们非常明了美育的价值及其对人的作用，但美育的

---

[①] 本文原题为《情境、感知与沁润——美育中美感捕获的"自我"姿态》，发表于《美术》，2021年第3期。经作者授权，收入本书时有修订。
[②] 顾平，南京艺术学院艺术研究院院长、教授、博士生导师，中国美术家协会会员。曾任华东师范大学美术学院常务副院长、教授、博士生导师。
[③] 中国蔡元培研究会.蔡元培全集[M].杭州：浙江教育出版社，1997：251.

有效落地却并非易事。造成这一现象的主要原因可以从两方面来看。其一，有关"美育"理论认识的片面化与工作展开的概念化。如对"美"的概念讨论、对"美"的主观与客观性争辩、对"美"的共性与个性差异模糊化等，这些偏于美学甚至哲学的理论成果，通常以不同方式被"断章取义"地引入审美教育领域，造成了谈"美"色变的不正常现象，美育活动也以概念化、宽泛化的形式充斥在各层级教育之中。其二，以"艺术教育"取代"美育"，美育效果偏离"本体"定位。比如有一种普遍现象，为了推进美育工作，不仅中小学将艺术课程视同审美教育，而且很多高校也设立了"艺术教育中心"，它的主要功能就是围绕美育开设"通识课"——艺术鉴赏、中外美术史、中外音乐史……这些课程多基于艺术学科的"史论"知识，对经典作品的案例解读则多停留在故事的演绎与概念化的美感分析上，学生扩大了艺术史知识，多了些课余的"谈资"，课程却并未培养学生对"美"的敏感。还有另一种现象，充分发挥艺术学科教师在艺术实践上的专长，在有条件的学校开设了偏于"技能"性的课程，诸如：中国画、书法、油画、陶艺、合唱……学生的收获是对某一专业技能的初步了解与体验，不足之处还是缺乏"美感"经验的积累。美育的有效落地应围绕"美感"经验的培育与诱导，以渐进的方式实现有效积累。如果审美教育游离了本体的"美"与"美感"，也就偏离了它的主旨。

本文提出以"艺术美育"取代模糊而宽泛的"美育"，或是解决上述问题的有效策略。"艺术美育"以"艺术"为纽带，通过感知经典艺术作品所呈现的"美感"，实现对"美感"的体验与经验获取，以激活学生的审美意识与审美判断。"形而上"的美育因复合了"艺术"，随之展开实施的路径变得清晰可辨，美育的意义得以落地并产生辐射，审美教育的价值真正得以实现。

美感的主要来源之一是对艺术的感觉，它是一种可以由艺术养成的能力。艺术家的创造，是围绕"美"而呈现出的"人文作品"，"美"作为纽带使受众得到人文熏陶。"审美"是与艺术关联的对"形式"的直觉。那些由"美"而延伸的认知，在游离于艺术之后，都是美的定义的泛化，反而让"美"无法落地。所谓心灵美、道德美、和谐美、行为美等，都是提取了美的抽象定义，让"美"顺应着人的行为、思想与道德。因此，我认为，美育的有效落地必须选择"艺术美育"。

## 审美教育情境的设定

艺术美育的目标非常清晰，就是以"艺术作品"作为审美对象，激活受教育者的审美感知，帮助其积累审美经验。也正是受"目标"性质的影响，审美教育不是一般形式的教育活动，而是营造"情境"的一种自我感染，艺术作品的"原境"与"原物"及其环境所形成的氛围，让受教育者自发地沉浸其中，与审美对象融为一体，审美过程与教育过程合而为一，从而实现最佳的美育效果。[①]由此，审美教育情境的设定，在某种意义上也是美育必须遵循的规律与原则。

审美教育的情境是指怎样一种状态或氛围呢？我们先举一例来体验一下。米开朗基罗的雕塑《大卫》大家都很熟悉，带有几分优雅的"美男子"形象，强壮、淡定、沉思、唯美，就连伟大的美术史家瓦萨里都说"如此放松的姿态，也没有任何作品有他那么优雅"，与我们第一印象的"美感"极为类似。但是米开朗基罗雕刻它时所设定的"情节"并非如此，只要对照《圣经》中描绘的英雄大卫神态就可理解——"一张充满紧张感的脸。他的

---

① 关于"情境"对人的感染，有美学家提出"气氛美学"的概念，颇为新颖。详见[德]格诺特·波默.气氛美学[M].贾红雨，译.北京：中国社会科学出版社，2018.

鼻孔张开，眼睛睁大，眉头微锁。靠近他，他瞪眼的时候是专注的，可能也是忧虑的。"① 那是只有处于与米开朗基罗一致的位置才能体会出的雕塑"美感"②。由此，这种变换就是改变了作品原有的情境，我们获得的感受不再是作品赋予的真实美感。如果把这种认知带入你的"前经验"，其所产生的影响就会一直误导你对同类作品的审美，这是多么值得警示的现象。

情境设定的基本原则是对作品"原境"的还原。其道理非常简单，艺术家的创作意图是以作品"原境"予以呈现的，缺失或改变了原境，也就难以完全呈现艺术家的创作意图，必然也会影响对真实美感的体验。所以艺术美育通常会选择博物馆、美术馆、剧场等呈现"原物"的场所作为"教学"的现场，让受教育者面对"原物""原境"进行感知。

我们特别强调"情境"的重要还与科技进步对"原境"与"原物"进行"善意置换"所带来的负面影响有关。视觉艺术受害尤其严重。绘画与雕塑作品进入艺术美育的课堂基本是以"图片"的形式呈现，绘画作为二维形态的艺术，受其影响似乎还小一点，但感知原作与印刷品仍然存在较大差异；雕塑作为三维的空间艺术，转为效果图片，其与实物完全两样。在长期的"图片"阅读中，雕塑鲜活的美感形象在受教育者心目中会逐渐趋于"符号化"，也就更无法产生现场结合触觉产生的复合效应了。这种把原物转变为图片的呈现方式，在不断放大"符号"的价值，它连接的恰是"概念"的感知，视觉审美的意义越来越弱化，③也

---

① [美]艾美·赫曼. 洞察：精确观察和有效沟通的艺术[M]. 朱静雯，译. 北京：中信出版集团，2018：157.
② 该雕塑原设计安放在佛罗伦萨大教堂的顶上，由于重量等综合原因，后来移至佛罗伦萨艺术学院画廊。
③ 顾平."科学主义"的泛滥对"艺术教育"的危害[J]. 美术与设计，2019(6)：144-146+210.

就失去了艺术美育的直观感受的优势。

审美教育强调情境的设定，让感知者回到"原境"或"原物"的场所，也是营造一种良好的审美感知氛围。受教育者受到场域的影响，会自动调整心态，保有一种审美期待，并以沉静的心理状态去面对美感对象，其体验的感受较少受到非审美因素的干扰，于是更充分地得到身心的沁润，审美感知的效果自然趋于理想化。

## 审美教育实施的路径

审美教育的实施需要自觉设定情境形成氛围，如若仅仅停留在认识或形式上，审美经验很难真正建立。由此，审美教育的实施路径当围绕"情境"去寻找：究竟哪些时空有利于审美教育活动的展开？现在的共识是：学校、家庭与社会是最适合的场所，最易于营造审美"情境"。因为这三种场所是青少年日常学习与生活的主要时空场，审美教育自当伴随其中。但这样理解似又缺少了"选择"的意识，孩子们也不能时时处处被约束在审美教育的过程中，这既不现实，也会因"疲劳"而厌烦。

审美教育确实存在于这三种场合之中，但它绝不是全覆盖、无主次地强加与灌输。审美教育本来是情感参与的愉悦过程，如果在各种场合不加选择地铺开，也会造成一定的负面影响。那么围绕这三种场合，我们怎么来设定其对应的路径与策略呢？其一，学校审美教育主要对象是学生，它依据学生们成长的阶段设定不同的侧重点：低年级阶段，应侧重于对美的感染；随着年岁的增长，到中高年级渐次走向不同程度的审美感知实践与对审美原理及相关知识的了解；等接近成人的阶段，则应强调对其审美"技能"的培养。其二，家庭审美教育是家庭成员共同参与的美育活动，彼此影响，共同提升审美感知力。父母长辈具有重要的影响力，他们的审美行为会对孩子产生直接的影响。孩子应侧重日常生活中的美感体验,学会审美判断,属于在综合素养中提升的审美教育。其三,社会审美教育是面向全体公民的审美自我教育,重视在审美场所中的情境体验,审美熏陶与自主感知是其主要方式。三种场合共同作用于受教育者的审美意识形成、审美标准的建立与审美经验的储备①。

其实,审美教育的本质特征是个体的"自我教育",学校审美教育应该是自我教育外的一种有益补充,而非将它视为"专业"或是硬性的任务与指标。但这种对审美教育的理解似乎与学校的教育功能不尽一致,因为义务制教育一直有其清晰的目标定位,所有进入课堂的教学内容,都被量化或准量化地编排在教学过程中,审美教育也在这一趋势中被强行地去寻找一致的思路。大家有没有想过,为什么幼儿园的审美教育效果要普遍好于小学以及更高学段的美育?就因为我们没有给幼儿园阶段设定固定的教学目标,而是让美育伴随在孩子们的各种活动中,让孩子时刻受到美的感染,这也最贴合美育的感性特征,顺应了特定阶段孩子的认知心理。受"课程思政"的启发,我曾尝试提出中小学审美教育是否可以用"课程美育"②的理念穿插在所有课程教学之中,艺术课程起着引领作用,那或将营造出让我们难以想象的学校审美教育的良性氛围。它不一定要依赖老师们有多高的审美素养,也无须专门研究如何在各学科课程中刻意去附和美育的内容或方式,我们就是要"去目标化"展开"课程美育"的教学活动。学校与教师的"美育"意识是最重要的,以"课程美育"营造的氛围,恰好有效地弥补了师生"自我教育"意识的淡薄。这或为可以尝试去探索的一种途径。

---

① 本人提出并正在实施的"美育立方体"计划,正是围绕学校、家庭与社会展开的全方位审美教育,其中构建了"校园美育""家庭美育""个人美育""城市美育"与"乡村美育"五大模块,另有专文论述。
② 顾平.艺术感知与视觉审美[M].北京:北京大学出版社,2020:198.

### 审美教育与教学方法的选择

审美教育的目标,一是审美主体的审美体验,二是通过体验建立审美经验。因此,审美教育的方法将围绕这两大目标的实现而去寻绎。首先,我们将围绕审美教育的基本方法展开讨论,审美作为人的一种特殊感知行为,无论选择什么形式去实施,都会涉及对它的基本方法的掌握;其次,审美教育仍然存在相对科学与系统的教学过程,实现渐进式的审美能力的培养,学校教育是有效的途径;再次,"教学"之外围绕审美开展的活动,也可看作"教育"的另一种方式,也是审美体验与经验积累必不可少的补充,它们丰富多样,不受限制,也存在着其对应的方法与策略。

#### (一)审美教育基本方法:"自我"驾驭的技能

如前所述,审美教育虽然属于"教育"的范畴,但它却不同于一般的学科教育,而特别注重"自我教育"的作用。由此,对"基本方法"的探寻应围绕"自我教育"去寻找。这里的"自我",是指在审美教育过程中,受教育者不只是知识或技能的被动的接受者,而且是教育过程的参与者,甚至是具体执行者。指导者的作用更多是一种引导,起着辅助性作用,绝不可代替受教育者对审美的自主感知。审美教育还表现为一种特殊"技能"的运用,这种技能是指在审美感知中,循着一种策略去自主形成审美期待、审美识别、美感发掘与美感体验。那么,这是一种什么样的技能,又如何顺应"自我"而发挥作用呢?

审美教育实现的目标指向是培养人对审美对象的感知,使人从中体验其承载的美感,进而建立审美经验。表面看,似乎很难发现其中的"技能",它是一种心理反应,各自存于心中,何以窥视?比如,在博物馆或剧场,大家进进出出,表面上沐浴着同样的美感的"阳光",而每个人收获的大小全藏在心里,只有自知。这也正是审美教育的"自我"特征。但是,如果由审美感知导入审美判断，你在审美感知中的心理状态便可以借助于"语言"表达几分，它同样可以折射出你在审美感知中的心理状态。

既然审美是一种心理状态，审美教育"技能"的首要作用是设定一种有利于审美活动展开的"心理准备"。那是一种审美期待，即将开启的是审美之旅。这种心理准备预设了我们面对的感知对象是审美"作品"，它是"人造物"，有确定的"目的性"指向——审美对象。有了这种预设，就将其与日常生活和工作所见之物区分开来，我们周围事物也多为人造物，但它们存在的目的不是为了审美，而是功能的使用，对它们的认识是借助"知识经验"去感知的。以视觉审美为例，这种对对象的心理预设，让我们在感知时不仅将它看作审美"作品"，去探寻它的形式语言之美——造型、构图、透视以及画面元素的"关系"，而且也避免了由画面形象去联系现实中的事物，重新回到功能与概念的认知通道上。这种心理准备看起来并不难，但它之所以称为一种"技能"，必须达到熟练运用直至成为一种无意识行为，才算掌握了它。如果通过训练把这种直觉感知的"技能"演变为下意识般的熟练，那就实现了审美教育的首要目标。

审美教育有了"心理准备"仅仅是目标实现的第一步，"技能"既然要熟练为一种习惯，就要牢记它的程序，服务于审美教育的程序是什么呢？"心理准备"是第一步。第二步是围绕审美物展开审美感知。这是对"形式"的感知过程，要着重对"形式语言"的观看，重在围绕"关系"展开：从"外形式"到"内形式"[1]；作品中的各元素及其关系的处理；主、次位置的安放等。

---

[1] 艺术形式是艺术家创造的一种存在。艺术家对"形式"的创造是他看世界的一种方式，体现了他的文化观念与艺术语言法则，他既要遵循"形式美"法则（外形式），还要兼顾艺术性与人性的呈现（内形式），更要通过"外形式"去激活"内形式"所蕴含的意趣。详见顾平.艺术感知与视觉审美[M].北京：北京大学出版社，2020：126-127.

第三步，是在第二步基础上，由"关系"延展至情感的连接与表达。感知者对这种表达的体验，常常会借助"前经验"中的"知识经验"与"感觉经验"①复合展开，有时也会涉及联想、想象与理智，这要看作品的创作意图与表达方式。

需要说明的是，这种技能的"程序"与我们的感官对"审美对象"的感知、细审与判断三个过程是一致的，这里只不过是从"分解"的角度展开讨论，而感知的三个过程则表现为连续与叠加的状态。技能的"三步"程序也只是大概的归纳，其背后还承载诸多的"经验"，诸如艺术史等知识经验、人生履历等日常生活经验、艺术创作实践的经验等，它们因人而异呈现出各自不同的侧重点，但都属于服务审美教育的"技能"范畴。

### （二）围绕"审美"展开的教学

审美教育的基本方法重在培养受教育者自主审美感知的技能，它既是展开审美教育的基础，也呈现出"教育"方式的灵活性、自主性与普遍适应性。"审美教学"则是以一种"正式"的教学活动去实施审美教育设定的目标。

在此围绕审美教学提出以下几点建议，或能为基础艺术教育、特定培养计划的教学行为以及校外的审美教育提供一点参照。

第一，对受教育者的了解。它要获得两类信息：其一，受教育者的诉求——我们要清晰本教学活动是要为受教育者完成哪些任务与相应的目标；其二，明确受教育者现有的审美感知力水准，这是展开教学的前提，不了解现有水平，就无法设定课程计划与教学内容，也会影响教学方法的选择。审美教育不是"点状"知识的传授，它表现为学生心理在教学过程中的微妙变化。

---

① 关于"前经验"，本人曾提出"知识经验"与"感觉经验"的差异性，分别对应人的感知通道的不同选择，前者偏于科学的"知性感知觉"，后者则是艺术的"觉性感知觉"。详见顾平.艺术感知与视觉审美[M].北京：北京大学出版社，2020：29-32.

举例说，视觉审美教学离不开对经典作品的讲授与讨论，那么在进行作品与教学方法选择时，既要考虑学生的审美诉求，又要掌握他们对经典作品了解的情况，或者他们目前审美感知力的水准。前者决定了作品的类别，他们是要提升对中国画审美的感知还是油画或雕塑？他们是对古典油画还是印象派或是现代派作品更加关注？这些不同类别是学生对教学的一种期待，也是教学内容选择的前提，后者影响着教学方法有效性判断。如果选择了古典油画作为审美教学的案例，我们要知道学生对古典油画知识了解的情况，其中有很多已经成为常识的"传统与惯例"①，比如油画形式语言特征、观看的视觉规则、画面叙事性、情感的联系等等。这些前后因素如果被忽略了，教师想当然地展开教学活动，那能有好效果吗？另外，审美教育非常注重"同化式学习"②，学生心理认知结构与知识结构甚至包括"前经验"储备的状态，都是在审美感知过程中进行更替与更新的，绝不是简单的量的累积，这种递进式审美感受力的提升是教师备课内容中"备学生"的重要一环。

第二，教师对自身角色的定位。审美教学中的教师是一种特殊的角色，他不仅要具备所有学科教师一样的职业素养、丰富的专业知识，还要有较高的审美感知力，甚至还应具备审美批评的能力，这些复合的能力对所有从业者来说均是不小的挑战。同

---

① "传统与惯例"由英国艺术史家贡布里希提出，他进而提出"预存图式"的概念，也就是我们说的"前经验"，这是偏于视觉认知的"前经验"。详见[英]E.H.贡布里希.艺术与错觉——图画再现的心理学研究[M].林夕，李本正，范景中，译.长沙：湖南科学技术出版社，1999：171.
② 由美国教育家戴维·保罗·奥苏贝尔提出，其核心观点：学生能否习得新信息，主要取决于他们认知结构中已有的有关观念。详见[美]戴维·保罗·奥苏贝尔等.教育心理学：认知观点[M].佘星南，宋钧，译.北京：人民教育出版社，1994：77-78.

时，一名美育教师还要经常把自己设定在一种"自我隐匿"①的状态。比如说，审美批评的能力，对于一般的学者并不困难，只要具备了较好的审美感知力，然后能用语言围绕自己的感知加以表达就可以了，甚至可以带有偏激的认知，这是个人的权利。相比而言，美育教师也必须具备这种批评能力，但他却不能随意按照自己的"想当然"去表述，他还要考虑学生的接受，要形成与学生讨论的气氛。他固然有自己的观点，但只是师生众多观点之一，没有主导性，只起着引导作用，这就是教师的"自我隐匿"。这一点在审美教学过程中非常重要，它直接关联着教学效果的好坏。

　　从事审美教学工作的教师还要在语言表述上显示出独特的专长，这种专长并非是完全文学性的，他要充分利用语词的微妙差异，激活审美感知中的心理变化。举例说，对画面中色彩的形容，最能勾起情感的反应，对应着审美感知，红色与粉红色、暖红色、暗红色，其给予观者的审美感受是不一样的；再如对画面中线条的形容，也有心理引导作用，垂直线可以描述为坚定与稳固，倾斜线可以体现出方向感与冲击力等。这种微妙的差异不难感知，但作为教师要能引导性表述，这对进一步激活学生的审美感知具有特别的意义。

　　第三，审美教学也要遵循基本教学规律。审美教学存在的形式多种多样，它可能是基础艺术教育的组成部分，或是大学生的素质教育，另外还有一些专项培训等。无论选择何种形式，它都应按照基本的教学程序制订教学方案。就审美教学而言，所有教学活动的展开都当以"审美感知力"的培养为出发点，教学内容的安排、教学方法的选择都应围绕"感知"激活审美心理的体

---

① "自我隐匿"的观点由美国艺术教育家拉尔夫·史密斯提出，详见[美]拉尔夫·史密斯.艺术感觉与美育[M].滕守尧,译.成都：四川人民出版社，1998：159.

验。渐进式地端正受教育者的"感知"意识,是教学展开的基础,要形成对"形式"敏感的习惯。进而通过艺术作品激活对美感的体验,这是教学中的关键环节,由易到难地选择经典作品非常重要,而且要善于运用"对比"的策略,人对"形式"的感知在对比中更为直观,也容易引起受教育者对细节的关注。有了审美感受之后,还要训练受教育者对感受的表达,这是更高层级的要求,但它反哺审美感知的心理体验。因为你要表达,必须使内心感受清晰化,这一过程需要更多"经验"的支撑,包括"知识经验"的参与。教学方法上要特别注意激活受教育者的"自我"感受,师生之间、同学之间的讨论是审美感知教学的主要形式,教师在讨论中的示范与表达、受教育者在讨论中踊跃发言并不断地自我反思等,都是积极有效的策略。

## 结语

"美"是一种"关系",发生在主客体间,这种关系呈现出和谐并给主体带来愉悦,是主体从存在"美"的客体对象上发现了"美感"。"美"的存在与价值被发现之后,便被引入各种人造物之中,也逐渐约定了一种指向。"美"的事物被广泛关注并形成共识,制作者也由工匠演变为艺术家。艺术家群体制作"美"的物品,且不断固化与创造美,同时也引导与约定了"美"的标准。从此,"美"有了"形而下"与"形而上"的复杂内涵。[①]有的美通过"直觉"就能感知,那是最为显现的"形式之美";有的"美"则需要借助想象与联想才能体验,它多指"抽象之美";还有的"美",必须通过思考并借助理智才能感受到,我们又称

---

[①] 顾平. 艺术感知与视觉审美[M]. 北京:北京大学出版社,2020:69-71.

它为"观念之美"或"问题之美"。①美的丰富性存在，让人的体验与感受也变得复杂起来，尤其是文化的参与，美受时代、地域与受教育程度的影响也随之产生。

"审美"是指通过感知"美"的事物而获得的"美感"体验。审美依赖"审美经验"，审美经验的建立来自审美教育——"美育"。艺术是实现美育的主要载体，它重在培养感知者的艺术感觉，形成感觉经验。有了艺术感觉，审美教育就有了核心支撑力。

艺术成为"美"的引导之后，"美育"也具体化为"艺术美育"，艺术课程与活动成为美育的主渠道。然而艺术的技能与知识又不全在美育，以艺术教育代替美育造成了对美育认知的误区。为了强化美育意识，学校美育应实施"课程美育"的思路，全体学科参与，真正营造一种氛围，让美育变为人人践行的"自我教育"。艺术课程的责任是引导，重视审美感知"技能"的培养，并以艺术知识与实践支撑这种技能走向熟练化，形成一种"习惯"，自带在每位学生身上。这一切都依赖艺术美育激活"艺术感知"予以实现。

美育，设定"情境"最重要。家庭侧重熏陶与养成，关键在"内化"；社会是感染与影响，"环境美"的营造是前提；学校应提倡"课程美育"，重在发现各个学科中潜在的"审美知识与技能"。带着艺术感觉，运用着熟练的审美感知"技能"，生活在环境美的世界，美育便不再成为讨论的话题，这才是人类的真正理想境界。

---

① "问题之美"是由华裔美国学者成中英针对当代艺术反传统美学现象而提出的概念。详见[美]成中英.美的深处：本体美学[M].杭州：浙江大学出版社，2011：194.

# 艺术教育对大脑开发的作用[①]

郑勤砚[②]

## 现代脑科学视野中的艺术学习

艺术是人类共通的语言,它拥有超越口头语言和地理文化差异的能力。艺术并非华而不实,它和任何符号语言(音乐、手势、舞蹈等)一样,也提供了一个镜头,我们通过这个镜头可以感知、体验、思索和再现我们的世界,有时是作为创作者,有时又是作为受众。在正确的教学指导下,儿童和青少年接触视觉艺术可以塑造他们的大脑。但是,"艺术学习"和"通过艺术学习"究竟是使大脑具有特殊的、专业的见识,还是生成了更为通用的、灵活的和综合的能力,目前在这一点上还存在很大的争议。我们的观点是,通过艺术学习可以生成创造力、想象力等思维技巧,还可生成采取和运用多种视角的能力,这些能力能够对跨学科的学习产生更突出的影响。可以认为,艺术学习的特色就是能使大脑对多种不同结构作出反应,——进行分层处理,并将它们综合在我们称为艺术品的整体框架中。

现代脑科学检测技术研究显示,文字刺激与图形刺激激活的大脑区域不尽相同,文字刺激较多地激活大脑左半球,图形刺激

---

① 本文原题为《艺术教育对大脑开发的作用探析》,发表于《教育理论与实践》,2011年第9期,第56-58页.经作者授权,收入本书时有修订。
② 郑勤砚,美术学博士,中央美术学院教授、博士生导师,中央美院少儿美术教育研究中心主任。教育部首届全国中小学美育教学指导专业委员会副主任委员兼秘书长,中国美术家协会少儿美术艺委会副主任兼秘书长,北京美术家协会美术教育委员会委员,中国美术馆公共教育专家委员会委员,中国书法家协会会员,中国美术家协会会员。

较多地激活大脑右半球。James Jaccino博士提出，尽管每一个半球确实有着某些清晰的特性，每一个大脑半球"仍然要求另一半球协助其整体功能"[①]。因此，综合运用多种类型的教育刺激，注意调动儿童多个感觉通道的参与，并引导儿童进行多种类型的学习，有利于儿童不同大脑区域的协调活动，有利于儿童全脑功能的开发。对自然景观以及绘画、摄影、雕塑等视觉艺术作品的欣赏，可以丰富人的视觉感知，使人具备艺术家的"慧眼"。而"看"是人脑对外部形象的感知，是大脑内多个区域协同活动的结果。一般而言，顶叶加工空间图形；颞叶加工记忆；枕叶加工颜色、运动、对比、形式和其他关键的视觉因素；额叶既加工信息，也控制个体注视艺术作品的时间长短。简而言之，视觉艺术创作和看的行为是大脑整体的经验。人的视觉系统共有35个以上的加工区域，在这些神经全部加工完成之后，人才能真正看到一件艺术品[②]。可见，视觉艺术并非仅仅是大脑右半球的功能，当人们从事视觉艺术活动时，两侧大脑都参与了工作，都得到了锻炼和开发。

在很多时候，大脑左右两个半球可以根据工作的需要，进行自我调节，轮流占据支配位置。大脑右半球对外界形象刺激作出的反应与左半球的分析相结合，非常有利于大脑功能的协同发挥。脑科学研究表明，长时间使大脑某一个半球处于兴奋状态，并不是一件好事，这样做会使大脑产生一种保护性抑制（大脑全面"罢工"）。因此，当学生在接受科学教育疲惫的时候，让他们去读诗、画画、演奏器乐或欣赏大自然的美，不仅有利于大脑

---

① [美]E.詹森．基于脑的学习——教学与训练的新科学[M]．梁平，译．上海：华东师范大学出版社，2008：16.
② [美]Eric Jensen．艺术教育与脑的开发[M]．北京师范大学"认知神经科学与学习"国家重点实验室脑科学与教育应用研究中心，译．北京：中国轻工业出版社，2005：58.

左右半球的协同发展,而且也有利于提高学生的学习效率。

## "艺术开启大脑"项目的经验

现代脑科学研究和心理学对艺术教育价值的充分肯定,成为"艺术开启大脑"项目的重要理论基础。早在2000—2001年,此项目就开始在美国亚利桑那州图森的小学实施,那时,图森联合学区的小学除了有校乐队,几乎没有正式的艺术课程。"艺术开启大脑"项目的发起人之一琼·阿什可拉夫特认为,每所小学都应该提升艺术课的比重,因为艺术对于提高学生学习成绩、改善薄弱学校的教学水平有重大作用。"艺术开启大脑"项目实施校之一的里昂小学校长希拉·加文则认为,"艺术开启大脑"项目的实施与音乐课、美术课不同,它是力图通过对艺术课程的整合来促进学生对所学概念的理解,让学生通过音乐、美术或肢体运动来获得对所学概念的体验。因为,艺术活动不仅是为孩子打开通向美的世界的大门,同时也能加强儿童脑神经的联结。实施"艺术开启大脑"项目学校的阅读、数学、写作等科目的考试成绩明显高于其他学校,拉美裔学生的数学成绩尤其进步显著。研究表明,沉浸在艺术之中的孩子考试成绩也更好。如果担心学生的考试成绩,更想让他们考高分,给孩子的艺术教育应该更多,而不是更少。不仅如此,实施"艺术开启大脑"项目的学校教师在所有指标上都表现得更好,包括教学设计、整合艺术的教学,以及对各种学习活动的创造性开展。

除了现代脑科学为"艺术开启大脑"项目提供了教育经验,美国教育改革还明显地受到哲学与心理学的影响。教育改革促进艺术教育的发展,而艺术教育的逐步完善则又进一步深化了教育革新的成果。

作为哈佛大学"零点项目"的原主要研究者,艾斯纳则统合了当代主要美学、心理学理论,综合完形心理学家阿恩海姆与认知心理学家皮亚杰的论点，就视觉形式表现内容的研究而言主要采取阿恩海姆与兰吉的理论，最后根据杜威实用主义美学阐释艺术活动的特质，强调艺术的内在价值，阐发艺术的独特功能，包括艺术能提供独特的视觉境界、增进美的感受，并具有维系与开拓精神领域的功能。艾斯纳同时认为，艺术活动所提供的教育价值还在于学生能从事艺术创作，能学得以艺术的象征形式表现或接受自我情感表达。这些可作为创作的根源，更是学生精神生活的一部分。

美国的教育决策者也认识到了艺术的价值。根据艺术教育同盟（AEP）的一份关于2007—2008年各州教育政策的统计，有47个州有关于艺术教育的强制规定，48个州制定了艺术教育标准，40个州把艺术纳入了高中生毕业考核的要求。1994年通过的《美国教育目标2000》，将艺术作为所有学校都必须开设的课程。"不让一个孩子掉队"将艺术作为公共教育的十大核心学术性科目(academic subjects)之一，这使艺术教育拥有了获得联邦政府拨款的资格。

当然，并不是所有参与艺术活动的人都是抱着提高考试成绩的目的。当孩子们在绘画或唱歌的时候，他们非常专注，大脑神经在建立联结，艺术活动使学生的学习获得了丰富性。

## 艺术教育对大脑开发的重要作用

### （一）艺术教育促进大脑视觉认知系统方面的发展

人的大脑对颜色、波长、光、黑暗、移动、形式和深度等刺激比较敏感，因而这些因素有助于吸引学习者的注意。神经学家推理，大脑对于高对比和新颖性有注意偏向，大脑感觉输入的90%来自视觉资源，而且大脑对于符号、画像和其他简单的形象有立即和原生的反应。什么是传输信息最好的方法？是通过讨论、阅读材料和计算机？研究者Fiske认为，这些媒介都不是，具体而生动的形象是最有影响力的，当我们看到一组相似的物体时，大脑能更加迅速地从中识别出不同。大脑还可以加工特征差异，如颜色、形式和重量等，大脑的这种进化倾向为人类提供了确保生存的优越条件。因而，从事艺术创作可以极大地训练人的大脑，对于人可以触摸和操作的视觉对象，我们记得最好。

在一般的教学过程中，用实物、照片、图解、图表、幻灯片、录像片段等会使教师的讲授或呈现更加有力地影响大脑。而美术活动可以极大地调动大脑视觉认知系统，以丰富记忆。

想象力是人类最宝贵的财富之一，培养想象力是教育最重要的目标之一，而艺术学习的特质就是使学生自由发挥想象能力。同时，艺术创作的对象，不论是属于听觉、视觉或其他，均难免有材料及表现手法的限制，因此艺术学习可使学生体验媒介限制，刺激他们突破限制，并给予他们进行创意发挥的空间。因此，艺术学习可以培养学生在一定的媒介限制下表现的能力及创造能力。

此外，艺术创作的过程不是独立存在的，而是与音乐、文学或其他艺术形式交融，艺术的学习可帮助学生了解事物之间的关联性，了解每一环节与其他事物交互的作用及其影响。艺术作品的完成，有赖于各类视知觉推理思考能力的训练，有赖于各项细节的谨慎安排，当学生养成关注细节变化的习惯时，也可将其应用于其他领域的观察与思考。由于艺术创作没有一定的准则，不同的创作、行为方式都可能达成很好的结果，所以在经常强调规则化、公式化的学校环境中，艺术活动可以让学生体会并训练开放的问题解决思维。

正是基于大脑在图像认知方面的独特性，当探讨艺术教育在学校教育中存在的原因时，艾斯纳在1989年指出，艺术教育对于学习者的成长过程发挥积极作用，对社会发展具有重要贡献。同时，艺术教育具有独特价值，艺术对人生提供了其他学科所无法替代的特殊经验与理解。[①]研究显示，艺术教育跟我们对教育的几乎所有期望都有关系，如学习成绩、社会与情感发展、民主参与以及机会均等。

### （二）艺术教育促进大脑平衡发展

文化学者巴尔赞说："传统的记笔记方法是使用了大脑的一小部分，因为它主要使用的是逻辑和直线型的模式。"而图像的使用加深了我们的记忆，因为使用者可以把关键字和颜色、图案联系起来，这样也就使用了我们的视觉感官。

儿童将他们的日常生活经验带入课堂，这些经验经常带有强烈的感情和幻想色彩。当他们进行绘画或素描时，他们就会知道材料的特殊性质。随着儿童探索和发现材料中更多新的可能性，这些新知识与他已有的经验就会产生共鸣，唤起他们实际生活经验的特殊方面，如思想、感知、感觉等，并使它们成为可用于新探索的路径。对外部与内心的动态感知并不随着幼年的过去而失去。如果在学校教育中得到培养，它会继续促进并赋予观念以新鲜感。创作再现形象的能力涉及大脑的一些活动，这些活动指向的是视觉意义上的构建，其中，意义由自我与世界的关系所确定。由此，认知能力在艺术发展的早期就已形成，特别是有四种能力在艺术发展中起到了普遍性的作用：精密性、创意、流畅和抗拒封闭。其一，精密性能力使学习者能够将注意力投向其感知观念的局部和细节，探索更多信息并使之发挥作用，而且能够对一个观念、问题或经验的可能性产生兴趣。其二，创意涉及抓住这些不同可能性的一部分并用有创见的新的方式来对其进行思考。简而言之，创意增强了对事物、对将熟悉之物变陌生及将陌

---

① Eisner E W. Educating artistic vision [M]. Reston, Virginia: The National Art Education Association, 1989.

生事物变熟悉的独立思维。其三，流畅涉及使观念流动、向前发展、过滤及将思想和反应混合为新的统一体的能力。其四，抗拒封闭暗示了保持大脑的开放和独立，考虑各种可能性及使思维进一步发展为新的洞察力和理解力的能力。

这些创造性思维能力能激发想象力、冒险精神和表达能力，当学习者对他们的生活经验进行反思时，这些能力并不作为一个单独的认知单元而起作用，相反，它们混合在一起形成了具有更广泛基础的"智力习惯"[①]。因此，绘画、素描、雕塑等艺术创造活动可以促进大脑重要功能的实现，使我们与世界的关系变得更有意味。在创作过程中，视觉形象所表达的内心构建的形象，可用于反思和认识这个世界，用前所未有的眼光认识这个世界。从一个非常真实和基本的意义上来说，创作和欣赏艺术的活动使我们得以成为形象认知的主人。由此可见，艺术活动促使大脑的左右半球平衡发展，使我们大脑的潜在能力获得全方位发展。

### （三）艺术教育帮助大脑处在最佳的学习环境中

对于训练和学习环境来说，教师和学习者的关系至关重要。步入任何教室或训练场所，你会非常迅速地感觉到情绪的、智力的和周围气氛的影响。作为教师或促进者，我们的主要责任是提供一个积极的、促进和谐学习的氛围。其中，教学环境的视觉氛围十分关键。在我们的大脑所吸收的信息中，有80%~90%之间是视觉的。视觉因素甚至在学习者有意识地理解所看到的事物之前就已经接受，使教学实践生机勃勃，提供用于吸引学习者注意的框架。

大脑在意识与无意识水平上从外部环境吸收信息，它们对于学习的作用可能多于我们所意识到的。既然颜色、装饰元素、声

---

① Judith M. Burton. 全国高等院校美术教育专业研修班讲义[Z]. 2002: 39-42.

音、气味或其他刺激都要优先进行加工，这些要素都应在学习环境设计中给予重点考虑。积极肯定形式的教学设备、学习者的作品等都是重要的视觉要素。

艺术教育的本质是审美与创造美，艺术教育的根本目的是要培养丰富的想象力和美好、和谐的情感，使个体在充满诱惑的世界中保持宁静的心态，保持人性的美好与纯洁，培养能够运用艺术的语言进行跨文化交流的健康个性，并更加健全地、均衡地发展我们的大脑。

# 艺术为什么重要？[1]

刘未沫[2]

现代艺术对我们来说，切近又遥远。切近是时间上的近，而遥远则是日常观看体验上的远。面对现代艺术，我们总是无法像面对古典艺术作品那样多少评论几句。它们打破了我们平时习惯的观看方式，我们感到陌生和无所适从，因而丧失了判断力，常常在作品前疑惑"这是什么"。从某个角度看，艺术家和普通观众之间的误解从未像现代艺术作品所造成的这样深：现代艺术家比任何时代的艺术家都更有意识地去放弃自己的特权，他们努力去掉作品的光环，让其只作为一种指引或邀请，尽可能地只展现自己知觉或思维探索的过程，而将视觉或包含更多知觉的重建权利交给观众；然而观众一方感受到的却是前所未有的迷茫，他们比任何时代的艺术观赏者都期待权威人士能告诉自己应当如何观看这些作品，或者哪怕可以乞援于展览馆指示牌说明文字。这样的错位使现代艺术作品比时间上更古老的古代艺术作品更需要艺术批评；同时，也让美育对于普通观众来说更为迫切，因为我们发现：观看并不简单，它是需要学习的。

在这里，我尝试通过现代哲学家们对艺术作品的分析，帮助大家理解现代艺术对我们生命和知觉体验的建构意义。我希望您读完这篇文章后，也愿意将开头的话倒过来说，即现代艺术看

---

[1] 本文原题为《艺术为什么重要——一种哲学的回答》。经作者授权，收入本书时有修订。

[2] 刘未沫，中国社会科学院哲学研究所副编审、中国社会科学院大学哲学院副教授，清华大学新雅书院文理通识课授课教师，武汉大学弘毅学堂人文科学校外学术导师，哈佛—燕京学社访问学者。

似离我们遥远，但它们实际上比古典艺术更加切近于我们每个人的生存和体验。相应地，我们也能够意识到现代艺术作品的观看与实践是美育的一个重要组成部分，其最大的功能或许就在于启发我们认识到观看方式和视角的多元性。这正是想象力与创造力的来源，无论是对塑造我们自身还是塑造未来来说，它们都至关重要。

## 古代西方绘画：艺术作品的再现功能

西方古代绘画的关键词是"再现"。关于再现和模仿，最出名的观点源于柏拉图的《理想国》，其中，一幅具体事物（如桌子）的画是对具体事物的模仿，而具体的桌子又是对更抽象的作为理念的桌子（可以理解为桌子的定义或功能）的"模仿"，因而绘画就是对"模仿的模仿"。

柏拉图认为，这种作为"模仿的模仿"的艺术作品，离"真实"隔了三层。换句话说，从求真的角度评价，"模仿的模仿"是在远离真实。但从历史影响看，这种"模仿的模仿"却为古代绘画树立了标准，即一种以模仿和再现为标准的评价系统。这样一来，最高的技法就是以绘画营造视觉错觉。普林尼（Pliny）曾在《自然志》中记录过一个绘画营造错觉的有名例子。两位画家帕哈休斯与宙克西斯比赛，宙克西斯画了一幅栩栩如生的葡萄，吸引鸟儿飞上了画架；而帕哈休斯画的则是一幅惟妙惟肖的帷幕，竟使宙克西斯要求他揭开帷幕，以便把画展示出来。当宙克西斯意识到自己的错误时，他便谦逊地认输了，因为他的画虽然能够蒙骗鸟，但帕哈休斯却蒙骗了他——一位艺术家。

现代艺术的自我使命与古代艺术有很大不同。在以模仿和再现为标准的评价系统中，没有作者个体的存在。无论谁来画这幅画，他个体的感知经验都不重要，重要的只是他画的东西与原物相似不相似。但现代艺术的追求是颠覆这一标准，转而强调个体感知经验的表达。这种转变与古代哲学到现代哲学的转变有些类似。一般地说，古代哲学关注的都是"普遍的"人和"客体的"自然，而现代之后，哲学才更加关注每个个体的生存经验，关心不被古典理论重视的个体身上的情绪，关心那种处在和每个人的具体关系中的自然。正是因为这种相似的追求，现代艺术和现代哲学惺惺相惜，相互启迪，相互评说，相互形塑。让我们通过一些例子来看看现代艺术和现代哲学的互动。

## 现代西方绘画的诞生：失焦与变形

### （一）18世纪风景画的转变：卡纳莱托和瓜尔迪画中的威尼斯

18世纪风景画表达方式的转变可以从对威尼斯的描绘中看到踪影。哲学家萨特对18世纪画家表现威尼斯的不同画法进行过评述，他认为画家卡纳莱托（Canaletto，1697—1768）和瓜尔迪（Guardi，1712—1793）在描绘威尼斯时的不同追求，反映出传统绘画和现代绘画的不同追求。卡纳莱托以精确描绘威尼斯风光闻

卡纳莱托的威尼斯圣马可广场

瓜尔迪的威尼斯圣马可广场

名,他终生都将热情投注于创作有关威尼斯的广场、运河和教堂等城市景观的绘画作品。瓜尔迪晚卡纳莱托一辈,他虽然沿用了卡纳莱托的手法,但却放弃了精细画法。如果我们对比同样的地点,瓜尔迪画中的威尼斯广场就好像"失了焦",没有统一的色调,甚至连具体的轮廓线也消失在一片颤动着的色彩、奔放的形体之中。

萨特作为存在主义的代表人物,颂扬的当然是瓜尔迪的威尼斯。他这样评价:"卡纳莱托画威尼斯,相似性完美无缺:一半是标记,一半是形象……我们决不会搞错,所以画作看上去没有意义,不比一张身份证更有意义。"而瓜尔迪用强烈刺眼的光线绘画衣衫褴褛和碎砖破瓦……比如到处都有的一小段堤岸,抑或故意用光线将其解体……瓜尔迪只关心造型问题,光线和材料、色彩与光线的关系,通过一丝不苟的不确定性来定位多样性的统一。结果威尼斯显现在他的每幅布面油画中,既是属于他的,也是属于我们大家的,更是大家感受到的威尼斯,却谁都未曾见过的威尼斯。"①甚至在一处,萨特站在瓜尔迪一边,明确说出了对那种再现绘画之极致追求——错觉绘画——的讽刺。他说:"……瓜尔迪总能说出更多的感觉,而且是我们根本感受不到的……人们以为,画葡萄的画家必定用画作来体现一串真实的葡萄,好像阿佩莱斯(约公元前4世纪)以降,'艺术家只醉心于愚弄小鸟,除此别无其他雄心了'(黑格尔语)。"②

瓜尔迪的风景画经常被认为预示了后来出现的印象派,他也被视为英国画家透纳(1775—1851)的先驱。我们可以将瓜尔迪的画作与透纳晚年描摹威尼斯的名作《海关和安康圣母教堂》(1843)对比一下,也可以再对比一下莫奈《威尼斯大运河与安

---

① [法]萨特.没有特权的画家[M]//沈志明、夏玟.萨特文集9:文论卷Ⅱ.沈志明,译.北京:人民文学出版社,2019:263.
② 同上:264.

康圣母教堂》(1908)与现实的威尼斯景象。从相似性的角度看，现代绘画越来越"失焦"，越来越变形，但正是抛弃了对相似和再现的追求，现代画家才逐渐找到了光影、色彩和笔触的独立价值。

威廉·透纳《海关和安康圣母教堂》，1843年

克劳德·莫奈《威尼斯大运河与安康圣母教堂》，1908年

### （二）梵高（1853—1890）的变形："制作"一片田野

在画家梵高的作品中，现代艺术亦凸显了它超越再现的强烈渴望。梵高曾说："绘画应该画看不见的事物。"萨特在评述梵高

的作品时,也直接给出了反古典的解读方式:"客体不能用形象表示",并且"必须让艺术形象远离原型"。

梵高《麦田与收割者》,1889年

梵高一生画了大量田野,这些田野都是通过对自然物象进行变形来表达的。他真正画的是变形的、他感受到的大千世界的复杂结构。这既不是与观察者未发生关系的那个自然——"生活原型的无活力特性进入不了画作",也不是作为符号的语言通过分类、定义所指涉的那个自然——"但勾勒出来的画像也不可带有类型或符号的一般特征",而是梵高和我们的心共同感受着的田野——"既是大千世界,也是被大千世界所拥吻的人类心脏"。①这里说的感受并不是一种神秘主义的、完全私人性的,而是既属于梵高,也属于我们——"从未想过完全把这种广阔田野的显现,称为人的隐私显现"②。

为何这样"变形"的自然才更接近真实?这和自然的显现方式有关——"自然喜欢隐藏自身"(赫拉克利特语)。在古典绘画

---

① [法]萨特.没有特权的画家[M]//沈志明、夏玟.萨特文集9:文论卷II.沈志明,译.北京:人民文学出版社,2019:265.
② 同上。

和风旭日的田园牧歌之下，隐藏着自然的凶残无情。而真实的自然是在一个包含这两者的对立结构中呈现的。梵高的田野能够将这两种关系同时都展现在画布上，这就是他能够给我们的观看带来震撼力的原因。一种不同于优美宜人的对自然的感知，一种原始的力量感，更接近于人类面对田野时的原初经验。正如梵高自己所说，他所做的是"制作"一片田野。

### （三）塞尚（1839—1906）的观看：视角并置与秩序重建

画家塞尚较梵高年长一代，二人在艺术上有着共同的努力方向，即在作品中让事物如其初次生成那样诞生，如人类初次感知到它们那样将它们"制作"出来。塞尚也曾说过一些与梵高非常类似的话，例如："他们（指古典主义者）创作图画，我们则尝试一片自然。"[①] 又如，我"屈从于这完美的作品（即自然）。一切都从它来到我们这里，我们靠着它而生存，忘记余下的一切。"[②]但塞尚描绘自然的语汇，又与梵高不同。

20世纪现象学运动兴起后，塞尚就成为了现象学家的宠儿。起因来自哲学家梅洛-庞蒂的名文《塞尚的怀疑》，他认为塞尚在自我怀疑中对自己的观看方式的找寻，正是现代艺术的破晓时刻，而"塞尚的视角""塞尚的观看"，也正是现象学所倡导和追求的那种观看方式。

那么，塞尚的观看究竟是一种什么样的观看？塞尚早期受到印象派的影响，但他很快就因不满而脱离了印象派。印象派绘画一般没有绝对的轮廓线，而是通过光和空气关联。然而塞尚希望重新表现物体。他放弃色调的分割，代之以渐次的混合，这样"物体不再自失于与空气和与其他物体的关系中，如同从内部隐

---

① ［法］萨特.没有特权的画家[M]//沈志明、夏玟.萨特文集9：文论卷II.沈志明，译.北京：人民文学出版社，2019：266.
② ［法］梅洛-庞蒂.张颖，译.塞尚的怀疑[EB/OL].[2022-10-27].https://www.douban.com/note/737133595/?_i=6836999jMcKgpF,6837638jMcKgpF.

塞尚作品，1882—1905年

约被照亮，光亮就来自于它，由此带来一种坚实性和物质性的印象"[1]。塞尚重新在绘画中发现了物质性。

梅洛-庞蒂说："塞尚的天才之处在于，通过画面的整体安排，让那些透视变形在统观画面的人眼中就它们自身而言不再可见，并让它们就像在自然视觉中所做的那样，仅仅有助于提供的印象是一种诞生中的秩序，正在我们眼前显现、堆积的一个物体。"

## 20世纪现代艺术的全面超越之路

艺术上抛弃相似性的努力在20世纪愈发明显，发展为一条全面的超越之路。正如萨特所说："自十九世纪以来，艺术上每一次的抉择都导致形象与被形象的对象之间的隔阂越来越大。两者相隔的距离越来越大，作品内在的张力就越强。当艺术家终于把相似性抛弃不顾，并预告形象与现实之间的一切相似性只能是偶然的。……画面闪烁着变形、空隙、近似、蓄意的不确定性，令人看不出踪影，摸不着头脑，因为画面使形象溶解到不可用形象

---

[1] [法]梅洛-庞蒂.塞尚的怀疑[M]//梅洛-庞蒂.意义与无意义.北京：商务印书馆，2018.

表现的显现之中。上述种种也是使我们颇为纠结的种种感觉。"①在19世纪的梵高和塞尚那里,我们已经看到了通过画面中的"变形"去接近真实和整全;在20世纪,我们将更深地体会到那种画面闪烁着的"空隙、近似、蓄意的不确定"。

**(一)拉普雅德(Lapoujade,1921—1993)的抽象绘画:超越静止与制造节奏**

对抽象绘画最大的误解,莫过于认为它们放弃了把握现实和实在。然而,超越再现、超越相似的意思并不是要放弃对现实和实在的把握,而是认为如果要真的把握现实和实在,就必须抛弃相似,使用抽象。我们以萨特评述过的这位抽象画家拉普雅德的作品为例来对此作一个说明。

拉普雅德的作品呈现了动态的过程,我们看《暴力》和《拥抱》这两幅作品,都是把事件和动态凝结在一个画面上,制作出一片骚乱的景象。这些画是有节奏的,是一种时间中的艺术,这就与音乐有某种相似性。萨特评论道:"拉普雅德的绘画并不奢望在画布上增添几厘米审美的面积,而是从其艺术的动势本身发现动机、主题、沉浸或着迷、目的。"②动机、动势、主题、目的(可以理解为解决),这些词汇也同样被用来分析古典音乐。

**(二)贾科梅蒂(1901—1966)的抒情雕塑:超越永恒与驱逐无限可分性**

贾科梅蒂的作品在国际艺术拍卖市场价格坚挺。他同时被誉为"存在主义的雕塑家",因为他的雕塑被认为是存在主义哲学的具象化。萨特钟爱贾科梅蒂的艺术,他赞颂他引发了雕塑领

---

① [法]萨特.没有特权的画家[M]//沈志明、夏玟.萨特文集9:文论卷Ⅱ.沈志明,译.北京:人民文学出版社,2019:266.

② [法]萨特.没有特权的画家[M]//沈志明、夏玟.萨特文集9:文论卷Ⅱ.沈志明,译.北京:人民文学出版社,2019:258.译文有改动,原来的翻译为"从其艺术的动势本身发现动机、主题、顽念、宗旨"。

拉普雅德《暴力》，1961　　　拉普雅德《拥抱》，1962

域的"哥白尼式的革命"，认为他的雕塑是"现代雕塑里最好的，展现了高度的纯洁、耐心和力量"。

我们也许会问：当现代艺术在超越再现后重回人像塑造时，艺术家会选择如何表达？与塞尚相似，贾科梅蒂同样不满意于印象派对物质性的消解，而希望重新描述它们；也与塞尚一样，贾科梅蒂也用了很长时间才找到自己的艺术语言。他的父亲是印象派画家，后来他又受到象征主义、立体主义、超现实主义的影响。当他开始创造人像时，他首先创造的是一种微小的人像作品，通常只有几厘米高，放置在比较大的底座上。之后，他才转向了创造那些又瘦又高、表面粗糙的真人大小的雕像——这些成为了他最著名的作品，也是他最终找到的艺术语言。

从形态上看，贾科梅蒂的雕塑与传统的雕塑有个显著差异，是他故意把人像做得表面凹凸不平，姿态颤颤巍巍、如履薄冰像一株"会思考的芦苇"。对于贾科梅蒂为雕像注入的这种人类基本生存状态的绝对的虚无，萨特非常看重，并因此称他为"抒情的雕塑家"。为了表现人这种脆弱的生存状态，贾科梅蒂选择熟石膏而非传统雕塑的生石膏进行创作，他说熟石膏最可延展，最易变质，最为机敏，在指尖时几乎感受不到重量。这是一种不同于古典雕塑对永恒之追求的努力。

普拉克西特列斯《赫尔墨斯》　　贾科梅蒂《行走的人》

从更深层上说，贾科梅蒂是在雕塑中驱逐古典的"无限"概念。萨特相当敏锐地指出，无限可分性是传统雕塑一直以来的追求，古典雕塑不断地用放大来接近真实。古典的无限概念来自于亚里士多德提出的无限可分性。简单来说，亚里士多德认为，一个物体如果存在，它就是连续的；如果它是连续的，理论上它就无限可分，并且物体在时间中的运动也就无限可分。这会带来对我们的感知的平行论证，一个推论就是没有不可以感知到的东西，假如说我们没有感知到物体的全部，那只是因为缺乏工具，或者是我们划分得还不够多，或者是我们离得还不够近。

很明显，贾科梅蒂的雕塑反对这种古典的无限概念，也反对其对感知的理解。人有很多不可通约的感知，是无法通过无限放大而清晰化的。贾科梅蒂似乎在拼命凝固人与人之间不可逾越的距离，以驱逐无限可分性。

那他需要怎样的手段呢？我们从雕塑中看到他的回答。在制造微小雕像阶段，他以缩小直接对抗放大。之后，他找到了真正属于自己的雕塑语言——压缩。他压缩掉一个三维物体的宽度和厚度，只保留高度。这样，他不再拒绝制作等比例的甚至是更大的人像。萨特说，当我们看到这样一座雕像出现在我们面前的时候，我们"必须明白这些人物是完整的，一下子冒出来就是这样子，无须记住和细查，一见到就清楚了，他们从我视野里冒出来，就像一个概念从我脑海里油然而生，唯有这样的想法才拥有了即时的半透明度，唯有这样的想法才一下子就有完整度。我们无论如何走近也都无法再清晰，它始终如此完整。"①萨特举了贾科梅蒂所雕塑的女人像为例，他说"贾科梅蒂的雕塑作品……是接近不了的。别指望随着走近，塑像的胸部就展露清晰，非但一成不变，而且走着走着，令人产生进退失据的怪异感觉。一对乳峰，我们预感到了，猜想到了，即将收入眼帘……总感到马上触手可及，不料再往前一步，一切则化为乌有，但见满胸石膏褶皱。原来观赏这类塑像则需要保持适当的距离，豁然一目了然。"②

### （三）马格利特（1898—1967）的"图形诗"：超越图像与语言的固定关系

最后的例子来自20世纪超现实主义画家马格利特。几乎没人能像马格利特那样，将图像作为哲学反思的直接投射，这些图像起着挑战常识和固有概念的功用。他探讨了之前我们所讨论的所有话题，如何为观看，何为真实，对变形的反思，对透视的反讽，对并置与对立的思考，等等。但除此之外，马格利特还探索了新一层的关系，即语言与图像的关系，或者说，语言、图像与物之间的关系。

对马格利特作品最著名的艺术分析来自哲学家福柯的《这不是一只烟斗》（或《图像的背叛》）。福柯在文中赞扬马格利特的

---

① [法]萨特.绝对之探求[M]//沈志明、夏玫.萨特文集9：文论卷Ⅱ.沈志明，译.北京：人民文学出版社，2019：252-253.
② 同上.

马格利特《这不是一只烟斗》　　　马格利特《梦的钥匙》

画,"打乱语言和图像之间的所有传统关系"[1]。他认为马格利特延续的是一种诗人们曾做过的"图形诗"——一种词句排列呈图形状的诗作,又译为画诗——的实验,做着给图像和语言关系松绑的努力。

在马格利特的《梦的钥匙》(1930)中,与蛋酷似的叫刺槐,鞋叫月亮,圆顶礼帽叫雪,蜡烛叫天花板;在福柯取自同名画作的《这不是一只烟斗》(1928—1929)中,图像与文字的张力直接达到了矛盾的程度。马格利特常用的方法,就是借用小孩学习词语的图示教学,"小心地、残忍地把书写成分和赋形成分分开"[2]。这些词语,质疑着图形的明显特征以及人们赋予它的名称之间的关系;画作,则支撑着它们的共同场所的缺失。马格利特通过语言和图像的关系,将我们重新带回到原初经验,让我们以一种失语的状态去重新面对我们习以为常的事物。

最后,我想再谈谈超越与真的关系。前面我们一再提到,现代绘画是从反柏拉图式"作为模仿的模仿"来定位自身的,而现代艺术为现代哲学家所赞赏的努力,正是因为这些艺术作品在揭示"真"。实际上,当柏拉图将艺术作为模仿

---

[1] [法]米歇尔·福柯.这不是一只烟斗[M].邢克超,译.桂林:漓江出版社,2012:18-19.
[2] 同上.

的模仿时，他的目的也是说明再现离真实隔了三层，而鼓励我们去追求超越再现的真正的真实。只是现代哲学家走得更远，他们不仅认为再现不能把握超越原型的真，甚至认为再现连原型本身的真也把握不住，因而让事物如其所是地显现，就不能再拄着再现的拐杖了。如果我们从追求获得一种超越特定时空、特定视角限制的真，以及从再现无法通达这种真的角度来看，似乎可以说古代哲学家、现代哲学家和现代艺术家其实都是同盟者，他们共同激励着我们去探寻内心深处对真的渴求。而在艺术的世界中，我们越超越，也就越接近真。

# 美育为人人：《审美教育书简》的人类关怀[1]

孙墨青[2]

## 美育的现代源头

当人是完整的，他的两种基本冲动[3]已经发展起来时，他才开始自由；只要人是不完整的，两种冲动中的一种被排除了，那就必定没有自由；并且必须通过一切把人的完整性归还给人的东西，自由才能重新恢复。

——［德］席勒，第二十封书信[4]

"美育"在中外美学思想中由来已久，而其作为一种学说被系统提出，则源于德国诗人、哲学家、历史学家弗里德里希·席勒。席勒的美育学说是基于欧洲启蒙时代末期现代化过程中的人类发展困境而提出的。他所倡导的美育主旨，是经由审美之路，来恢复人性的内在完整，指向人的自由和全面发展。

### （一）席勒《审美教育书简》及其在汉语世界的传播

1793年，年仅33岁的德国耶拿大学教授席勒，开始动笔给

---

① 本文原题为《美育溯源：从席勒书简被译丢的"人类"二字谈起》，发表于 Ost-West Review（《东西评论》），出版社：Engelhardt-NG Verlag，经作者授权，收入本书时有修订。

② 孙墨青，清华大学出版社艺术编辑室策划编辑，清华大学美术学院社会美育研究所学术委员。毕业于清华大学、慕尼黑造型艺术学院。从事艺术出版、美育研究与传播工作，策划"美育终身研习系列"丛书。

③ 即"感性冲动和理性冲动"，笔者注。

④ ［德］弗里德里希·席勒.席勒美学文集［M］.张玉能，编译.北京：人民出版社，2011.

丹麦奥古斯滕堡公爵写信。信中谈论当时社会中人的困境，谈论人的感性和理性发展的不平衡，谈论何为完整的人性，以及怎样的教育才能为塑造完整的人性提供条件。此后，席勒以书信为底本进行了扩写和修订，从1795年1月起，将27封信先后分三期发表在刊物《时序女神》①上，题为 *Über die ästhetische Erziehung des Menschen: In einer Reihe von Briefen*，完整的汉译名应为《论人类的审美教育：系列书信》。

一百余年后的1901年，远隔重洋，中文"美育"一词在蔡元培的《哲学总论》中首次被提及。②此后又被王国维、鲁迅、朱光潜、丰子恺等美学家、教育家所阐述，然而迟至1984年，席勒这本美育著作的汉译本才首次出版，名为《审美教育书简》。至今虽有数个通行汉译版③，但多沿用《审美教育书简》的标题，或是更简化为《美育书简》。某种意义上，我们对美育的认识也被这些通行的汉译本影响着，塑造着。

### （二）流传近40年的翻译之失

席勒美育书简的德文原书名是 *Über die ästhetische Erziehung des Menschen: In einer Reihe von Briefen*，通行英文译本的书名为 *On the Aesthetic Education of Man*，④完整的中文书名应为《论人类

---

① 参考德国席勒国家博物馆（Schillers Wohnhaus & National Museum, Weimar）电子阅读器-席勒年表。
② 杜卫.美育三义[J].文艺研究，2016（1）：9-21.
③ 据不完全统计，有冯至与范大灿版、徐恒醇版、张玉能版、高燕与李金伟版、谢宛真版，其中，台湾地区最新的汉译本将其译为《美育书简：席勒论美与人性》，谢宛真，译，商周出版公司，2018。
④ 法文译本题为"Lettres sur l'éducation esthétique de l'homme"，西班牙文译本题为"Cartas sobre la educación estética del hombre"，日文译本题为"人間の美的教育について"，意大利文译本题为"Lettere sull'educazione estetica dell'uomo"、葡萄牙文译本题为"Sobre a Educação Estética do Ser Humano Numa Série de Cartas"。仅就笔者目前所知，除德文原版书名外，英、法、西、意、葡、日文6种文字的译本（接下页）

的审美教育：系列书信》①。然而目前流传广泛的汉译本中，书名却不知何故都少译了原名中的"人类"一词，②久而久之，美育为人人的普世关照也就渐渐被淡忘了。

如果只是最初译者少译了一个词，尚可以理解。而这一经典著作残缺的书名在数十年间广泛流传，却并未引起重视，着实令人唏嘘。反映在学术上，以及教学实践中，我们忽视了美育对人类处境的现实关切，轻视了美育针对人性困境的维度，乃至遗忘了美育关照人类命运的初衷，反映了我们对美育问题尚且缺乏全面而深入的思考。由此带来的理解误区诸如将美育与艺术专业教育、特长培训轻易地画等号，或是教育界与媒体界对美育作出表面化、功利化的解读，也就不足为奇了。

## 为什么美育一定要指向人性，面向人类？

为何席勒认为，美育一定要面向"人类"？这离不开他当时所处的历史背景。

18世纪末，在思想文化层面，主张反抗神权、崇尚人的理性的启蒙运动进入末期，其局限也日渐凸显，人们意识到仅靠理性与知识的发展并不能带来它所应允的福祉。在生产与经济层面，始自18世纪60年代英国的第一次工业革命，于18世纪末也在西欧和北美蔓延开来。而在政治层面，1789—1799年，法国大革命

---

（接上页）书名亦均包含"人（的）""人类（的）"的含义；以上标题中都含有"人（的）""人类（的）"的表述（德：des Menschen，英：of Man，法：de l'homme，西：del hombre，日：人間の）。

① 以下简称为《论人类的审美教育》。
② 据不完全统计，除王国维曾将席勒著作译为《论人类美育之书简》，当代译者赵文、郑冬梅在对雅克·朗西埃的译作中将其译为《论人类的审美教育书简》等外，美育一词传入汉语世界逾百年来，使用完整译法的著述并不常见。

爆发，起初其所宣扬的"自由、平等、博爱"得到拥护，然而革命却在后期转向恐怖统治。在思想运动与工业革命、政治革命的交叠之中，席勒看到了片面推崇理性的局限；他看到了工业革命所强化的社会分工虽然在经济上带来了快速发展，却也导致每个个体的碎片化甚至人性的分裂；他看到了实现人的自由并非一日之功，如果不以人性的全面协调发展为前提，其他层面上的自由与和谐也就没有根基可言。

由此可见，席勒美育思想的提出带有强烈的社会观照和对人性本质的洞察。正是为了克服片面理性带来的人的失衡，为了弥合人性的分裂，为了从人的精神入手来促进人的全面发展，席勒才提出了审美教育的学说。

席勒把大自然看作我们原来的造物主，它赋予了我们的人性发展的自然条件。他进一步把美看成我们的第二造物主，在人性分裂和异化的时代，美可以恢复人性的完整。[①]

换句话说，美育学说自诞生之初，就不仅仅是一个发生在艺术内部、教育内部的问题，而是基于对人类发展的忧思，试图在实用理性占上风的现代社会中，何以借助美育来恢复人性完整的问题，因而也是属于全人类的命题。

席勒仅在书简正文中就曾提及"人类"（"人"）一词达24次之多[②]，又将对人类的关切写入书名，这是其美育学说饱含人类关怀的外在印证。

而从美学发展的内在脉络来追溯，席勒对前人的思想在继承中有所发展。在其书简写作的三年之前，康德出版了重要的美学著作《判断力批判》。书中也曾谈及感性与理性的关系，并指出，由于美是无利害的快乐，因而具有普遍性，这一观点深深影响了

---

① [德]弗里德里希·席勒.席勒美学文集[M].张玉能，编译.北京：人民出版社，2011.
② 笔者根据《审美教育书简》的二十七封书信统计。

席勒。他在康德的基础上提出：感官快乐无法普遍化，理性快乐亦无法普遍化。一切其他表象形式都会产生分裂，因为它们只关注个别。而唯独美的中介能够把社会统一起来，因为它同所有成员的共同点发生关系。[①]正是由于美的超越个体利害的普遍性，使审美成为一种缓和人与人的利害冲突、连接人人的力量。

继席勒以后，重视人类关怀的美育理念在20—21世纪仍有回响。其中，哲学家、教育家杜威的经典著作《艺术即经验》中有篇题目为《人类的贡献》[②]；教育哲学家玛克辛·格林曾写作《艺术与人类状况》；曾任美国艺术教育方针研究委员会秘书长的拉尔夫·史密斯著有《艺术、人类事业与审美教育》；法国当代哲学家雅克·朗西埃曾论及"人类审美的自我教育"；哥伦比亚大学教授佳亚特里·斯皮瓦克亦著有《全球化时代的审美教育》……可以说，美育与人类和人性发展的关联早已为国际学术界、教育界所重视。相对而言，由于我们缺乏在人类发展层面上对美育的理解，对美育的主旨认识不清，逐渐偏离了美育的本义。

---

① 本文文意出自于尔根·哈贝马斯，原文为，"席勒能够从根本上把艺术视为一种'中介'形式，并指望艺术能'为社会带来和谐'：'一切其他的表象形式都会分裂社会，因为它们不是完全和个别成员的私人感受发生关系，就是完全和个别成员的个人本领发生关系，因而也就同人与人之间的差别发生关系，唯独美的中介能使社会统一起来，因为它同所有成员的共同点发生关系。'"出处：[德]于尔根·哈贝马斯.论席勒的《审美教育书简》[M]//[德]于尔根·哈贝马斯.现代性的哲学话语.南京：译林出版社，2005.

② 本文中的外文书名及篇目名，除非个别已有中文版外，均为笔者从英文版自行译出。

## 美育忽视人类关怀的消极影响

### （一）对美育的矮化

一直以来，美育从属于少儿教育的观念占据着人们的主导认识。

首先，席勒在书简中，反复提及人性与人类，并不曾把美育和特定的年龄段联系在一起。与之呼应，1992年，美国《艺术教育国家标准》以法律的形式规定，向全体国民进行艺术教育是一项神圣的任务；并在《2000年目标：美国教育法》中指出"艺术是人类有史以来不可分割的组成部分……在整个人类历史中，所有艺术都联系着我们的想象与人类存在的最深问题：人的本质是什么？人类的宗旨是什么？人类的出路在哪里？"[1]强调的都是全民与人类。虽然在少儿阶段注重美育十分必要，但美育从其本义上应当面向全民并贯穿人的终身。而美育的低龄化现象反映了对美育认识的矮化。

美育如果遗失了其最初的人类格局，本该属于所有人的教育权利，就会缩小到只属于一部分人，是为对美育的误读之一。

### （二）对美育的窄化

因此，不论世界的整体通过这种对人类能力的分开培养会得到多么大的好处，但仍然不能否认，受到这种培养的个体却在这种世界目的的灾祸之下蒙受痛苦……个别的精神力量的紧张努力虽然可以造就特殊的人才，然而只有各种精神力量的协调一致才能够造就幸福而完美的人。

——[德]席勒，第六封书信[2]

---

[1] 王宏建.艺术概论[M].北京：文化艺术出版社，2010：204-205.
[2] [德]弗里德里希·席勒.席勒美学文集[M].张玉能，编译.北京：人民出版社，2011.

反观当下，美育近年来常常与艺术专业教育或艺术特长教育相混淆。美育和培养人的任何一种单一的技能无关，而是要以审美为途径来舒展人的天性，促进人的各方面的能力相协调。两者的本质区别在于，艺术专业教育意在培养艺术家，而美育意在培养完整的人，包含任何年龄、任何职业、任何文化背景的人，为了促使人性自身平衡发展。其核心不在于知识和技能，而在于全面打开人的感受力，在于人的品质之提升。

当教育者和学习者只着眼于美的"术"，而冷落了美的"育"，便使美育流于技能层面的一般培训，而模糊甚至违背了美育的主旨。2015年，教育部有关负责人就实施《关于全面加强和改进学校美育工作的意见》答记者问时谈道："艺术教育……在实践中往往按专业艺术教育的模式开展普及艺术教育，容易忽视对学生审美和人文素养的培养。而美育价值取向明确，强调以美育人……育人导向更加凸显。"①

美育如果遗失了其最初的人类格局，本该舒展人类天性、激发潜力的美的"育"，就变质成了狭义的美的"术"，是对美育的误读之二。

**（三）对美育的表面化**

美育作为一个涉及艺术、美学、教育学、心理学、脑科学、传播学等多学科的综合领域，其学术地位有待得到更充分的认识，人们对何为美育的基本问题尚未形成共识，美育自身的研究方法还未建立。其一，在大学层面，美育的人才培养尚在起步，设置美育学专业的院校还十分有限。与此同时，关于美育的跨学科对话与合作不易开展，专业之间的壁垒仍在，对美育问题进行综合的、系统的考察对研究环境与研究者个人的要求都很高。其

---

① 教育部.教育部有关负责人就实施《关于全面加强和改进学校美育工作的意见》答记者问[EB/OL]. [2022-05-07]. http://wap.moe.gov.cn/jyb_xwfb/s271/201509/t20150924_210328.html.

二，美育研究缺乏中外互鉴，既对身边的经验梳理不足，又对国际上重要的美育研究动态和成果很少关注、译介和讨论。从实践上而言，美育师资应当具备哪些能力和素质，又该如何培养？美育的评价体系该如何建立？这些都属于推进美育实践首先应思考的问题，亟待学界、教育界、艺术界一道，乃至家校协同探讨，建立符合育人规律、学生成长规律的、可实践的标准，形成具体方案，促成真切的行动。

美育如果遗失了其最初的人类格局，就容易失去各界的共同关注与共同智慧，使美育的研究或与实践脱节，或流于表面，不能发挥它对育人应有的作用，是对美育的误读之三。

### （四）对美育的功利化

教育部有关负责人曾言及"美育仍然是整个教育事业中的薄弱环节，主要表现在一些地方和学校对美育育人功能认识不到位，重应试轻素养、重少数轻全体、重比赛轻普及"[1]，艺术考级现象即是其中最为典型的一例。20世纪80年代始，社会上开始出现艺术考级，到1995年以后，逐渐成立全国性的考级机构，形成规模。由于艺术考级、特长生认定、升学加分三者的密切相关性，使得艺术考级成为接近功利的台阶。在这种氛围下，尽管艺术考级让很多青少年"勤学苦练"，但参与培训和考级的学员，并未深切体验到艺术对感性的陶养和对创造力的启发，而是在重复性的应试技巧中被动地完成任务，也就没有达到"普及艺术教育，提高国民素质"的要求。

美育如果遗失了其最初的人类格局，原本关乎人性全面发展的命题，就会被换算成眼前的具体功利，是对美育的误读之四。

---

[1] 教育部.教育部有关负责人就实施《关于全面加强和改进学校美育工作的意见》答记者问 [EB/OL]. [2022-05-07]. http://wap.moe.gov.cn/jyb_xwfb/s271/201509/t20150924_210328.html.

### （五）对美育的工具化

不知从何时起，当论及美育对社会的意义时，最常被提及的就是"美育促进思想道德"的观点，如："美育是做好思想政治工作的一种工具""从社会美育的角度探讨'路遇老人摔倒是否应该帮扶'"。这样的例子反映了将美育仅视为一种手段，而非育人的目的。

关于美育与道德的关系，席勒认为：美育的意义在于恢复人性本身的完整，而不会直接有助于道德。美与道德的目标同为育人，但原理有所不同：道德是外在的，来自于外部社会对人的要求；而美是内在的，是人在内心里如何建立与世界的审美关系。美育可以把人带入一种精神舒展的境地——在那里，人可以放松对利己的执着，同时也放松道德的强迫，使人各个方面的冲突走向平衡与和谐；在那里，人可以以不同的眼光来打量世界，尤其是重新打量自己。人内在的自由被一点点打开。美育与德育的联系体现在通过感受美、体悟美，人变得更理解自己，理解人人，从而对待周遭的人和事物更同情、更包容，是一种比德育更为内化的教育。

美育如果遗失了其最初的人类格局，美育的"丰富精神""温润心灵"的独特意义就会被低估，而被误认为是达成其他教育目的的工具和手段，是对美育的误读之五。

综上所述，美育如果遗失了其最初的人类格局，本该属于所有人的教育权利，就会缩小到只属于一部分人；本该舒展人类天性、激发潜力的美的"育"，就变质为狭义的美的"术"；就容易失去各界的共同关注与共同智慧，使美育的研究或与实践脱节，或流于表面，不能发挥它对育人应有的作用；原本关乎人性全面发展的命题，就会被换算成眼前的功利；美育作为心灵教育的独特意义就会被低估，而被认作是达成其他教育目的的工具和手段。以上均为美育遗失了人类格局后正在带来的影响，不可不为我们所重视和深思。

## 美育的人类普遍性

其实，早在席勒之先，古希腊早有柏拉图论述艺术对教育的重要性，中国春秋时代早有孔子提倡乐教的意义。而就席勒的美育学说自身而言，也并非句句真理，仍有很多论证值得进一步审视和商榷。然而国内外学界公认席勒为提出并系统阐释"美育"概念的第一人，他的《论人类的审美教育》被视为论述审美现代性的"第一部纲领性文献"，又是为什么？

我想，一部分原因在于他对人性深刻的洞察和对人类命运充满激情的忧虑，并非他的结论，而是他的提问、他的人文关怀让美育的命题获得了重量。席勒美育学说对于当今社会、当今教育的特殊意义，在于它真正从人类困境出发，面对人类现代问题，它所具有的人类普遍性和在当代引发的共鸣，是难以磨灭的。

正是在这个意义上，我们无法不回到1795年席勒的《论人类的审美教育》，重拾作为美育初心的"人类关怀"。

## 延伸思考

对于美育的根本目标,大多数人是有共识的,那就是提高审美和人文素养,促进五育并举,全面发展。但对于美育的作用,人们却始终没有达成共识,甚至出现了自相矛盾、大相径庭的局面。说到底,还是美育的作用没有落到实处,一种作用没有着落的美育,其目标就形同虚设。目标是因,作用是果。研究了因,也就得到了果。所谓美育的作用,就是要说清楚、讲明白,美育究竟有什么用。比如,在美育伴随的教育中成长起来的孩子,他们的目光都是清澈明亮的……

## 拓展学习

[德]弗里德里希·席勒：《审美教育书简》，冯至，范大灿译，上海：上海人民出版社，2022年版。

蔡元培：《以美育代宗教说》演说词，1917年。

王国维：《孔子之美育主义》，1904年。

朱光潜：《谈美》，北京：中华书局，2010年版。

[美]艾伦·维纳，塔利亚·R.戈德斯坦，斯蒂芬·文森特—兰克林：《回归艺术本身——艺术教育的影响力》，郑艳译，上海：华东师范大学出版社，2016年版。

曾繁仁：《美育十五讲》，北京：北京大学出版社，2012年版。

杜卫：《美育学》，北京：人民出版社，2022年版。

王杰，沈郑，周锋编：《审美教育的当代性——基于马克思主义的研究》，北京：东方出版中心，2022年版。

[美]理查德·加纳罗，特尔玛·阿特休勒：《艺术——让人成为人》，宋健兰等译，北京：清华大学出版社，2018年版。

叶朗，顾春芳：《艺术与审美》，南京：译林出版社，2023年版。

朱良志：《中国艺术的生命精神》，合肥：安徽文艺出版社，2020年版。

## 第二章 跨学科美育对话

# 引 言

如前文所述，美育的现代源头，是社会进入分工生产以来，针对人的"碎片化"而提出的"感性教育"。有人会问，感性教育属于什么学科？谁又是感性教育的专家？你可曾想过，这样的提问思路本身就是现代教育过度细分而忽视综合所导致的？你可曾想过，原来还有不被学科界限所限，而贵在融通的教育？

美育不属于一个狭小的学科，而是将艺术学、美学、教育学、脑科学、心理学、伦理学等学科知识融会在一起。其中，美术教育培养人对视觉形象的敏感和想象，音乐教育塑造人对旋律、节奏的感知，而文学、戏剧教育对于运用语言、舞台进行叙事，乃至自我认知、道德追问和社会反思，有着不可替代的意义。此外，美学为美育提供了内在的依托，而艺术与科学的对话，以及真善美的关系，又是当今被人们热议的话题……各个学科视角都有各自的道理，但又似乎只是美育之一隅。既然如此，我们何不放下固执，和各行专家对话，试着超越美育认知的局限？

本章中，你将与艺术家、音乐家、哲学家、科学史家、文学戏剧研究者相遇，希望你愿意带着自己的故事和想象力，加入他们的谈话，寻获属于你的启示。

# 哲学教育、艺术教育,为什么?[①]

对谈嘉宾:黄裕生[②] 李睦
学术主持:肖怀德[③]

## 哲学教育,是引导人用最普遍性的概念来理解这个世界

**黄裕生:** 哲学教育,我觉得一般层面上来说,主要是一种理论思维的训练。我们都知道,理论概念,通常跟实践概念是相对应的。但是要真正认知什么叫理论,我们不一定很清楚。其实理论思维或者理论能力,最主要就是以概念的方式来讨论问题、理解世界。我们此前讨论感性和理性的关系问题,其实人类大多时候生活在比较直接性的经验之中,我们不需要有多高的理论。但是,教育很重要的一点,就是要超越这种直接性的以感性活动、感性能力为基础的日常生活,用理论的方式来理解、分析生活当中碰到的各种问题,我们才能够有针对性地、准确地去解决问题。这就是一种理论能力。理论能力最主要就是概念能力。哲学其实是用最普遍性的概念来理解这个世界的。这种能力一旦确立下来,它更容易抓住问题的要害。

第二个层面,我觉得对哲学专业来说,那就是经典教育。我们人类有很多大经大典,四大文明都有自己非常了不起的文化经

---

[①] 本文根据黄裕生教授和李睦教授的对谈整理,于2021年发表于微信公众号"见地沙龙",经作者授权,收入本书时有修订。
[②] 黄裕生,清华大学人文学院哲学系教授,博士生导师,中国现代外国哲学学会副理事长。主要研究领域为第一哲学、德国哲学、宗教哲学、政治哲学—法哲学、本原文化理论。
[③] 肖怀德,当代文化学者,见地沙龙召集人。

典。这些文化经典可以分成三类：宗教经典、思想经典或者叫哲学经典、艺术经典。哲学教育最主要的就是学习思想经典。为什么要学习这些思想经典？因为它们代表了一个时代文化世界所达到的最高的思想水平，代表了一个时代的思想高峰。所以，在这个意义上，它们是每个历史时代的节点，你只有穿越这些节点，才能够真正进入历史。思想经典是开辟历史的，不同的文化世界开辟出不同人的历史，因为它们的思想是不一样的。

**肖怀德：**是一种开辟。

**黄裕生：**对，它开辟历史，历史是思想开辟出来的。

**肖怀德：**历史本来没有这么一个广度，它是被不断地打开的。

**黄裕生：**对，历史的高度、广度，时代的变化、不同，都是由思想来决定的。所以哲学专业要学习这些思想经典，通过学习经典，你首先达到历史所达到的高度和广度，你才能够进入历史。

## 艺术通识教育是从艺术的角度关注学科间的共性，艺术职业教育是探索艺术的特性

**肖怀德：**李老师，我想请您谈谈专业艺术院校的艺术教育，要解决什么问题，要实现什么目标。

**李睦：**专业性、职业性的艺术教育和通识性的艺术教育，它们确实是两个存在。但是你不能完全割裂它们。它们是相互关联的，彼此可以作为一个参照。

刚才黄老师说的，哲学教育里的一些因素，我觉得好像艺术教育里面也有，经典、历史，包括认识事物的方式方法，包括论证……艺术教育在某种意义上，也是一种"被动的哲学教育"。通识教育可能更多地关注学科之间的共性，其中的通识性艺术教育自然是通过艺术的角度去关注。艺术职业教育更多地去探索艺

术领域的特性问题。要从艺术的专业教育角度讲，这些学习艺术专业的学生可能要比别人付出更多，甚至是终生去探索艺术的本质是什么，艺术和每一个从事艺术创作的人之间的关系是什么。然后发现问题、揭示问题和解决问题，以及找到自己应该具有的解决问题的方式方法。

所以，我想艺术通识和专业教育有共同的东西。但是，和接受艺术通识教育的学生相比，以艺术为专业、职业的学生要考虑的不同之处在于，他们要把艺术的本质性、规律性的东西，作为毕生目的、毕生追求来对待。在这个过程中，他可能不经意地会超越人们原来对于艺术的认知，包括我们今天谈的审美、感性和理性的关系、技术和艺术之间的关系，甚至艺术能给这个社会带来什么？

## 面向普通人的艺术教育是一种帮助人认识自己的特殊方式

**肖怀德：** 如果我既不是要成为艺术家，也不是要做纯粹的哲学研究，那么，艺术教育对我意味着什么？哲学教育对我又意味着什么？

**李睦：** 我试着回答吧。艺术教育可能最大的意义就在于，可以让每个人，通过这样一种特殊的教育方式更真切地认识自己。尽管我觉得哲学教育、生命教育也具有这样的功能，但是艺术教育应该是一个更方便、更有效的教育手段。艺术教育里也有信仰的问题，只不过这个信仰不是宗教信仰，它可能是审美信仰，或者是其他的精神信仰。艺术的核心价值也许是"想象"，因为它要通过想象的"幻视""幻听"等，去追求或者达到心灵的彼岸，并且要找到呈现这些"幻视""幻听"的方法，从而呈现一个特别清晰的世界。比如，音乐、绘画通过听觉和视觉的方式呈现它，然后人们从中寻找安宁。因为每个人的幻视、幻听的情境是不一样的，所以他们最终呈现的世界也是不同的。艺术在这一点上就不像宗教，宗教有一个相对统一的、共识的东西，而艺术对于真理的认识则是多元的。

在这个过程里，学生就开始慢慢地发现自己是谁，自己跟这个世界的关系是什么。认识了自己以后，他也可以用同样的方式去关注他人、认识他人，然后产生他和我、你之间的相互关联。表面上看，艺术不过是色彩、素描，或一些其他的绘画方式，但艺术教育的目的，实际上还是让学生认识自己。包括用颜色的习惯，用线条的习惯，追求画面中境界的方式方法，以及性格、品质、身份认同等都会被牵连出来，这是艺术教育比较独特的地方。我说的不仅仅是艺术专业教育，这个认识过程对所有人来说都是非常重要的。

## 哲学真正要回答的就是每一个人都要面临的问题——生、老、病、死

**肖怀德**：黄老师，我是个普通人，去接受您的哲学教育对我来讲意味着什么？

**黄裕生**：其实不管有没有学过哲学，每个人都有点哲学思考，哪怕是文盲，他也对哲学有所思考，哪怕他不知道有哲学这门科学。为什么？其实哲学真正要回答的、要讨论的，就是每一个人都要面临的问题——生、老、病、死，尤其是生和死；人与人之间的关系，爱，包括朋友之爱、亲人之爱、两性之爱。我生在这个世界有什么意义？我怎么会来到这个世界？人跟动物不一样就在于我们会追问"我"的来源，我们都知道自己是父母生的，然而父母来自哪里？最后就要追问，这个世界的源头是什么？所以，哲学为什么叫"始基"？首先要回答的就是世界的

始基、世界的本源。你只要彻底去追问，这就是每个人要面临的问题。我们通常懒惰，追问到我是爸爸妈妈生出来的就完了，是吧？但实际上你要彻底追问下来，你会问，我的父母是从哪儿来的？有人给出了一种进化论的解读，说我们是从森林古猿进化来的；还有一种宗教上的解读，说我们是上帝创造的。这就是源头的问题。人人会死，不管你怎么逃避死，人有自我意识的时候就知道自己会死，那既然会死，终有一死，我们来到这个世界上有什么意义？我们还活着干什么？活着很艰难，要工作，还要奋斗，奋斗过程中要经历种种挫折，面临种种人性的丑恶，有朋友的背信弃义，有自己最亲爱人的背叛，等等。你会遇到各种各样的事情，会很艰难，人在这个世界要做成一件事情都很不容易，那活着干什么呀？各种挫折、各种艰难会让你追问，我付出这么多努力活着有什么意思？人生的意义就出来了。这些其实就是通过哲学的思考、学习，多多少少能够澄清的一些问题吧。

## 在同等条件下，懂得道理的人会比不懂道理的人过得更好

**肖怀德：**我们当下是把哲学作为一个学科，然后放到那儿，好像跟自己没有什么关系，其实在生命的时时刻刻，都有哲学在思考的问题，或者试图去回答的问题。

**黄裕生：**其实哲学是最切己的一门科学。它与每个人最内在的一面密切相关。只是因为哲学的方式是纯概念的，一运用专业的概念，马上就显得高高在上、非常晦涩。就是因为它探讨的问题太基础了，太切己了，以至于我们觉得它好像离我们很远。就像眼镜，我们戴着眼镜但是从来看不见眼镜。所以尼采有一个说法，"每一个人离自己最远"，就是在谈这个问题。

**肖怀德：**对，接下来的问题可能要再挑战一下，"我懂得了

这个世界那么多的道理,但是我还是过不好我这一生",这是为什么呢?

**黄裕生**:你能处理好这些问题未必就能过好一生,如果我这一生是幸福的才叫"过好这一生"的话,那确实不一定。因为获得幸福是有很多条件的,比如说,你要有最基本的物质条件,是吧?拥有各种物质条件是需要有很多机缘的,特别是如果你对物质条件的需要很高的话。比如说,我要住上豪宅我才觉得幸福,我要能够整天到处旅游,或者是想做什么我就可以做什么,我才幸福。那你即使懂得再多道理也没有用,因为那几乎是不太可能的事情。但是,我们可以这么假设,所有能够给你带来幸福的条件是一样的,比如说,在穷就一样穷,富也一样富的情况下,你懂得了道理和没有懂得道理,的确是不一样的。至少懂得道理会让你生活得更加从容。以孔子的弟子颜回为例,他的生活是很艰苦的,我相信跟他一样艰苦的人,是很多的。但是,颜回是什么人呢?"人不堪其忧,回也不改其乐",他心里还有快乐,是吧?处境是一样的,但他还是带着一种快乐的心态来生活。相反,没有他这样境界的人,整天可能就会忧心忡忡。

**李睦**:如果你根本不知道什么是好的生活,抽象地朝着"好的一生""幸福的一生"去追求,那可能就不一定能得到吧。因为你根本不太知道什么是幸福。

**黄裕生**:不知道什么是好的。

**肖怀德**:其实没有一个统一的标准,什么是好的生活?

**李睦**:但是你如果不懂道理,你就一定不会幸福。

**肖怀德**:那猪也很快乐呀!

**黄裕生**:就看幸福怎么定义。如果一个人认为一辈子过得都心满意足,就叫幸福,那有可能,也许他没有那么高的道理的要求。

**李睦**:这是幸福观的问题了。

**黄裕生：** 幸福虽然是一个概念，但是它没有统一的标准，每个人对幸福的理解实际上是不一样的。有的人一旦得到一定的财富就觉得很满足、很幸福。他可以到处去游玩，财务自由了嘛，这是一种幸福。还有人觉得，你虽然有钱可以到处跑，可是你默默无闻，而我很有名气，是吧？我当个演员什么的，很多人都围着我转。你只是有钱，不行啊。康德就说了，幸福没法成为一个原则，因为每个人对幸福的看法是不一样的。

**肖怀德：** 所以我们说，每个人要找到一种自洽的生活，对吧？自己跟自己和解的生活。

## 追求一个更好的共同体是跟每个个体息息相关的

**黄裕生：** 从个人来说是这样，但是从共同体来说，因为你在生活中的许多事情还是跟共同体息息相关的，如果共同体缺乏秩序，那个人也不可能有好的生活。所以为了实现幸福，除了自洽的生活，还要有一个好的共同体。好的共同体毕竟是要有秩序的，那么这个秩序是什么呢？

**肖怀德：** 这就有标准了，公平、正义这些就出来了。

**黄裕生：** 是的，这些就出来了，还有道德。所以这就意味着，没有道德的话是不可能有好的生活的。

**肖怀德：** 这个问题就蛮有意思，我们经常会觉得，我把我自己安顿好了，处理好了，拥有一种自洽的关系，我就可以过上好的生活了，事实可能没那么简单。

**黄裕生：** 没那么简单的。因为我们生活在社会当中，生活在共同体里，凡是这么想的时候，已经是预设了共同体是一个好的共同体，基本保证正义的一个共同体。要是这个共同体是一个弱肉强食的共同体，你刻苦工作没有用，你的劳动成果也可能被窃取。

**肖怀德**：所以追求一个更好的共同体，是跟每个个体息息相关的。不要认为你可以明哲保身，或者你可以在自己的小生态中过上好的生活。

**黄裕生**：这是一种自欺欺人的想法。人是不可能离开共同体而生活的。我们为什么对社会要有基本的关切？因为它跟我们每个人息息相关。共同体之所以称为共同体，是因为它不是谁的私家产物，不是谁的私家领地，和每个人都有关系。不管是小的共同体还是大的共同体，大的共同体就是国家嘛，国家跟每个人是息息相关的，所以每个人都要关切这个共同体。

## 艺术家的创作是个人的，但作品展出是公共性的，会影响共同体的审美情趣

**肖怀德**：李老师，我接触了很多艺术家，包括一些中国当代艺术家，很多情况下，他们认为艺术创作是一件个人的事情，或者认为社会性的工作和自己是无关的，又或者认为共同体和艺术家个体的关系没那么大，您觉得共同体跟艺术家有关系吗？

**李睦**：个体跟共同体之间的关系肯定是特别密切的，因为表面上看，艺术是一种个人独立性的工作，但是最终作品是要跟社会发生关系的。所以，个体直接或间接地与共同体发生关系。没有一个艺术家做的事情和社会、和共同体没有关系，除非他画完了以后就把作品毁掉，否则总有一天作品会面世，不管他画成什么样子。

**黄裕生**：主要是作品展示出来，我们都去看，慢慢地，如果大家总是看一种风格的绘画，这个共同体会慢慢形成一种共同的审美情趣、审美爱好。实际上画家自觉或不自觉地受到共同体里观众的审美情趣的影响，那么艺术家对公共社会的影响是当大家都在关心、关切、欣赏这些画时，他们形成某种共同的审

美情趣。那么，这对共同体有什么作用呢？他们构成了共同的历史。

**肖怀德：** 而且这种共同的审美情趣，反过来又会影响共同体的道德、共同体的关系、共同体对于自由的追求，这都有内在联系。所以，我们也许可以这么说，每个艺术家的创作，虽然是独自完成的，但是一旦作品走向公共社会的时候，其实它就在为社会文化的某种变化发挥着一定的作用。

**李睦：** 即便是艺术家个人的创作，也并非和社会没有关联，因为他的创作的灵感、思路，也来自于他所在的这个社会，是从共同体中获得的。

**黄裕生：** 处境性问题，都会成为艺术家创作的一种精神土壤。

## 学哲学，有助于改善人对自身的认识、人与他人的关系、人与世界的关系

**肖怀德：** 今天跟两位老师聊艺术教育和哲学教育，我觉得非常有启发性的是，其实艺术教育也好，哲学教育也好，它们都有让你认识你自己的价值，对吧？对于个体来讲，如果说艺术教育的价值是让你更好地去感受世界，哲学教育则是更好地去认识世界。

**黄裕生：** 认识人自身，当然包括人和世界的关系、人和他人的关系。如果真的理解或者学习哲学，这些认识应该会有所改善吧。当然哲学的确很难，一个人初中毕业时，可以欣赏艺术，但让他看哲学原著恐怕就很困难。

**肖怀德：** 我不是哲学专业出身，但对哲学特别感兴趣，所以我有时候会看一些普及哲学的读物，比如说西班牙哲学家费尔南多·萨瓦特尔写的《哲学的邀请》《政治学的邀请》那几本书，我看了以后特别受启发。他是一个思想家，他的书显然并不仅是

为哲学专业的人而写,而且是为非哲学、非政治学专业的人,让他们走进哲学,走进政治学而写的。但是,我们中文世界好像这样的书并不多见,这是我的一种感觉。

**黄裕生**:你说的这种比较普及的读物,作者不一定是大哲学家,但是他要对哲学问题真正有一些自己的思考才能做到。

**肖怀德**:我们身边常见的学者,让他去写一本通识类的、普及类的书,他可能不会那么有兴趣,似乎这对于他作为一位学者来讲,没有太大的价值,会是这样吗?

**黄裕生**:这是一个原因,另一个原因是让他写也未必能够写好。因为这些问题,别看它好像很通俗,但它触碰了最基本的一些问题。比如现在德国有一位韩裔哲学家韩炳哲,他不属于哲学大家,他还没达到那个高度,但是他对这些问题是有思考的。

**肖怀德**:而且对我们当下数字互联网时代的人的处境,他有非常敏锐的捕捉,我觉得很有启发。

**黄裕生**:一方面他有很好的哲学训练,另一方面他对现代社会的问题也很敏锐。这个我们国内学界现在还没有人能做。

**李睦**:另外我也觉得,在艺术教育领域里面存在同样的问题,就是许多学者和艺术家并不愿意从事艺术通识教育。不仅因为它非常艰难,而且还要有一点勇气和才能才行。因为他更多要关注艺术的本质性的问题、规律性的问题,他要自己去概括,自己去把艺术的基本规律融入不同的学科领域里去,这也是为什么很少有人愿意从事这样的教育的原因之一吧。

**肖怀德**:不只是大家不愿意,这件事本身可能并不是所有人都干得了的。

**黄裕生**:这是很难的,实际上,你要写一本普通的哲学史可能没那么难,而你要写一本普及性的思考哲学问题的书,进行系统的讨论,这是很难的。

**肖怀德**:《哲学的邀请》第一章就是生死,生死问题是哲学的第一问题,人与动物的最大的区别,就是人是一种能认识死亡的动物。

**黄裕生**:对,就是刚才我说的,人是从有自我意识开始就觉悟到自己会死的;另一个是源头意识。我从哪来?这就是哲学的开端。

# 艺术与科学的共同追求[1]

李睦 吴国盛[2]

## 李睦：艺术与科学有可能在一枚硬币的"同一面"

我是一生都在画画的人。我每天每年探索的是色彩的规律、形态的规律、空间的规律以及秩序感、平衡感，等等，我对这些东西乐此不疲。后来，我慢慢认识到一些科学发展规律的时候，就觉得很奇妙，原来在艺术以外有另一个领域在做着很多相同的事情，而且非常有益，可以给我们这些艺术创作者带来源源不断的灵感，这个发现让我很兴奋。李政道先生曾经说过一句话："艺术与科学是一个硬币的两面。"我们要从科学的角度探索和认知艺术，同时也要从艺术的角度探索和认知科学。

科学与艺术的区别，也是我经常去思考的一个问题。比如我们常说透过现象看本质，这可能属于科学的思路。但是反过来想，我们将本质表诸形象，这是不是属于艺术的思路呢？这样一些区别，以及对它们之间相互关系的思考，对我来说充满了诱惑。

另外，我们也在探索科学和艺术之间的共性以及它们各自的

---

[1] 本文根据2021年清华大学举办的科博文化周之"达·芬奇启示——当代青年的科学与艺术素质培养"名家座谈会现场发言整理，曾分两期发表于微信公众号"清华大学科学博物馆"，经作者授权，收入本书时有修订。

[2] 吴国盛，清华大学科学史系教授，兼任国务院学位委员会科技史学科评议组成员、中国科技史学会科技史教育工作委员会主任、中国自然辩证法研究会科学传播与科学教育专业委员会主任。主要研究方向为西方科学思想史、现象学科学哲学与技术哲学、科学传播。

特性，这方面我学习研究了不少学术著作。比如科学与艺术之间的共性，涉及世界本质、本性、本原等内容，这些不光是科学要追求和探索的目标，也是艺术要追求和探索的目标。说到它们各自的特性，科学要追求普遍性的意义，讲共性；艺术恰恰要破除普遍性的意义，讲个性，甚至要讲极致。在这个基础上，我们有没有可能寻求一条走向科学的艺术道路，同时寻求另一条走向艺术的科学之路？这个应该是未来学生以及老师的使命和责任，因为这涉及国家文化、艺术、科学的兴衰。

我们常说"术业有专攻"，这一点大家探讨得比较多，似乎也理所当然接受了这种认识产出的各种各样的现象和结果，但是我们很少谈论"殊业有同归"，也就是"术业有专攻"能不能做到殊途同归呢？我自己特别期待，有没有可能出现这样的情况，就是在科学研究中确立人类的家园，在艺术研究中寻找人类的归宿，这两者的使命稍有不同，但这才是一个硬币的两面，两面都不可或缺，我们不能只是寻找生存的家园而没有精神归宿，反之亦然。所以它既是今天大学生的素质，也是能力的体现。我稍微说一点结论性的思考，没有能离开科学的艺术，也没有能离开艺术的科学，文艺复兴时期的绘画、印象派的绘画也是得益于科技的发展而产生的。

记得清华大学艺术博物馆刚成立时举办了达·芬奇手稿和复原品展，这次科学博物馆又有很多机械复原品在展出。尽管达·芬奇的手稿有流失，但还有很多被保存了下来，这是人类精神文化的财富。从他的手稿中，我想到了今天的你我，我们有没有这样的手稿和本子呢？达·芬奇可以把他的想象、幻想、猜想用图像、文字的方式描绘、呈现出来，那么我们的想象、幻想、猜想，用什么样的方式呈现和保存呢？同学们能不能也留下一本笔记（文字日记、图像日记），把你们各种各样的奇思妙想记录在纸面上。这也是我记录灵感和思考的一种方法，这将有助于你们探索未知。

吴冠中先生曾经说："科学揭示自然的奥秘，艺术揭示情感的奥秘。"在这个基础上我再引申一步，自然奥秘中包含着情感，情感奥秘也是自然的一个组成部分。所以过去、现在、未来，科学和艺术都是不可以分离的。

## 吴国盛：科学与艺术是人类自我完善不可或缺的因素

最近，清华大学科学博物馆举办了一个新展，"直上云霄——列奥纳多·达·芬奇的飞行和工程机械展"。恰好清华大学艺术博物馆开馆的时候也曾举办达·芬奇的手稿展。达·芬奇是文艺复兴时代兼艺术家与科学家于一身的重要人物，他给后世留下了7000多份手稿，其中有三分之一和机械发明有关系。这些发明都是他脑子里的构想，并没有付诸实施，有些构想能不能付诸实施我们也不知道。所以世界各国科技博物馆都想试一试，一方面体会达·芬奇的伟大想象力和蓬勃的创造力，另一方面也看一看这位文艺复兴先驱的发明，哪些是可以实现的，哪些是没有办法实现的。

但是很遗憾，达·芬奇对近代科学贡献不大，原因不是他本人能力不够，而是造化弄人。达·芬奇把手稿留给徒弟，徒弟留给自己的儿子，徒弟的儿子对手稿不太感兴趣，所以手稿在他们家搁了一百年。达·芬奇那些伟大的想象、那些天才的猜测本来可以促进近现代科学和工业革命发展的，但是当人们知道这些手稿的时候，现代工业革命已经完成了。那么，我们应该怎么看待他的成就呢？

古希腊有一位伟大的科学家叫阿基米德。阿基米德的著作也非常超前，幸亏后世有几个人给抄下来了，但是也没有人传下去，人们都看不懂。那时候抄写用的羊皮纸比较贵，他的作品被后人刮掉,用那些羊皮纸来抄写基督教箴言、教义。直到19世纪晚期,一位学者发现羊皮纸里面还有一层字,仔细一看原来是阿基米德的作品。所以,近代就有了阿基米德羊皮书的故事。一般认为,微积分是牛顿和莱布尼茨在17世纪的发明,但是在此之前的2000年,阿基米德就已经发明了微积分运算,可惜当时的人们看不懂,就没有产生实际效果。但是我们还是会缅怀他,敬仰他的伟大著作,为什么?我认为,达·芬奇和阿基米德,展现了人类智力所能达到的高峰,他们是人类智力的最高标准。达·芬奇的很多创造是超前的,特别是他对飞行的想象、猜测和构思是非常先进、非常合理的,用我们今天的说法,是合乎科学的。500年过去了,达·芬奇成为人类文明史上的一个高标,是"人"这个物种的能力所能达到的极致,这是很重要的意义。

我好几次讲到,达·芬奇展示的是一种真正意义的现代精神。现代精神就是"人为自己立法""人为自己开辟道路""人为自己制造本质"。在达·芬奇的时代,人还是会受制于自然,受制于神明,受制于上帝。现代性的根本特征就是神明没了,怎么办呢?人只能靠自己。所以贝多芬有一句名言:"人啊,你当自助。"达·芬奇代表的也可以说是纯粹的"浮士德精神",就是想尽一切办法去发现自然的奥秘,利用这个奥秘来让自己做事情。

此外,达·芬奇完成了艺术的翻盘。在达·芬奇之前,艺术家在欧洲是没有地位的。按照自古希腊以来的学术划分标准,科学属于学问的第一类别,数学、自然哲学等都属于第一流的学问,因为它们代表的是一种纯粹的学问;而古希腊人所指的"艺术",特别是像造型艺术、诗歌、戏剧、医学等人造、人工、人为的学问和技艺,被认为是第三流学问,地位不高。从达·芬奇开始,一些艺术家开始崇尚数学,向数学靠拢,同时向自由艺术靠拢。在他的引领之下,文艺复兴时期佛罗伦萨的艺术家开始脱离画匠行会，组建艺术学院，把艺术提升为人文科学（liberal arts）。

所以达·芬奇所处的时代是一个非常重要的分水岭。它让我们意识到，在文艺复兴时期，科学和艺术同时在塑造自己的新面目，在这个过程中，达·芬奇见证和参与了现代艺术和现代科学的自我构建工作。

## 师生共话

**环境学院学生孙若水：**您是否有这样的经历，在自己的知识谱系当中，艺术的自己和科学的自己发生了一种碰撞，碰撞之后产生了非常绝妙的想法，从而得到了愉悦的体验？

**李睦：**说起来，我自己就是科学和艺术相互作用的一个结果。我父母是学生命科学的，我们家族没有学艺术的，但是不知道为什么就出来我这样一个义无反顾去学习艺术的人。

我觉得学习艺术的过程充满着对立的统一。比如，学习过程中我向往自由自在地表达、呈现、思考艺术，但是透视、比例、结构、解剖、固有色、环境色等这些艺术知识让我怀疑，我学的是艺术还是科学，这些知识曾限制了我内心情感的探索和表达。

但是慢慢长大以后，特别是当我对科学有所了解的时候，我才知道自身的局限，也是艺术学科本身的局限。比如文艺复兴时期人们谈论科学和艺术话题的时候，并非泾渭分明，并没有把自己归入某一种身份角色而排斥其他。

**吴国盛：**我是理科出身，在大学学的是物理专业。在上学期间对文学是很热爱的，写过小说，而我在视觉艺术方面一塌糊涂，书法、绘画、雕塑，不要说做一做，连欣赏都很难。此外，我喜欢音乐，非常喜欢。我同意康德的观点，艺术是一种天才的事业，科学是常人的事业。古希腊人认为数学是人性的根本。的确,有些学科跟家庭背景关系很大,比如语文。如果在高考成绩中增加数学分值,也许可以避免家庭背景对于分数的影响,有哲学家提出过这样的观点。

**环境学院学生孙若水**:现代社会的分工化和专业化非常明显。兼具科学和艺术素养的人与专门的科学家、专门的艺术家相比,对社会有怎样不同的影响?

**李睦**:我认为,一个人应该同时具有艺术和科学的思维。虽然社会有分工,但当分工分得非常细的时候,学科之间的连通性也就不存在了。学科之间的连通性是必要的,像艺术家塞尚的绘画成就在一定意义上得益于几何学的进步。

**吴国盛**:科学、艺术是两个不同的领域,但是从谱系上来看,它们中间又有很多过渡环节,博物学和艺术很有渊源,历史上的歌德、卢梭都是大博物学家。歌德最有影响,除写作外,他也画画,也搞矿物学勘探和植物学,还研究光学,跟牛顿较量。当然,在科学与艺术方面都有成就的人毕竟是少数,世上才有几个达·芬奇那样的人啊。但确实有很多科学家懂音乐、懂绘画,比如李政道先生就懂绘画,爱因斯坦会拉小提琴,布莱克会弹钢琴,等等。

所以把这个问题做一个区分更有意义。如果从从业人数来看,一个社会不可能养那么多艺术家,起码艺术家和科学家人数一样多是不可能的。但是如果从社会功能来说,艺术能春风化雨、教养人心,提高一个社会的文明程度。相比而言,普通老百姓了解量子力学也行,不了解也没有问题。但是如果一点艺术品味都没有的话,日子就会过得索然无味了。所以二者要区分一下,肯定不是1+1的问题。

**美术学院学生王成思**:刚才老师谈到几何学对塞尚的影响,光学对印象派绘画的影响。不仅如此,摄影机的出现还改变了艺术的门类和艺术的定义,现在还出现了AI画家。那么,今天科学对艺术的影响是否发生了变化?

**李睦**：肯定发生了非常大的变化，人工智能的绘画作品已经出现在一些美术学院的研究生毕业展览中。人工智能微软小冰在了解历史上不同时期成千上万的艺术作品以后，可以按照不同时期的艺术风格"创作"出很多"自己的作品"，大家一看就知道是仿达·芬奇的作品、仿印象派的作品。我不知道这是否仍算创作，但是它已经深深地影响到今天艺术的形态，比如音乐、诗歌和美术。

就美术来讲，由于人工智能微软小冰的出现，那些人们既有的艺术标准是不是要重新思考？以往，我们每次艺术创作都希望达成最终意义上的"成功"，只许成功不许失败，但是今天由于微软小冰艺术作品的出现，我们每一次的"失败"反而显得那么珍贵，因为相比而言，小冰是不会犯错误的。那么我们的每次"失败"是不是反而更值得研究呢。

**吴国盛**：其实science这个词是从19世纪才开始比较多地使用。文艺复兴以前，无论文科、理科都叫作arts，区别是自由之艺（liberal arts）和机械之艺（mechanical arts）。我们今天所说的科学对艺术的影响、艺术对科学的影响，应该是指机械之艺和自由之艺之间的相互影响。我说几个重要的案例。

透视法是由布鲁内莱斯基等建筑学家、画家发明的。透视法给视觉艺术带来了革命性的变化，也直接促成了摄影几何、绘画几何的变化，这是一个很重要的案例。

还有个故事，伽利略用望远镜对着月亮看，看出来月亮表面坑坑洼洼，从而颠覆了哥白尼学说。通过望远镜看到的是二维图像，他怎么知道那里是坑坑洼洼？这是因为伽利略小时候学过绘画，知道明暗对比，知道什么是视觉上的三维，从而判断月亮表面有坑坑洼洼，这也是一个很好的案例。

科学和艺术各自独立之后，这种直接的影响不是很多了，但是还有。比如说发现行星运动三定律的开普勒认为,天体运动本身就是一种无声的音乐,遵循一切有声音乐的和声规律,他利用和声的方式,把火星的运动轨道给"谱"出来了。再比如发明莫尔斯电码的莫尔斯原本是一位画家,他发明的发报机和画架很像,因为他非常熟悉画架的结构。再有量子力学中"夸克"一词就是来自诗歌的语言。

所以艺术对科学的影响蛮多的,直接影响科学家的思想。反过来,科学对艺术的影响,更多是在材料、技术方面,这种影响是表面的,不如艺术对科学的影响来得深切。但有一个影响比较深刻,就是爱因斯坦相对论带来的空间弯曲观,或许对毕加索的绘画有点影响,这还有待学者进一步研究和论证。

**环境学院学生白佳琦**:艺术不仅可以愉悦科学家的生活,更重要的是在科学研究当中会促发科学灵感。我们在座很多同学都有学习艺术技能的经历,比如音乐、绘画、歌舞。您觉得技巧性的练习会不会成为艺术感情迸发的困扰?现在这种突出技能的培养模式是不是有效?如果想要培养兼备艺术素养和科学素养的全面人才,我们应该遵循怎样的培养思路?

**李睦**:刚才说到技术、艺术,不知道它怎么就变成了对立的两个方面了。我觉得对美的感受力和对科学的感受力都很重要,这是素养里很重要的一个因素,而不是关注技术本身,我觉得技术不是目的。我认为把技术作为艺术学习的前提是片面的,因为两者并不存在必然的因果关系,好像也彼此不分先后,先练8个星期的素描不可能让绘画水平一飞冲天。我相信,不论艺术还是科学,思维都是最重要的。

**吴国盛**:首先,我觉得培养艺术素养和科学素养不是立竿见影的,可能是一种润物细无声的熏陶。这也是我认为综合性大学比专科大学要好的根本原因。在综合性大学里,同学可以接受不同学科、不同文化类别的濡养,会自动地打开视野,文化营养会逐渐渗透到脑子里。特别是艺术的训练或者艺术鉴赏的培养可以让人更自信、更从容，可以让整体人格更加完善，人生更加丰满，让人们感受到人生是美好的，是值得过的。人生有很多种可能，而不是只有一条道。

其次，当我们思考科学和艺术的关系时，不要只想着，有了艺术，科学就能怎么样；有了科学，艺术就能怎么样。它们都是人类自我完善这个伟大事业里不可或缺的因素。丧失了对科学纯粹性的热爱，丧失了对美的鉴赏，是人类的一个悲剧。有位科学家说过：我宁可要一个看起来很美，但是和实验符合得不好的理论，我也不愿意要一个和实验符合得很好，但是看起来不美的理论。

所以我们今天谈科学、艺术，是要继承这些大师们开辟的道路，把科学、艺术的内在的、人性本质的东西充分挖掘出来。

**科学史系学生陈多雨**：近代科学被技术化之后好像就"堕落"了，而技术一旦和艺术接触，又把艺术"拽下来"。所以科学、艺术与技术之间是怎样的关系呢？

**李睦**：在艺术领域，为了拍卖画画，为了订单画画，为了各种各样的目的而画画，我想道理是相同的。我们今天谈的是科学与艺术精神层面的思考，在很多教学中不仅缺少艺术精神，同样缺少科学精神。以前我讲过一个题目叫"像艺术家一样思考"，其实我特别想听另外一个题目，就是"像科学家一样思考"。无论是在古希腊的"七艺"还是中国传统的"六艺"里面，对这些问题都有很好的解答。

我曾经在音乐学院和学生们探讨，为什么音乐学院的学生不进美术馆，美术学院的学生不进音乐厅。具体到绘画里又分成人物、花鸟、山水等，分得特别细，你不能教我，我也不能教你，彼此老死不相往来。这样的划分没完没了，细分下去，艺术和科学之间就难有共鸣了。如果把这种职业化、门户化、功利化的诉求作为高等教育的目的的话,我觉得与我们培养全面的、完善的人的目标相去甚远。

**吴国盛:** 在古希腊,技术和艺术是同一个词,后来区分成技术和艺术。不光技术、艺术是一家,科学和它们也是一家。按照"七艺"的说法,数学就属于自由之艺。现在把它们区分开来,和现代性的内在要求有关系。比如说,人类要征服自然、控制自然,要有力量、要造福后代,技术就变成显学,科学也向技术靠拢,艺术也向技术靠拢。当然我们不是贬低技术。比如德国哲学家海德格尔说过,如果重新回到技术的本原处,它就是艺术。现在技术发展太快了,笔记本电脑、手机不断地更新换代,让人眼花缭乱,很多新技术弄得人惶惶不可终日。这个时候科学家就提醒说,技术不是洪水猛兽,通过回溯它的源头,也许可以把它制住,这是回避、防止社会单一技术化的唯一道路。

**家长:** 在一个家庭里,如果爸爸妈妈既不懂科学也不懂艺术,但是却有一个热爱科学与艺术的孩子,那家长该怎么教育?

**李睦:** 我可能提不出要报一个怎样的学习班之类的建议。关于学习,我们可以思考一个问题,比如说英语里有三个疑问代词:What(什么)、How(如何)、Why(为什么)。爸爸妈妈和学校往往更关注前两个——What、How,几乎从来不问Why。What代表着知识的传授,How代表着能力的培养,Why应该是前两个的前提,指向价值。所谓不懂科学、不懂艺术,只是科学和艺术的技术层面,不是每个家长都精通,但是不能说我们不懂艺术、不懂科学。如果从"问为什么"出发,至少可以判断孩子的兴趣以及全面平衡一个孩子未来的培养方法。

家长不可能什么都知道,也不是什么都不知道。如今,很多学生从小到大受到艺术和科学的教育比以前多得多,但是并不见得从艺术和科学里面受到启蒙。技术再完善,如果不能达到艺术和科学应该起的作用,这样的学习就失去了意义。就像很多孩子掌握了美术或音乐的技艺，但是失去了对艺术的热爱，通过考试之后从此不再碰它。科学领域同样存在这个问题，家长和孩子学会自问"为什么要学它"，是非常重要的。

**吴国盛**：历史上很多天才的艺术家，他们的父母也不一定是相关领域的，很多情况是和艺术"一点儿关系都没有"，那他们是怎么处理的呢？无外乎就是呵护孩子的这种兴趣，保护这种兴趣，帮助他们实现这些兴趣。

现在，家长容易功利，只要孩子有这个能力，就得好好开发出来，让这个能力成为将来安身立命之本，然后上各种补习班、训练班，最终把孩子的兴趣消磨掉，这是我们当代教育的问题。不光是艺术，很多领域都是这样。我们拿了很多奥林匹克数学竞赛金牌、冠军，但是大数学家则很难培养。所以，这个平衡一定要把握好，千万不要走极端，对孩子多鼓励，爱护他的兴趣，延续他的兴趣，这是家长要做到的。自己不懂没有关系，家长可以学，和孩子一块成长。

# 通过艺术、文学、音乐的人格养成①

李睦　高瑾②　陈曦③

## 李睦：不教而教，唤醒对"失控"的渴望

### （一）张力：逃离人性偏枯的自觉

在今天，曾被哲学家指出的理性与感性、物质与精神之间的张力仍然作用于人类社会，造成了人性的偏枯。在这样的背景下，美感教育被重提，甚至一定程度上迎来了复兴。与曾经物质资料的短缺不同，生产力的几何式增长为物质生活提供了优裕的条件，人们不再仅满足于物质上的富足，而产生了一股以追逐精神世界为风尚的新浪潮。这种自觉，正是审美教育重获生机的根源。

然而，商业资本的侵蚀与多元文化的蓬勃却在冥冥之中模糊了"美的标准"，这并无益于美育的生长。在我看来，"美"是一种共性的、阶段性的认知，同时需要个性的启发，也不排斥不同观点的交锋。"美"离不开共性与个性的共同孕育，在共性到个性、个性到共性的纠缠过程中，学生才能建立自己的审美判断能力，这既是美育的理想，也是美育的现实任务。

---

① 本文根据2021年举办的清华大学文科沙龙"美育·人格"主题讨论会现场发言整理，曾分三期发表于微信公众号"清华文科"，经作者授权，收入本书时有修订。
② 高瑾，清华大学人文学院助理研究员。目前主要研究方向为关于词与图关系的话语的比较研究，19世纪英国诗人的时间观念，等等。
③ 陈曦，小提琴家，中央音乐学院管弦系副教授，中国音乐家协会弦乐学会副秘书长。第12届柴可夫斯基国际音乐比赛最高奖获得者。文化部第七届全国小提琴比赛暨"文华奖"第一名。

### （二）反抗：邂逅有意为之的偶然

"艺术在于形式与内容的完美结合"，两者之间的协调，就像使用天平时斟酌砝码的多少一样微妙。遗憾的是，我发现，当前在美术领域内长期存在着脱离形式、只谈内容的现象。在观看绘画作品时，人们往往将注意力放在作品背后的故事上——这幅画是不是有故事？是不是有他了解的那些故事？甚至是不是有他喜欢的那些故事？却很少考虑构成"故事"的形态、线条、空间等形式美的重要作用。

这折射出人们对确定性与结论性的执着。已有的经验、绝对的知识、根深蒂固的是非观念、流水线式的教育将学生"武装到牙齿"，建立起某种"坚不可摧"的认知，并与其他的经验和观点隔绝，以致他们时常忘记了，在两个对立的极端之间，还有无尽的空白和无限的可能。一如每一次器乐演奏时，都可能因时间、地点、心境的不同而呈现出不尽相同的表现效果。绘画作品中的造型、结构、色彩等元素也是难以被标准化、模式化的，因为它们承载着创作者此时彼时的内在状态，是情感与思想的外在表达。

"艺术实乃一场意外，来自偶然的效应。"美育的回归是对精致的功利教育的反抗，是对神秘的好奇。所幸，无关功利的艺术之美已然浸入清华人的血脉，在代代传承间吐露着"人文日新"的芳华。

### （三）唤醒：凝视灵魂深处的自我

多数人幼时都有过审美的经历，而大学肩负的美育使命，即是"唤醒"因种种原因而中断的对审美境界的追求。而衔接的意义在于促成一种连续的状态——"过程"。无论是美术、音乐，还是文学，都需要在"过程"中不断体会、积累与比较。终有一天，这股延续的力量会喷涌而出，蔓延至生命里的每一个角落，实现对人格的重塑。

工笔与写意的区别恰能说明"积累"的重要。前者要求"有巧密而精细",后者则不拘泥于艺术形象的外在逼真性,将重心置于神态的表现和主体情感的抒发。我们常说,"四十岁以前画不了写意",唯有艺术性与技术性的交错,才能呈现情感、智慧及技巧的综合表达。

审美教育不能仅仅停留在鉴赏层面,还需要亲身参与艺术实践。但这并不意味着所有的学生都要反复练习至专业水平,才能习有所得。相反,收获的关键在于心态,只要秉持着感受未知事物的心态和习惯,无论前行多远,都会满载而归。

### (四)逆行:摆脱固有思维的束缚

我清晰地记得自己在上大学时初次上素描课的情景:当时,我正在写生《荷马》石膏像,当老师仔细地讲述了诗人荷马其人的经历与思想后,我那幅素描完成得特别好。我把这种认识触动实践的过程归结为"触类旁通",那些或来自文学,或来自音乐的冲击,往往有助于摆脱固有思维的束缚。

因此,我从来不愿放弃那些被贴上"没有艺术感觉"标签的学生。尽管的确存在这样的群体,但多半身处类似状态的学生,其在美育活动中消沉的症结在于感性思维没有被完全打开。这种封闭,不仅是教育在宏观层面上的问题,也是教师应该解决的问题。给他一些时间,总会找到合适的方式唤醒学生沉睡的感性,一旦挣开枷锁,同学们的灵性也会"如洪水般溢出"。我常和同学说:"如果暂时关闭你的'大脑',你的手会带领你画出很多的事物。"

## 高瑾:文学美育,在文本中求索美的多样性

### (一)美育复兴:文学美育及价值

美育缘何能在大学教育中呈现蓬勃生发之态?当代的商业

浪潮和媒体文化带来了诸多对美的曲解，这更加需要以学校为平台开阔学生视野，向大家展现美的可能性与多样性。对美育的迫切呼唤，反映了我们试图反抗资本侵蚀的努力。针对"美的多样性"概念，我想分享一个关于罗斯金的例子。罗斯金是19世纪的文艺评论家，他赞扬哥特式建筑的装饰，因为它不要求效率、完美或是标准化，使工匠从重复的机械劳动中解放出来，把劳动与思考和表达结合在一起，相对于标准化的雕塑来说，创造了在伦理上和审美上都更加值得欣赏的作品。

相比于音乐对听觉的依赖以及绘画对视觉的依赖，文学更具有综合性，不仅包含各感官的层次，且与人类的社会文化各方面密不可分。文学美育的价值在于，借助文学文本扩宽学生视野，从中培养建构问题、提出观点的能力。

### （二）形神之间：汲取思想的力量

对于美的阐述离不开形式与内容的结合，但是美育遇到的问题在于人们常常沉溺于形式语言，而忽略了对作者思想的探索，也遮蔽了特定情境下历史背景的影响。例如，歌词改编自爱尔兰诗人叶芝同名诗歌的民谣歌曲《当你老了》，时常被用来表达经久不息的灵魂之爱。然而，这是个误读，诗中的老年概念并不是字面意义的一个人生阶段，诗中各个类型的爱情都可能逝去，灵与肉之间的对立最终也被超越了。我们需要把这首诗重新置入19—20世纪的世界历史，并在此背景下分析叶芝诗歌中思想与情感的困惑与张力。这种"误读"并不可怕，应当成为驱动我们挖掘文字形式背后之文学思想的力量。

### （三）大学使命：清华的美育传统

"高投入"的通识课程是清华不断拓宽美育多样性的有力见证。蔡元培曾在《以美育代宗教说》中提出，美育能够实现与宗教类似的功能，特别是能够在技术性训练之外，陶养人的道德精神，使人超越"人我之见"，渐灭"利己损人之思念"。清华的美育传统亦包含着类似的理念，多样化的通识课程为学生提供了接触美的机会，这种美育传统难能可贵。在我看来，理工科专业的学生通常重视理性思维和确定性结果，美育恰恰可以引导学生在不知道确定答案的前提下保持探索状态的心境，这种对模糊性的宽容和接受，对于认知美和知识的探索都非常重要。

### （四）美育之道：文学的审美训练

文学美育未来应该如何开展？人与动物的区别之一就在于人有语言和文字，文字是人类最常用的文化工具，与美术、音乐的较高准入门槛不同，我们天然地更亲近文学。正因为"文学"看起来很熟悉，它作为课程设置、学科建制、著述体例、理论话语、知识体系、意识形态等不同面向，不但相互纠葛，并且很可能被误解或是被简单化。在大学通过文学进行美育，需要若干高质量课程的相互支撑。值得注意的是，课程的知识性灌输可能不是培养文学审美的适宜途径，重要的是要有效引导学生观察到文本背后的问题，比如为何某位作者会在特定的时期表达出特定的观点，等等。此外，我会向同学建议，有时应该阅读纸质文本而非电子文本，这可以让我们更深入阅读。总之，不应当局限于追求文学阅读的愉悦感或沉浸于文字表面之美，应该同时着眼于培养分析能力和审美判断力。

## 陈曦：勤练勤思，在体验中追寻美的涵义

### （一）美育的价值：形成对"美"的合理认知

对美育的重视、对人的审美培养，关乎一个根本的问题——美育的价值是什么？以我自己所从事的音乐行业为例，音乐可能是最不直观的美，因为音乐"看不到、摸不着"，而只能靠"听"。作为音乐老师，每天和学生传达什么是美，其实非常困难。我们之所以要提出"美育"的概念，是因为我们往往容易混

淆"美"的内涵。

在多元化的世界里,美的内涵似乎变幻不定。从横向的角度来看,七大洲、五大洋,每个地方对美的认知都有所差异;而从纵向的时序上来看,不同时代对美的理解也有所不同。这给人带来一个错觉:似乎什么都可以称作"美",什么也都可以称作"不美",我们现在正处于对"美"的理解混乱的世界里。然而,在混乱的世界里,每一个真正专业的人,都能知道"美"的涵义,得到美的标准。很多学生认为"美"没有标准,觉得"我认为美就是美",这是存在问题的。引导学生形成对美的合理认知,向学生传达美的标准,是美育的价值所在。

**(二)勤练勤思:寻找"美"的"灵"与"肉"**

"美"与"勤"既紧密相连,又存在张力。学琴、演奏像体育运动一样,当中存在竞技的成分,在台下哪怕一百遍的演奏都正确无误,台上一旦失误就是重大失败,所以一定要苦练、早练。这或许给我们带来困扰,我们追求的究竟是"美"还是"刻苦"?

事实上,二者并不矛盾。以歌厅中的音乐爱好者为例,他们献唱往往注重自己内心情感的发泄,但很少关注自身发音的问题。在发泄情感的一刹那,他们或许感受到了美,但是乐感的好并不代表音乐之佳,因为它只有一个"感觉"。真正的"美"与刻苦练习是分不开的,台上演奏时刻的感人至深,往往来自于台下枯燥的一遍遍练习;而书法家写草书时的美感,也都来源于练习时一横一竖、一板一眼的琢磨。以我从小苦练琴艺的体会,如果家长在孩子年幼时不注重引导他/她对"美"的正确观念,他/她对"美"的认识将会非常缺乏。

除了刻苦练习之外,勤于思考也是体悟"美"的应有之义。以主观感觉为中心,是我在弦乐教学中发现的学生存在的通病。演奏是一种二度创作,尊重作曲家至关重要。在授课的时候,我常常和学生说,演奏一定要考虑和尊重三个背景:尊重时代、尊重大自然与尊重作曲家。譬如当我们演奏勃拉姆斯的曲子时,应当要思考:勃拉姆斯生活在怎样的时代、在哪个地方?是在奥地利维也纳那样的城市里,还是在某座山上疗养?他当时的心境是怎么样的?对这些问题的思考深入与否,都深刻关系到演奏的水平与质量。虽然对于"美"的理解没有唯一答案,但只要刻苦练习、勤于思考、慢慢沉淀,就能够实现对美学修养的塑造。

**(三)放慢节奏:在"美"的体验中塑造人格**

现在的学生对事物的追求过度着急,似乎什么事情都要用高科技、高效率的思维去解决。"1分钟教会"各种技能的帖子屡见不鲜,这对"美育"来说是非常有害的。当今快节奏时代,人们对名利的渴望,使得人们对细致的"美"缺乏关注。有一次在美国洛杉矶博物馆,我遇到一位老师带着一群5~6岁的小朋友鉴赏梵高画作,让我思考"美育"的延时特征。尽管小朋友们当时或许并不知晓画作的题中之义,但是这样的参观却能够在孩子的内心中埋下一颗艺术的种子,并产生"延迟性快感",让这种体验慢慢发酵,直到未来的某一天发挥它的作用。因此,我会建议学生好好把握感受艺术的机会,尤其是音乐会、博物馆之类的"现场体验"。

一项关于欧美古典音乐听众群体的社会调查指出,不管是在20世纪90年代,还是21世纪初,古典音乐的主要听众都是45岁左右的中年人。调查者认为,这或许与阅历有关,但更重要的是早期成长过程中"埋下的种子"。

对于有的学生难以在体验中找到对美的感觉的问题,我认为:首先,应当从兴趣出发,找到自己真正喜欢的事情;其次,应当认识到每个人对艺术的满足度存在差异,艺术无法用量化来衡量,不宜追求和他人一致的感觉,而应叩问自己的内心。而对于艺术进入门槛的问题,我认为,不要让"缺乏艺术细胞"成为美育道路上的拦路虎。在确定兴趣之前，先以体验的心态去感受；确定兴趣之后，再寻求高质量的教育资源。

### （四）环境的重要性："美育"需要支持和鼓励

通过鼓励的方式培养孩子对艺术的信心是美育的重要一环。与外国惯于将讽刺作为幽默的文化不同，中国文化往往对来自长辈、来自专业人士的批评特别重视，由于能力不足而怯于练习是学生在美育过程中的一大障碍。正如有的托福满分的中国学生羞于口语表达，而一些外国学生在学外语时却拥有大胆展示自己的勇气，环境的鼓励与自身的信心将深刻影响孩子学习艺术的效果。多数人儿时都有过接触艺术的经历，老师、家长要尊重孩子的热爱并鼓励他/她持之以恒，才能够形成健全的美育。

# 心通天宇的艺术和科学[①]

刘巨德[②]

"科学家与艺术家经常生活在不可捉摸的境地。这两种人经常必须把新的和已经知道的东西协调起来,并且为争取在混乱当中建立新的秩序而奋斗。在工作和生活中他们应互相帮助并帮助一切人。他们能铺平沟通艺术与科学的道路,并且用多种多样、变化多端,极为宝贵的全世界共同的纽带把艺术和科学同整个广阔的世界联系起来。""争取做到这些,不是轻而易举的,我们面临的时刻是严峻的,但我们应该保持我们美好的感情和创造美好的感情的才能,并在那遥远的不可理解的陌生的地方找到这个美好的感情。"[③]

奥本海默震撼人心的话语,集中表达了科学家和艺术家最为崇高庄严的理想、情感和智慧,也体现了人类对真善美最伟大的追求和信仰。

在小小的蓝色地球上,当人类面对自己文明的历程思考时,不安地发现辉煌中有一片又一片人类理想与热情的废墟并列。特别是大工业时代留下的缺陷,给人类迷信进步的心灵留下了层层

---

[①] 本文原题为《心通天宇的艺术和科学——美好感情和创造美好感情的才能》,发表于《美术观察》,2001年第6期。经作者授权,收入本书时有修订。

[②] 刘巨德,清华大学文科资深教授,现任清华大学美术学院教授、吴冠中艺术研究中心主任。著作有《图形想象》(1994),画册有《浑沌的光亮——刘巨德艺术作品集》(2017)、《陶艺雕塑集》(2017)、《写生作品集》(2017)等。

[③] [美]奥本海默.真知灼见——罗伯特·奥本海默自述[M].胡新和,译.上海:东方出版中心,1998.

凄凉和忧患。

人总想神有所归,心有所寄,虑有所定。"我生本无乡,心安是归处。""这是为什么"和"为什么想知道为什么"已成为科学与艺术永无终结的追问,消除忧患,净化人性,建造人类精神家园已历史地交给"艺术与科学"来承担。不同的是,科学家以博大的胸怀拥抱自然之理,把对自然的认识抽象为定律;艺术家则以宇宙之理倾诉人性之情,把对生命精神的思考谱写为人性和宇宙谐和的自律。正如李政道先生说:"科学的目标是准确地回答和求解。但是,科学家不可能找到所有答案。也没有最终答案,只能增加答案。而增加答案和了解客观世界的动力是美好的情感,没有情感就没有创造力。什么是生命的意义,什么是社会的意义,最重要的是美好的情感。这和创造艺术的动力完全相同。"所以石鲁先生说:"艺术家就是科学家,艺术的规律都是科学的。"

与科学相比,艺术是通向宇宙的另一条路。大凡有所贡献的艺术家,其心灵无不上通天宇,下达人性,为高扬自然生命精神和人性生命精神的和谐而努力,为建造人类真善美的精神家园而献身。他们共同以崇高的人性精神爱抚自然,又以博大的宇宙精神爱抚人性,他们在造化的恩宠中,与天同乐于动,与地同悲于失。

天,在科学家和艺术家的心目中,大概是孕育智慧的本源。人的心灵一旦融入浩渺无垠的宇宙时空中,一切理性的美、情感的美、力量的美,即会荡起无限的波澜。人类在冥思中静悟,在直觉的非逻辑的感悟中发现,在诚实的实验中求证,在生命过程中感受善恶和美丑。天意与人意相连,催人至理,引人幻想。若将渺小融于宏大必给人意志,将人情化为天地之情,必给人大美和壮美,大可腾至天宇,小则入乎精微。艺术与天合气,与地合理,与人合情,艺术乐仁乐静自在心通天。故贝多芬讲:"打进心坎的艺术来自天。"《乐记》云："圣人作乐以应天。"石涛说："天能授人以画""大知而大授，小知而小授也"。艺术的真谛在自然，"师法自然"注定是艺术与科学的永恒课题。

　　自然内在的秩序严密神奇，大无外，小无内。人类已知越多，未知越大，激起人们探索的欲望也就越强烈。这正如科学家兼艺术家和哲学家的爱因斯坦所说："人们总想以最适当的方式画一幅简化易领悟的世界图像。""这就是画家、诗人、哲学家和自然科学家所做的，他们都按自己的方式去做。"于是，这个世界由方程、函数、形、色、观念、文字、音符等所组成。"这个世界可以由音乐的音符组成，也可以由数学公式组成，我们试图创造合理的图像，使我们感到在那里就像在家里一样，并且可以获得我们日常生活中不能达到的安定。"爱因斯坦令人深思的话语不仅告诉世人科学、哲学、艺术的共同基础和目标，也说明唯科学、哲学、艺术的人造世界是人类安身立命的精神家园。

　　为此，美术教育应重在美术文化的教育，不同哲学美学的继承和创新教育，真、善、美的理想和境界的教育，生命学的教育。美通于真善达于美。在人类对真善美的追求中，美不仅是原点，同时永远是终点。美如同人类心灵的情感种子，将永远为人类文明默默生根、开花和结果。

　　爱因斯坦认为，如果一个方程看上去不美的话，那理论一定有问题。终极设计者都会用美的方程来设计这个宇宙，美已成为探求理论物理学中最重要结果的一个指导原则。

　　当我们走进生命研究中心，在电子显微镜下，观察视网膜神经水平细胞时，会发现光的信号变为电信号的过程中，细胞点线的对应与渐变是多么精密和美妙，几个层次的传递转换是多么有序和完美。万物从大到小，从活到死，都是那样美得令人惊叹、惊喜，并充满不解之谜。

　　一个水稻叶面的微观世界，我们将其几百倍、几千倍、上万倍地放大后,感觉一层又一层的微观世界在推进,每一层都有自己的完美结构和特征。它们是抽象的,但又是具体而真实的。从中我们发现科学和艺术不仅都关注生命的意义和价值,而且也都探索生命的结构和秩序。美位于真、善、美之首,美居于生命精神最深处。

人不可能超越自然,人只有深入大自然的心灵深处,倾听大自然的声音,体验大自然的律动,方能领悟美的真谛和精神。今天科学宏观和微观的无限视野已经为艺术打开了观照自然的心灵通道,使抽象艺术离开自然表面而接近自然原理的表现,在超越肉眼的电子显微镜下得到印证。可以说,西方现代抽象艺术将近一个世纪的探索,正处在微观世界中,中国绘画精神的奥秘也在生命结构秩序的自律中。

美没有标准,没有意志,没有终点。艺术与科学只有在拨开世俗物化的迷雾中,拜访那无人涉足的寂静与虚空,让人性与自然在爱与美的相互对话中,相互幻化,才可能有所发现和创造。

艺术和科学之道,均为寂寞之道,一般荆棘颇多,鲜花甚少。它需要宗教般的情感和精神,狂迷的心态和智慧,半出世半入世的超物我境界和力量,独立自由的直觉和想象。它既不迷途于功利,也不沉醉于自我,而是在自然与人性和谐的共性中,以共性创造个性。生命是整一的,又是独一无二的,强调自我边界是不可能的。无我之我,实属真正自我。当心灵虚静空明,"离形""去知",在超越肉体感官,摒弃理性逻辑已知的情况下,人性精神与天地精神畅游往来时,庄子恍兮惚兮之大美即会到来。这种状态下生命有序地歌唱时,聋人之心也可以听见,当生命悄悄走来时,盲人之觉也能明察。这种超越现象界的特殊内觉,使艺术家和科学家通过直觉和非逻辑的穿透力,可以直入客观本体,使主体精神与客观对象对应飞升到无限与永恒的境界中。可以说,20世纪格式塔心理美学对有关艺术表现源于物质结构的力和情感活动呈现出来的力的统一论述，从科学的角度作出了近似的剖析。

中国传统文化和西方后现代文化的交流与碰撞，已引起国内外许多专家学者关注。它们之间惊人的亲和性和互补性，对世界新文化的诞生有着非常深远的意义。中国文化和西方文化相比，李政道先生认为，因为炎黄文化源于农业文明，重时节，好观天，有成熟的宇宙观和生命观，所以艺术、科学、哲学从开始就是一个统一体。这种统一无疑对21世纪的人类文明有着不可估量的现实意义。

现代工业文明给人类带来的"技术至上"和"以自我为中心"的危险处境，已引起西方大批学者对东方哲学精神的重新思考和关注。东西方文化的交融，自然科学和人文科学的平衡，科学、哲学、艺术的统一，已成为时代呼唤。21世纪的艺术教育与艺术前景，必然取决于世界文化的这种精神趋向。

人类不仅共同为地球的生存环境危机所制约，而且对生命的本质、社会的意义、生存的质量的探索，在信息社会中，也必将难分彼此。艺术家、科学家、哲学家的传统角色，科学研究、艺术创造、设计功能的传统意义都将发生深刻的异变。科学家、艺术家、哲学家必将共同联手为净化人性，实现人类真、善、美的理想而奋斗，为超越和摆脱工业文明留下的忧患而努力。

重视东西方文化的交流，重视科学与艺术的结合，重视人文科学与自然科学的综合，早已是清华大学的传统。清华大学美术学院（原中央工艺美术学院）在装饰艺术的旗帜下，也曾汇集了一大批东西方艺术交汇的，艺术与科学结合的，设计艺术与纯艺术整一的，理论与实践并重的优秀艺术家、设计家和教育家，为学院的学术建构和人才培养做出了卓越的贡献。未来高等教育科学与艺术深层次的互动与互补，必将为人才培养、学术研究以及人类生存质量的提升，提供更为广阔的思维空间。

2001年，清华大学举办"艺术与科学国际作品展暨国际学术研讨会"——庆祝清华大学建校90周年。这是一项大型国际文化活动，从人类文明进程的视野探讨科学与艺术的共同基础和目标。展览和研讨的用意在将国际范围内"艺术与科学"领域最新的学术建树引入中国，也希望将中国对该命题的理解推入世界的讨论和关注中，为中国高等教育走向国际化、综合化、信息化做出前瞻性探索。

伟大的艺术家、设计家、科学家、哲学家，实际都是伟大的思想家，他们都是超功利、超时空、超生死地追求生命真善美的实践者和体验者，他们都富有最美好的情感和创造美好情感的才能，他们是人类精神最优秀的儿女。

艺术之大美，尚以人生之善，通于宇宙之真。宇宙与人性生命精神的和谐，必给人美好的情感、理想和才能。

天地之镜，宇宙之鉴，科学、哲学、艺术如真、善、美的三女神，她们心通天宇，共利四海为悦，共给五洲为安。倘若没有她们的存在，人类会永远处于没有精神家园的流浪中，倘若没有她们的联手，人类可能永远会活在爱与恐惧的矛盾中。

# 图像、文化理解与美育[①]

甄巍[②]

## 图像≠写实≠写真

如今,在大环境中存在一些固有的观念或误解:很多人提到图像就把它与写实以及对现实世界的写真联系起来,实际上图像的含义要广阔许多。写实写真是用一个图像来展示看见过且普遍认识的东西,但其中微妙的差别在于所见非事实,个人所见、所述与他人的经验不一。所以模仿现实和图像呈现的过程中存在着很多的环节,并不能与真实画等号。我们作为教育工作者一定要破除写实的执念,意识到图像未必源于眼见。

图像有很多的来源,亲身所感的生活是其中非常重要的来源之一,我们也提倡孩子去观察生活,体验生活的细节,但这些不是图像认知的全部。图像很有可能来自于传统文化或现有的符号,包括文字等可视的信息。我们甚至可以用"信息"这个词来代替"图像",这是数字时代中我们应该采取的一种态度。

除了表示一种具体的形态以外,图像能够表达的内容是极其丰富的,包括"表意"和"表情"。"表意"指表达思想、思维,比如说思维导图、报告图表等。例如:球队教练要画出运动员的场上布置图;军事领导者要画出军队的阵型和战法等;设计师和

---

[①] 本文原题为《图像与美育》,于2021年发表于微信公众号"清美美育研究所",经作者授权,收入本书时有修订。

[②] 甄巍,北京师范大学艺术与传媒学院副院长、教授、博士生导师,京师美术馆馆长;教育部高校美术学类专业教学指导委员会委员,(全国)教育书画协会高等美术教育分会副会长。

工程师要有尺寸图、三视图等。而"表情"则是表达情感了,例如在微信上跟朋友聊天时会使用各种各样的表情包,大家通常都是心领神会,一个心形表达爱的情感,一朵花表示赞赏、祝贺等。

## 图像的表意、表情与表态

除了表达意思、表达感情之外,图像也能表达一种态度。例如在战争年代出现的海报、标语、插图、漫画等,在2020年全民抗击新冠疫情时出现在方舱医院墙壁上的鼓舞人心的漫画,这些都是在表达创作者的立场、态度和价值观。

在今天的美育教学里面,图像绝不仅仅为了美,它包含着我们的文化中的多元的价值观念,也会活跃我们的思维。图像还可以拓展我们对美育的思路,打开新的审美境界。我们应当抛弃那些认为"图像只能是美的"的误读,判断美丑远不是美育的全部,我们要学会从图像的创造中欣赏、识别和批判。

## 意识对于图像的改造作用

《韩非子》中有一段讲,在古代人们很少能够见到活的大象,只知道象牙很美,得到死象的骨头后,按照骨头的形状加以想象,然后画出大象生前的样子。由此,人们所想象出的事物便都可称为"象"。这句话所说的就是人的意象、意念对于图像形成的作用。

在"所见非真"一图中,大家猜猜这些图像是什么?左边的图像不是典型的茶壶的形象,而是其顶视图,尤其是茶杯,像是几个圆套在一起,因此可能产生多种解释。茶壶正下方的图像是一个戴眼镜的人的俯视图。右边立在那儿像根羽毛似的图像,其实是一把梳子立起来后有齿的侧面。我们眼睛所看见的形象、意识中对图像的改造,以及由概念而产生的图像都是不同的。

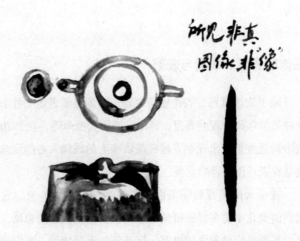

相应地,我们的视角、观点、立场都能通过图像呈现出来,且这些图像不只可以是平面的,还可以是立体的;不只是立体

的，还可以是运动的。今天我们对图像的认知和理解一定是基于多重空间的，在一个运动的，甚至是交互的、多重的维度之上。观看图像时会生发出的自我意识或自我认知，甚至能跟我们的宇宙观产生联系。就像照镜子一样，当我们观看很多图像时其实都在看自己，看自我内心世界的映射。我们在创作图像的时候，实际上我们画的是一种世界观、宇宙观，画的是我们认为的人和宇宙的关系、人和他人之间的关系、人和自我的关系。

## "大美术"与"大图像"的概念

"大美术"的概念是从真善美和图像的关系扩展到世界上一切的存在，对应着"大图像"的概念。换句话说，其实我们身边的一切图像都是美育应该关注到的，这些图像都能够转化为信息帮助我们沟通。同时，我们也需要用"图像"的概念形式来呈现我们的思维方式。我们需要把"大美术""大图像"的概念放入美育中，让它们与科技产生联系，使它们和情感挂钩，和艺术史的内容连接。同时，我们也会在日常生活中应用"大美术""大图像"的概念去改造我们的生活，它们也可以成为我们在自我塑造的过程中的思维方法，值得我们终身去学习，去体验。

即使是研究哲学也需要逻辑形式分析，需要将结构可视化，这与我们人类吸取和获取信息的方式是以图像为主的有关，当你习惯用形象和艺术的方法来表达的时候，你就能更好地理解空间中事物的关系，并且在其他学科中运用图像的分析语言。当美育以视觉艺术来展开时，它将帮助我们以形象的方式去解决生活中各种问题。

当然，图像不是一切，文字或是数学模型也很重要，我们不要盲目夸大地认为"美术能解决一切问题"，但我们应当看到图像在美育中的基础作用。

## 图像是理解当今世界的钥匙

之所以说美育的核心是图像,是因为图像是理解当今世界一切存在的钥匙,这把金钥匙我们要交到老师和学生的手里,让它发挥更大的、未知的作用。图像是读图时代的词语,它与口头语言、文字符号、数理公式等都是沟通的重要媒介,它们各有所长,也各有所短,互为弥补。如今手机的屏幕越来越大,键盘消失,图像越来越多,读图速度越来越快,且静态图片更多变成了动态影像。图像形成了一种巨大的信息洪流把我们包围,很多时候,学习方式也变成以观看视频影片为主,这些就是图像时代的体现。我们需要领会和理解这个时代的来临,并知道如何面对它,用图像去影响和帮助我们的孩子。

《自然》杂志(Nature)曾通过一个视频将150年来所发表的论文编织成一个互联网络,并把每篇论文所带来的影响可视化。如下图所示,我们可以看到知识能够形成一种网络,各个学科领域之间都有着紧密的关系,仿佛宇宙一样。其实我们对宇宙的理解,或者说对整个微观和宏观世界的认识都是用图像的方法建构起来的。

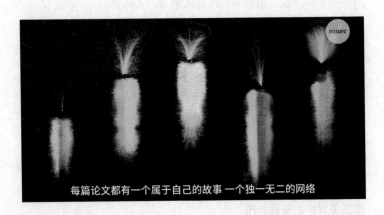

每篇论文都有一个属于自己的故事 一个独一无二的网络

## 图像时代的变与不变

随着科技和生产力的发展,人类文化的传播方式发生着变化。当信息的数量和质量都在不断增长时,艺术的内容、艺术的主体也都发生了变化——谁在创造艺术,谁在宣传艺术,谁在使用艺术,以及如何去教授艺术,都需要重新思考。

从口口相传到象形文字,再到印刷术和摄影术的出现,图像把人类的文化记忆固定下来。在新媒体时代,周遭环境给人们的嗅觉、触觉、味觉等方面带来的刺激也都越来越丰富,常常是多种感官综合地来感受信息。但这其中依然是视觉占主导,因为绝大多数人还是依赖于观看的方式来获取信息,包括看书、看电视和手机,以及观察周边的人、事、物的视觉信息等。

尽管图像承载的信息在变,传播方式在变,但图像所具有的文化理解的功能是相对不变的。图像帮助我们去理解不同的文化,理解我们的祖先、长辈和朋友。在所有的物种中,几乎只有人类会特别注重社会和历史性的传承,会创造出不同文化之间相互理解的状态。当我们进入异质文化时,面对不同的国家和民

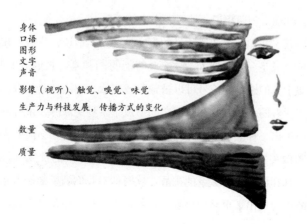

身体
口语
图形
文字
声音
影像(视听)、触觉、嗅觉、味觉
生产力与科技发展,传播方式的变化
数量
质量

族，在不同的地域和社群之间交流，艺术作品能够提供一种共情和理解的方式。

## 从图像的创造行为中理解图像

对于图像的阐释和解读是一种文化现象，而创造图像本身是行为的过程。在对图像的理解中，一方面认为它是一件已经存在的事物，另一方面要去理解其创造行为。美术史中有一个概念就叫"图像行为学"，即专门去研究图像产生的过程。例如，清代画家石涛所绘的《西园雅集图》，是一种表示文人聚会的经典图示，里面就出现了中国古代文人以诗书礼乐、琴棋书画的方式聚会交往的场面。因此，我们发现很早的时候，图像的产生就以具体的行为模式作为背景了。所以我们不仅要在美育的教学中关注图像呈现的样式，也要关注它产生的过程和情境。

## 建立个人图像记忆库的意义

每个人都应当建立自己的图像记忆库，因为关系建立在记忆的基础上。人的生命中的细节是以大脑中神经元的方式保存下来的，与他人相遇相识，神经元中会留下图像、声音等信息。

其实我们无法知道所见的真实性，换句话说，我们不知道自己是否只是一个机器人。一个高智能的AI机器人被创造出来后，类似于人的感觉的信号可以被输入或提取，它因此会觉得自己是真实活着的。当感知和数据之间形成了某种关联时，很有可能就会产生出一种人机关系，而特殊的人机关系，将来会演变为特殊的图像关系。我们的艺术审美将会面临着更大的挑战，是虚与实、真和假之间的关系的挑战。这时就对我们的感知能力和视觉判断能力提出了更高的要求。一般认为，科学中是难以接纳错误的存在的,但目前科学史的研究中已经意识到错误和试错的重要性了。而接纳错误或是保留未知在艺术教育中是特别重要的,我们一定要教会孩子"将错就错",反而能收获不一样的结果。

当媒体传播和展示变得越来越具有控制力时,我们更不应变成图像的奴隶,不应被它推销给我们的观点所控制。在图像时代审美教育最核心的内容之一就是图像,一切可视的、可感知的问题都是我们美育工作者应该关注的。我们应当引导学生建立个人的图像记忆库、视觉文化库,提升个人的审美判断和信息识读的能力。

拓展学习PPT

# 作为美育的文学教育[①]

高瑾

## 文学？为何？

这里的"为何"有两层意思，文学是什么，文学为了什么。文学和文学批评的学习和探索成果，不会像学习艺术类学科那样在视听方面效果明显，不那么容易让非专业人士产生敬畏之情。近年来，在对于美育的思考和讨论中，把文学纳入其中的情况开始多了一些。文学和文学批评应该是美育非常重要的构成部分，它传授的不仅是阅读和写作能力本身，更重要的是帮助学生通过语言文字的途径，学会发现美，发现问题，体会创造和深入思考问题的美和乐趣。

北大校长蔡元培是我国20世纪推动美育最著名的人物，他观察历史和现实，注意到了美育与宗教的异同，以及不同宗教之间的矛盾，认为美育与宗教相比，有诸多优点，主张"以美育代宗教"。但是有人把他的观点误引为"以美术代宗教"，以为他推崇的是美术和艺术教育。蔡元培在公开讲座中多次明确反对这种说法，认为美育不应局限于美术，而应该有更丰富的内涵：他期待美育不仅有技艺的训练和运用，而更应该有个人思维和行为的全面发展。美育不仅涵盖人从生到死的整个过程，并且涵盖个人生活和社会组织的各个层面。

对蔡元培来说，除了建筑、雕刻、绘画、音乐、文学这五个

---

[①] 本文原题为《作为美育的文学教育——挑战与可能》，于2021年发表于微信公众号"清美美育研究所"，经作者授权，收入本书时有修订。

宽泛的大类之外，美育还涉及言谈举止在内的个人修养，以及从展演场所到园林公墓等社会空间和社会机构的设置与设计。美育作为个人教养和社会组织的基础，在活生生的个人和社会生活中发挥作用。在这个丰富生动的过程中，语言文字必然是重要的载体，也必然成为美育的重要组成部分。

一方面，蔡元培对美育的理解，受维柯和黑格尔的影响。他认为由于各种社会原因，诸如年龄的长幼、习惯差别、受教育程度的深浅等，人们的审美观念互不相同，从而产生了不同的文艺作品。审美的能力并非天生，需要长时间的训练和自我要求，在文化和教育中培养而成。作为一名教育家，蔡元培和席勒一样，相信审美教育不但能解放个人，最终将助力改变社会和国家的命运，"通过美走向自由"。在这个阐述方式中，可以说，美育是带有工具性的。

另一方面，蔡元培对美育的理解也从中国传统中汲取了重要资源，特别是"六艺"概念的影响。他在《美育》一文中谈道："吾国古代教育，用礼、乐、射、御、书、数之六艺。乐为纯粹美育；书以记实，亦尚美观；射御在技术之熟练，而亦态度之娴雅；礼之本义在守规则，而其作用又在远鄙俗；盖自数之外，无不含有美育成分者。"蔡元培参照古希腊传统对技艺（techne）和知识（episteme）的区分，重新划分了六艺，把数从礼乐射御书割裂出去了。换言之，数和形状的和谐、对称、规范等西方古典意义上的纯形式美并不在他所探讨的美的概念中。同时，蔡元培用美育的概念重新改造了其他五艺，强调传统的六艺中，前五者均和他所理解的美育有关。这样，美育的内涵就被扩充了，和中国的文化传统联系起来了。美育因此也不再被视为"工具"，而是"目的"本身，不但包括个人修养和技艺，而且包括道德评价和典章制度，美的概念在美育中被重新定义了。

蔡元培论及文学与美育时，并没有对文学的概念作进一步的阐释。文学概念本身的历史变化实际上就是一部文化史，它本身词义的演变就带给我们很多对社会、文化的理解。无论国内外，在当下的高等教育中，文学教育都面临着不同程度的危机。有些教育者的辩护方法，是强调文学教育的工具性，声称文学教育将会给未来的商学院和法学院的学习带来便利，将会使雇员们在职场的表现更出色，在层级和人际关系中交流更加顺畅，而不再去强调文学教育本身所具有的意义和价值，这需要我们作出深刻的反思。反思的途径之一，或许可以是探讨文学概念是怎么变化的。

在西方，"literature"（文学）这个词从14世纪进入英语以后，一开始指通过阅读来提升教养，尤其强调希腊文和拉丁文的阅读能力；18世纪以后才开始使用现在的文学概念，这是和民族国家的兴起紧密联系的。章炳麟在《国故论衡·文学总略》对中文语境中的文学概念的变化有所概括："文学者，以有文字著于竹帛，故谓之文；论其法式，谓之文学。"五四运动之前的文学是文章和博学的总称。唐宋之前每个朝代略有不同，但自唐宋开始，文章和博学就合成文学，这种用法一直延续到清代。五四运

晚清以前
博学

变化

"五四"以后
作品

| 先秦—两汉—魏晋南北朝—唐宋以降 | 新文化运动后 |
|---|---|
| 先秦——文学：文章，博学<br>汉代——文章：有文采的作品<br>　　　　文学：学术研究等<br>魏晋南北朝——两种用法均有，<br>　　　　经学、史学概念同时出现<br>唐宋以降——文以载道；文章与博学<br>　　　　合称文学 | 文学：语言艺术，当代概念的滥觞 |

"文学"概念的变化

动以后，文学才开始特指带有创造性、想象力与艺术价值的语言艺术，这和"西学东渐"有关。因此可以说，五四运动以后的中国文学和文学批评总是带有跨文化的性质，离不开它的历史语境和问题框架。

文学概念的变化和发展复杂，有自己特殊的历史语境。保持对自己的学科建构历史的追溯和反思，我想是一种非常重要的能力，这种反思能力，也是培养审美能力的非常重要的组成部分。

文学研究其实也可以是美的，它在文字上有它讲究的部分，有它的秩序和理性，有它思辨的美，有它思维上的缜密及其带来的愉悦感。

**作家与画家的跨界**

文学和绘画是能够很好融合、相互启发的，而且这种启发有的时候能够产生非常有意义的、非常有影响的结果。

比如作家歌德的画，某种程度上是他的理论的实践，笔法老道，审美格调很高；黑塞是一位德国现代小说家，他的画和歌德

歌德绘画作品

不同，有现代主义的特征：平涂，大面积色块，明度和饱和度都比较高。人的有些能力是共通的，当你在某个领域中训练出了比较强大的能力时，它或许可以帮助你在其他领域走得更远，开阔的视野和跨界的能力对任何在现代学科制度下被划分出来的领域都很重要。

再举个例子，毕加索作为画家，和文学圈交往非常密切。他的朋友圈里有乔伊斯、菲茨杰拉德、海明威等作家。53岁时，毕加索开始写诗，最后留下了百余首诗作。他对文学的关注让思想更敏感。比如他的巨幅画作《格尔尼卡》以西班牙内战中大规模空袭、平民的死亡为主题，敏感地抓住了20—21世纪战争暴力中的一个特征：暴行可以被越来越远距离地实现。这幅作品最初在巴黎博览会上展出时，并没有引起很多关注。随着20世纪战争越来越凸显空中力量的残暴，它成为最著名的反战象征之一。这张画的影响之大，甚至影响到21世纪的社会政治舞台。1985—2021年，联合国安理会的入口一直挂着一张《格尔尼卡》挂毯复制品，这张挂毯和原作有所不同，以棕色调为主。据美国 *Slate* 在线杂志报道：2003年，布什政府决定攻打伊拉克，当时的美国国防部长鲍威尔在联合国演讲宣布开战时，《格尔尼卡》挂毯被用蓝

《格尔尼卡》挂毯

布覆盖。绘画具有非常强大的感染力和视觉冲击力，对和平的诉求承载在审美的层面上直达人心，这种直接冲击人心的震撼必须被彻底遮蔽，才能够让关于战争的谎言顺畅地被贩卖出去。另一张图显示的是2017年联合国秘书长安东尼奥·古特雷斯在《格尔尼卡》挂毯前发言的情况。可以想象，如果鲍威尔在这样的环境中宣战，将会招致怎样的激烈批评和嘲讽。

古特雷斯在《格尔尼卡》挂毯前发言

## 误读与美学

在关于美学的讨论中，出现错误并不可怕，误读也并不可怕。如果名家在他的理论阐述当中出现了错误，或者有些小问题，其实并不是什么很糟糕的事情，它反而有可能帮助我们更好地理解它所在的时代，更好地理解这个问题本身。

在这里，我想以美学家朱光潜对19世纪英国最有影响的艺术评论家与社会批评家约翰·罗斯金的误读为例，谈谈误读与美学的问题。罗斯金在理论和实践上都与当时英国主要艺术思潮如手工艺运动、古建筑保护、"拉斐尔前派"等紧密联系。他的文化与社会影响在19世纪末20世纪初，是全球性的：1904年，甘地在南非读了《给后来者言》(*Unto This Last*)深受启发,于1908年用Gujarati的笔名发表了改写版;日本东京大学的课程中有他的文章,日本基督教社会主义者受他的影响;鲁迅小说中的人物将罗斯金的《芝麻与百合》一书交给自己的兄弟;法国作家普鲁斯特也为翻译他的著作而认真学习英文。《罗斯金全集》共有39册,其中谈论的问题极其多样,除建筑与图画之外,还包括自然科学、神学、社会、政治、经济等问题。在罗斯金的晚年,他主要的大众形象不仅是一个引领格调的艺术评价家,而更是一个圣人,他的艺术主张、社会实践和影响覆盖从画家到诗人、保守派到自由派和工党的各个群体。

朱光潜是中国最早在著作当中提到罗斯金的学者,他的著作中有一段被广泛引用的评论,"英国十九世纪有一位学者叫罗斯金,他著过几十册书谈建筑和图画,就曾经很坦白地告诉人们说:'我从来没有看见过一座希腊女神雕像,有一位血色鲜艳的英国姑娘的一半美'"。朱光潜因此批判罗斯金过于强调感官上的愉悦,而没有看到艺术品的美的价值。

这句所谓的罗斯金引文在没有明确考证的情况下,由于朱光潜在汉语学界的影响,出现在从通俗读物、高中语文课本到美学原理或概论的教科书及学者论文、访谈等大量场合中,成为中文语境中罗斯金的代表性美学言论,尤其集中在美感与快感的区别问题上。不但跟随朱光潜观点对之批评的人众多,也有人从不同视角进行赞扬。但是这段引文,实际上是对罗斯金的巨大的误解。

确实,对于罗斯金来说,观看首先不是康德式的超验感知,而是具体的行为。但同时,视觉对罗斯金来说,也是一个人的伦理,是诗歌,也是宗教。他推崇哥特式建筑,认为哥特式建筑将工匠们从重复的、机械的体力劳动和标准部件制作的纯粹形式主义过程解放出来;解除这一桎梏,让工匠能将劳动、思考和表达结合起来，创造了在伦理上和审美上都更加值得欣赏的作品。

再以罗斯金盛赞的英国画家特纳油画作品《奴隶船》（1840）为例，运奴船在海上阴沉的暴风雨中抛下了已经死去或是气息尚存的黑奴，戴着镣铐的裸腿被汹涌的海水推出翻滚着白沫、在夕阳下色彩变幻的海面，直指天空，而露齿的鱼群则已经围上来享受它们的食物。这幅作品并不带来任何感官或心理的快感，罗斯金对之描写时用词包括"可畏，可怕，恐怖，荒凉，死气沉沉的阴影，坟茔般的波涛，血染的"等，但《奴隶船》却是罗斯金心目中特纳最佳作品之一，被他于1844年购得后挂在餐厅，直至1869年。

这样一个强调艺术的伦理和道德的人，怎么会去强调感官上的美？

怀着这样的疑问，我找到了原文，原来罗斯金本意是在说：希腊女神雕像是不像所谓血色鲜艳的英国姑娘那样甜美妩媚的，这样很好，希腊雕像表现的是尊严——"宁静的脸上显著的是某种神圣之神秘或是力量的表情"。罗斯金用英国姑娘作对比，正是批评把妩媚、娇美、精致之类的外观和形式上的美丽，当成艺术作品的对象和追求。

朱光潜在这里恰恰形成了一个反向的解读，他和罗斯金的一部分观点事实上是有相近之处的。他一方面受了罗斯金非常大的影响，另一方面又非常激烈地批判罗斯金。

朱光潜对罗斯金的批评，给我们很大的启发：误读并不是很可怕的事情，也能帮助后来者思考问题。我不赞成把朱光潜的误读仅仅作为单纯的知识缺失或是语言障碍，而是希望将之视为"症候"，并希望能超出个人选择的领域，在美学、史学史、思想史等领域探讨朱光潜身处的思想潮流。当然，在建构问题意识的同时，还是需要保证阅读尽量准确，这是在我们培养学生的审美能力、阅读能力和分析能力中需要经常提醒自己的。

审美能力当中也包括对理论、批评的鉴赏，这是非常重要的，不能永远跟随"经典"，要带着学生走出这种被默认的思想框架，让他们能够凭借自己通过积累建立起来的审美能力，形成自己的思维框架，让他们能够为自己建构新的生活方式和思维方式，能够有开放的心态，既在感性上有培养，又在思维上有进步。如果讲文学而不讲审美能力的话，那么这种阅读可能会过于机械，但是如果只讲文字形式之美，而不对文学研究做更深入的理解的话，就会流于一种泛泛的见解，会没办法更深刻地了解到文学可能起到的社会作用。

美育培养的不是完美主义，我希望能够把关于美学的讨论中发生的误读，作为思想分歧和时代脉动的症候，把它作为分析的脉络，用作分析的切入口，而不是以批评或者嘲笑的态度来应对。

关于误读

## 总结

当代，我们面临一个非常大的问题：作为美育途径的文学教育应该怎样展开？审美的能力不是天生有的，是经过长时间的训练，在文化语境、教育语境中经过培养而形成的。在新的历史语境下，我们需要超越自己专业领域的局限，保持开放性，和其他领域的学者建立交流。同时，我们需要保持自己的判断力，在商业的娱乐和媚俗潮流中，警惕那些让文学和艺术沦为空洞的形式游戏的公开或隐秘的模式。

在现在的学界和教育界量化考评制度下，如何及早避免量化考评带来的误导，思考如何不按照量化考评的机制来培养学生，而是真正地培养他们的审美能力，是我们每个教育从业者必须重视的问题。

拓展学习PPT

# 音乐课堂与多元文化[1]

罗薇[2]

## 通识教育与课程设计

我在清华大学开设了一门课程，叫作"多元文化中的音乐现象"，面向所有在校本科生，目前定位是文化素质核心课程，同时有幸被评为学校的"通识荣誉课"。清华大学近些年致力于建构通识教育体系，其本质是教育思维模式的转换。在比较长的一段时期，中国大学教育相对更偏向于学科教育，各个学科门类之间的划分明确，学科间的交融碰撞相对较少。而通识教育的目的正是要去打破这种学科之间的壁垒，培养学生的批判性思维和跨学科的知识结构，使学生能够借助其他学科来激发对本学科的多维度思考。

基于此目标，截至2021年12月，清华大学共搭建了472门通识类课程，其中有25门入选为通识荣誉课程。首先，荣誉课程的总要求是"无专业门槛，有学理深度"。老师默认选课的学生是没有任何专业知识背景的，这意味着老师须尽可能降低学科门槛，不是以专业技能的培养为目标，而是帮助学生找到迅速有效走入该学科的最佳路径。比如，我的课程教学目标一定不会是教

---

[1] 本文原题为《音乐课堂中的多元文化视角》，于2021年发表于微信公众号"清美美育研究所"，经作者授权，收入本书时有修订。
[2] 罗薇，清华大学艺术教育中心副教授，音乐学硕士，教育学博士，艺术学博士后，美国纽约大学访问学者，美国加州大学洛杉矶分校访问学者，主攻音乐教育与美国音乐剧研究。所授课程"多元文化中的音乐现象"被评为"清华大学精品课程""清华大学通识荣誉课""清华大学文化素质核心课"。著有《音乐剧导论》《多元文化下的美国现代钢琴音乐》《百老汇音乐剧》，译有《声入人心——走进音乐剧》等。

授演唱、演奏，而是带领学生去体悟音乐区别于其他学科最核心的艺术本质与审美特点。

　　这门课的设计难点主要有三个：课容量大、学生背景复杂和音乐学科的自身特质。如何能够满足200多名不同学科以及不同成长背景的学生对于课程的期待？如何面对音乐素养千差万别的学生展开音乐内容的表达？如何突破专业门槛，让学生们理解极为抽象的音乐？基于这些难点，我尝试去探索一种基于"多元文化观"的大学音乐通识教育理念。一方面，既然音乐看不见摸不着，是所有艺术门类中最为抽象的形态，那么我们是否可以借助可视化的艺术门类（如雕塑、绘画、建筑等）更直观地走近音乐，用它们折射出的时代观、审美观、文化观走入相对抽象化的音乐世界，从而更深刻地理解不同音乐现象核心的审美理念及其背后的文化根因？另一方面，音乐从来就不是一种孤立的文化形态，它是植根于特定历史时期而形成的一种具体文化表达方式，一方水土养一方人，特定的风土人情才能滋生出特定的音乐。我们很难想象一群黄土高坡上的壮汉唱着苏州评弹，正如江南水乡里很难出现高亢粗犷的信天游。不同地域的气候地貌、语言方式、文化习俗等都会影响着地方音乐的表达。因此，我们是否可以将音乐视作一种独特的文化现象，通过对不同音乐形态的深入了解，更好洞悉不同时期、不同地域、不同种族的文化观念，进而引发学生思考艺术对于人类生命体的独特意义？

## 宗教与中世纪音乐

　　接下来，我就和大家分享一些课程中的实际案例，我们一起探索如何在具体的教学内容中实现这种"多元文化观"。本课程内容从中世纪的欧洲拉开序幕，我会从罗马帝国分崩离析的历史背景切入，引入基督教对于中世纪欧洲政治经济文化格局的影响力,帮助学生理解宗教和教会对中世纪欧洲音乐形态的深刻影响。为了帮助学生更好地理解中世纪圣咏的音乐特质,我会先让学生观察一幅典型中世纪审美的绘画,并请学生们抛开知识与经验表达出自己最直观的感受。丑陋、扭曲、压抑是学生们反馈的常见感受,然而,抛开对于艺术先入为主的主观判断,不以审美眼光审视这些绘画,我们也许并不难理解画面的表述逻辑。站在中世纪的时代视角上,这些画作并非为艺术而作,而是宗教传播的手段与工具,其背后的宗教诉求远远大于审美表达。

欧洲中世纪时期的圣母子像

同样的逻辑,中世纪音乐并非情感慰藉,而是服务于宗教的内涵。旋律性并非根本,宗教的教化才是关键。于是,中世纪圣咏通常是无伴奏的纯男声演唱,曲调多即兴表达,以更好配合歌词的需要。中世纪圣咏是一种可以让人瞬间安静下来的音乐,音域变化起伏小,同时弱化了节奏,因此更可以营造出开阔的空间感。而教堂本身的构造与氛围,也为中世纪圣咏增添了浓烈的宗教仪式感。

在漫长的岁月里,器乐的发展被相对压制,而声乐却逐渐发展至极其复杂精妙的水准。中世纪音乐看似简单,但却是整个西方专业音乐体系的孵化器。在战火纷飞的冷兵器时代,教会成为传统文化最好的庇护所,并为音乐提供了相对稳定的发展环境,让专业音乐可以相对从容地发展成型,完成今天全世界通用的记谱体系、和声对位手法等。

欧洲中世纪圣咏曲谱

## 文艺复兴与巴洛克音乐

文艺复兴时期,宗教的地位不再如中世纪般神圣不可侵犯。达·芬奇《最后的晚餐》中呈现出的生动画面已经与中世纪的宗教画风格截然不同,人类情感的自我表达开始占据主导,世俗的色彩日趋浓郁。这种时代背景必然对音乐创作产生深远影响,音乐更多出现在教堂之外的非宗教场合,不论是贵族上流社会的社交场合还是乡村平民的日常欢愉,音乐都成为世俗生活的重要环节。也正是世俗情感表达的诉求，才让器乐创作得到长足发展，服务于世俗生活的非声乐作品大量出现。

巴洛克时期贵族女子的着装变化

巴洛克时期，西方艺术整体强调繁复性和装饰性，这样的审美趣味也体现在同时期的音乐创作中。除了旋律中大量充斥的装饰音之外，音乐在声部之间也全力营造出更加复杂的立体空间感，这便是音乐中的织体。

巴洛克时期主导性的音乐织体为复调，然而并非所有多声部的同时行进都构成复调，它需要声部之间的相互独立性。正如巴洛克时期代表画作《宫娥》，画面中的空间布局、人物营造的视觉空间感关系都呈现出多段叙事的并行。而这样的相对独立关系，正是音乐中复调织体的关键。

## 新古典主义与浪漫主义

新古典主义时期整个西方艺术创作出现了审美理念上的回

巴洛克画作中的视觉空间关系　　音乐中的听觉空间关系

归,它摒弃了巴洛克热衷的繁复与变化,崇尚让艺术回归本真,以追求更加质朴崇高的理性美。同样,新古典主义时期的音乐创作必然呈现出创作理念上的"减法"。

洛可可时期作品　　新古典主义时期的审美趋于简化

虽然新古典主义时期依然是多声部的音乐逻辑,但与独立叠加的复调音乐不同,它的音乐声部之间更加强调主次之分。即使多个乐器的多声部同时进行,听者仍然可以分辨出相对明确的主旋律,而其他声部则是形成声音上的支撑与填色,以构成听觉上依然饱满的声音空间。这段讲述中,我会用借助一段舞蹈视频帮助学生理解声部之间的关系:视频中的舞者们扮演着不同的音乐声部,复调音乐中舞者之间的关系更加独立,既共处于一段群舞中,又保持着各自舞蹈动作上的独立性;相反,主调音乐中的舞者更像是围绕主角展开的群舞,观众的视线会不自觉被代表主旋律的舞者吸引,正如主调音乐中的旋律声部,可以第一时间被听者的耳朵捕捉到。

奏鸣曲式是新古典主义时期最常见的音乐结构,这种强调均衡、稳定、对称的结构感,同样在新古典主义风格的建筑中随处可见。

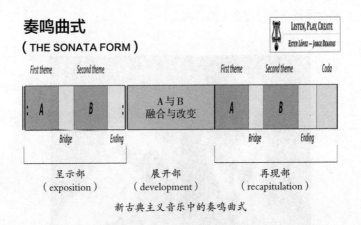

新古典主义音乐中的奏鸣曲式

到了浪漫主义时期,新古典主义崇尚的理性与崇高变得不再流行,西方艺术创作趋向于个体的感性表达。浪漫主义时期的音乐呈现出个人情感表达的极致追求,从力度层次的变化,到乐器音色的瑰丽,到和声语汇的丰富,再到音乐体裁的多样化,浪漫主义音乐在表达可能性上不断探索,将个体情感的自由表达推向了前所未有的高度。古典主义与浪漫主义之间的区别,如下表所示。

## 古典主义与浪漫主义之间的区别

| 古典主义 classicism | 浪漫主义 romanticism |
| --- | --- |
| 秩序 order | 直觉 feelings |
| 和谐 harmony | 情感 emotions |
| 理性 rationality | 感性 sensations |
| 追求客观而非主观<br>strives for objectivity rather than subjectivity | 追求主观或个性而非客观<br>subjective or personal rather than objective |
| 崇尚完美、理想和永恒不朽<br>strives for perfection, the ideal, the enduring and eternal | 常表现出对社会现状的不满<br>often expresses dissatisfaction with the existing social order |

## 传统的颠覆与重塑

20世纪的人类文明经历了千百年来从未有过的颠覆性变革。短短百年间，人类经历了从农耕文明到机械文明的天翻地覆的变化，人类与自然的关系被彻底重构，这必然带来认知方式的蜕变。艺术一定要描绘真实世界吗？艺术一定要表达情绪吗？艺术一定要给观赏者带来审美上的愉悦吗？更重要的是，艺术一定要表达美吗？

挪威画家蒙克的《呐喊》中，我感受到一种看得见的声音和听得见的恐惧。在极度扭曲的形态和强烈对比的色彩中，一种压抑到极致却无处释放的痛苦跃然纸上，而这正是表现主义最为关注的焦点。也许这样的画面并不符合传统意义上的"美感"，但它却深深植根于20世纪最核心的文化命题——战争。两次世界大战给欧洲民众带来痛彻心扉的苦难，死亡的恐惧如影随形，对生命的重新审视成为最符合时代气质的文化命题。这种压制到极致后的情感释放，不但成就了表现主义的绘画艺术，而且折射到同时期的音乐创作中。

表现主义音乐的特征：
1. 音响上的高度不和谐
2. 力度上的极端对比
3. 持续转变的音乐织体
4. "扭曲"化的曲调与和声
5. 大幅跳跃、棱角鲜明的旋律
6. 极限化的音高范畴
7. 无终止式

蒙克画作《呐喊》与音乐中的表现主义

音乐中的表现主义体现为音响上的极不和谐、力量层次的极端变化，以及音高跳跃的夸张对比等。为了完成更直接的情感表达，一些表现主义的声乐作品会采用一种基于说话和唱歌之间的发声方式，例如勋伯格的《月光下的皮埃罗》。

20世纪后期的音乐创作对传统进行了更加彻底的颠覆与革新，在音乐（或者声音）更多可能性的探索中，不断触碰音乐表达的边界，例如噪音主义将噪音视为音乐创作的元素，偶然音乐用随机方式弱化创作的人为过程，简约主义将音乐简化到最根本的节奏层面，序列主义则将音乐创作付诸严密的数学逻辑。如今，电子设备的出现更是把对新音源的探索推向更全面的维度，电子设备的合成和叠加制造出千变万化的非自然音响，音乐的定义变得无比宽泛和多元。

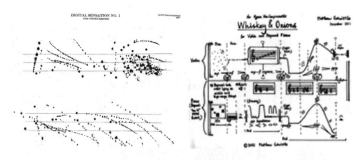

图形乐谱对五线谱的颠覆

预制钢琴对传统音色的挑战

## 结语：音乐教育的本质

对于已有一定知识积累并具备独立审美能力的当代大学生而言，单纯的知识输出并非大学课堂的终极目标。对于绝大多数非音乐专业的综合性大学本科生而言，音乐技能的学习也并非学业生涯中的必需。如何让音乐滋养每一个生命个体，并为每个独立意识带来灵性与光亮，便成为在清华这样的综合性大学里开设这样一门艺术类通识课程的设计初衷。

教学中我会积极鼓励学生参与课堂实践，并特意安排学生们的课堂展示环节。课堂展示属于实践板块，由学生们分组完成，其主旨是探讨音乐对于生命的意义以及音乐表达的更多可能性。课堂展示的内容与形式由小组商讨共同决定，鼓励学生自由发挥，既可以探讨音乐与其他学科门类的关联，也可以探讨音乐对于生命的意义，还可以用音乐传达戏剧主题（如音乐剧、默剧等），等等。每学期课堂展示环节，一方面我惊叹于学生们的想象力与创造力，另一方面他们的奇思妙想也拓展了我审视音乐的维度。

从教多年，我一直在思考大学教育的意义何在。教育学的学科背景告诉我，教育的本质是"授人以鱼不如授人以渔"。但现如今，网络时代已经让单纯的知识获取变得异常便捷，应该如何在大学课堂中实现更加有深度的教学呢？在"鱼与渔"之外，我希望更能勾起学生对于音乐的浓烈之"欲"，不断激发学生自主地去探知课程背后广袤的音乐天地。某种意义上说，这门课程如同一门音乐导论，一学期16周课程只是为学生打开了一扇扇通往音乐世界的窗户，而每扇窗户背后，都会有一个与众不同的瑰丽世界等待着学生去自主探索和深入挖掘。

拓展学习PPT

# 德国戏剧教育中剧院、学校和机构的角色[①]

敖玉敏[②]

德国戏剧教育中剧院、学校和机构各自扮演不同的角色，且相互之间有着密切的合作关系，构成了德国今日的戏剧教育风景。

## 剧院的艺术教育职能

德国戏剧协会2020年发布数据：全国有142家公立剧团；在2018—2019年演出季，2030万人在809个剧院或场馆观看了65995场演出。德国实行文化资助体制，剧院根据规模大小，分A、B、C三级获得额度不等的经费。公立剧院70%~80%的资金由财政支出，年预算合计约20亿欧元。国家对于戏剧的财政扶持一直保持着稳定的水平与规模，而且全民社保制度为戏剧从业者提供养老、医疗在内的各类保险，使他们可以像领取工资的雇员那样拥有一份体面的生活。因为有财政补贴和社会保障，戏剧产业没有完全卷入市场化运作，免受了自由竞争和具体盈利目标所带来的压力。这使得戏剧艺术无须向外界妥协，保持了可贵的独立性，可以专注于戏剧的文化价值和社会意义。戏剧致力于在人

---

[①] 本文原题为《从剧院、学校和机构谈德国的戏剧美育》，经作者授权，收入本书时有修订。

[②] 敖玉敏，文学博士，哥廷根大学东亚系研究员，曾执教于美国乔治·梅森大学和肯尼索州立大学。出版英文专著 *A Study on the Thematic, Narrative, and Musical Structure of Guan Hanqing's Yuan Zaju, Injustice to Dou E*（2015）。导演剧场作品包括《你好，陌生人！》（2022）、《收信快乐》（2021）、*Plärren*（2021）、广播剧《南》（2020）等。策划《哥廷根声音地貌》（2020）。

文艺术领域对社会发展起到推动作用，对社会群体和成员产生深度影响。由此可见，艺术家与教育者可谓是天然的志同道合者。

德国人将剧院视为城市的公共话语空间。它是位于国家与社会之间的领域，发挥着意见流通的重要作用。市民聚集于此，以戏剧为媒介参与讨论公共事务。柏林高尔基剧院将自己定位在文化、研究和政治之间的交会处，并在该位置上以富有成效的方式处理社会的异质性。当代德国戏剧独树一帜，表现为具有严肃的反思性、直面社会的当下性、表现生活的真实性。20世纪最具影响力的德国戏剧家布莱希特提出，"教育剧"是一种首先针对实践者然后才是观众进行教育的戏剧。这并不是要强调戏剧等同于道德说教或为意识形态做宣传，而是表达了一种思考模式——过度细化的社会分工导致个人在保持自我与放弃自我之间进行着永无休止的谈判和冲突，戏剧终将导向对社会深层问题进行根本性的思考、追问与批判。戏剧给予人释放和喘息机会的同时，还提供挑战，一种在别处可能无法获得的人的智识对想象力的挑战。

至20世纪60年代末，西德仅在纽伦堡等几个城市有供孩子们看的演出，内容多来自童话故事；学校里尚在使用角色扮演之类的教学模式。当时还没有提出系统的戏剧美育，实践也是寥寥无几，直到1971年福克·路德维希（Volker Ludwig）在柏林创建了格里普斯剧院（Grips Theatre），情况才有所改变。这家剧院关注未成年人的成长环境和经历，从他们的视角出发进行创作，表现孩子们的焦虑和困扰，比如，家长制权威、校园危机、刻板的性别观念等，结局往往是通过智慧和团结化解了焦虑和困扰。这类戏剧的出现有助于增强孩子们的自信心和培养自我意识。一些作品也触及社会问题，比如，种族歧视、青年失业、环境污染、发展中国家的贫困、战争威胁，等等。格里普斯剧院不回避敏感题材，比如，让孩子们通过戏剧审视德国历史上犯下的战争罪行。因为擅长使用幽默机智的语言，结合歌唱表演，加上环形剧场营造出的直接而强烈的氛围感,这家剧院在当时很受欢迎。格里普斯剧院倡导戏剧的教育作用,开创性地推动了儿童和青年戏剧在德国的发展。又如,红莓布丁剧院(Theatre Rote Grütze)通过轻松幽默的方式进行未成年人性教育。还有的剧院深入社区,在长期调研的基础上进行创作,题材广泛,探讨青春期、毒品、足球、暴力等议题。

70年代中,德国公立剧院受到瑞典和荷兰的影响比较大,很多剧院开始设立儿童和青年戏剧部,并在实践中尝试引入新的理念。80年代中期以来,由公立剧院发起成立了众多青少年戏剧俱乐部,一些戏剧教育项目逐渐超越了纯粹艺术欣赏的范畴,深入思想、文化和社会领域,将戏剧与公民意识的教育结合起来。例如,柏林绍宾纳剧院(Schaubüne am Lehniner Platz)与科特布斯市短笛剧院(Piccolo Theatre Cottbus)联合推出"绊脚石"戏剧教育项目。2022年是项目发起30周年,这个项目的目的是纪念遭纳粹迫害的受难者。该项目通过演出、工作坊研讨会、作品集展现等方式,旨在唤起年轻一代共同的责任意识,鼓励他们面对历史记忆,并就当下提出问题——随着政治意识形态两极化,社会变得越来越支离破碎,年轻人愿意以什么样的行动,来塑造一个他们想要生活的世界。

## 学校——用审美批判的视角去观看世界

学校在戏剧审美教育中扮演着重要角色,也是主导审美体验持续发生的场所。学校利用戏剧的参与性和反思性特点,引导学生从审美批判的视角去认识世界和理解生活。

德国各州的学校戏剧教育有四种模式:作为正式科目;作为选修课程;作为短期的活动项目;作为一种辅助性的教学方法应用于其他的科目。2006年,在德国学校戏剧联合会

（Bundesverband Theater in Schulen）专业指导委员会的推动下，戏剧成为高中毕业会考科目。各州陆续制定了戏剧教学大纲，并设立和完善州一级的继续教育，中长期的目标是在更多大学建立师范生项目，以弥补学校戏剧教育师资不足。

汉堡市是最早全面推进学校戏剧教育的德国联邦州之一。市教育局制定了完整的教学大纲，并积极推动学校与剧院之间建立合作。配合学校体系，汉堡市教育局在制定的小学（1~4年级）、综合学校（5~11年级）、初中Ⅰ级（文理中学5~10年级）、高中Ⅱ级（文理中学11~12年级、综合学校12~13年级）四套培养计划中包含了详细的戏剧教学大纲。例如，初中Ⅰ级的戏剧教学大纲要求10年级学生对戏剧的了解程度达到高中至大学备考阶段相应的水平。学生学习"肢体""空间""时间"三大板块的内容，并参与专门设计的活动项目，不断加强专业知识，锻炼创造、沟通、理解等各项能力。学生要能够运用所掌握的知识解决复杂的戏剧问题，能够阐释和评价戏剧作品，并对剧场文化、相关历史以及戏剧理论也要有一定了解。大纲描述了各项能力达标的最低水平和可能达到的更高要求，并建议教师在课程设计上根据学生的个体差异做出适当调整。大纲还制定了评估的原则与方法。其他年级段戏剧教学大纲的框架与初中大纲相同，也包括培养目标、能力和习得、要求及内容、考核与评估四个方面。

"汉堡剧院与学校"（Theatre und Schule Hamburg，TUSCH）是一个公益性对接项目。它得到了市教育局、市文化与媒体董事会、博格基金会（Bürger Stiftung）的支持。该项目的成功经验也推广到了其他城市。汉堡各大剧院都与学校建立了伙伴关系，每期3年。活动形式包括组织学生看戏和参观制作过程、举办工作坊、艺术家进课堂、戏剧会演等。剧院结合当季演出的主题与学校共同开发活动项目。例如，奥恩索尔格剧院（Ohnsorg Theatre）的特色在于使用低地德语，剧院与佛洛特贝克综合学校

(Stadtteilschule Flottbek)合作，希望下一代能够接触到这种方言及其承载的传统文化。"汉堡剧院与学校"对接项目为汉堡市的学生、教师和剧场艺术家搭建了良好的互动平台。这一项目加强了校内外的融合，具有深远的社会意义。

## 机构——指导、统筹和承接的角色

一些文化艺术机构包括剧院曾经质疑学校在滥用戏剧艺术。这种不信任感会相互传染，导致社会不同群体之间产生隔阂。不过，不同领域的人士通过实践正在取得互信，机构对与学校开展合作的认同度有大幅提高。

在推广学校戏剧教育时，德国采用专业指导机构与相关协调部门相互配合的模式。联邦学校戏剧联合会是全国性的专业指导机构。联合会的宗旨在于推动戏剧作为学科全面进入中小学教育体系，并且倡导戏剧在日常教学中的跨学科应用。联合会提出，面对世界的复杂多变，戏剧有助于学生从审美经验出发建构个人的表达；戏剧让学生参与集体活动并学会对自己和他人负责。联合会的组织架构有董事会、学术指导委员会和各州学校戏剧教育协会。机构性质决定了它并非一个权力部门，而是一个提供指导建议的专业组织。机构人员配置简单，多数是兼职，他们在各自领域有多年深耕，能提供专业性意见。机构事务包括制定任务、信息交流、学科建设（学术支持、学科推进、期刊编辑）、学校推广、教师培训、参与国际合作等。

此外，已经有13个联邦州成立了地方性的学校戏剧协会。地方组织是全国性的专业指导机构和一线老师间强有力的黏合剂，协调本州针对学校戏剧发展的经费申请项目，负责各类相关信息和文件的发布工作，并组织短期的教师培训。

全德"学校戏剧节"（Schultheatertage）是欧洲最大的学生戏

剧节。它由全国学校戏剧联合会发起并提出指导性纲领和建议，由戏剧节举办地所在州的学校戏剧协会以及教育主管部门负责承办，其他各州的学校戏剧协会配合工作，包括推选本州的学校代表队参加戏剧节。参演作品并非最完美的舞台呈现，作品入选标准注重多样性、对问题的探索，以及主题是否具有特别值得关注的切入角度。戏剧节评选过程主要目的是了解不同年级段的学校戏剧教育的推广情况，发现戏剧教育推广中存在的问题，为以后的工作开展提供借鉴。

德国整个教育（包括戏剧教育）是和当下社会密切联系的，教育家们要直面社会，观察社会中的人，思考其中的问题，在观察中确定戏剧节的主题（多与当下重大社会现象和热点议题相关）。例如，近几届的主题有："数字化"（2021）、"全球化与在地性"（2020）、"空间与舞台"（2019）、"戏剧与政治"（2018）、"戏剧与电影"（2017）、"戏剧与语言"（2016）、"研究型戏剧"（2015）、"跨越边界"（2014）。戏剧节参与者覆盖从六七岁到十八九岁的学生。学生们从自己的视角观察世界，看待问题也许还略显幼稚，但重要的是他们的观点和意见会被认真倾听，这有助于培养下一代的独立人格和公民意识。

虽然学校戏剧教育在德国已经推进了多年，但师资短缺仍然严重。联邦学校戏剧联合会与德国戏剧教育协会、非职业戏剧协会等机构建立了合作伙伴关系，并与专业院校共同开展戏剧教师培养和继续教育项目。目前看来，对非戏剧教师进行培训，可以短期缓解师资不足。联邦学校戏剧联合会已经明确表示，只要大学和专业院校还不能培养足够的学校戏剧教育方面的教师，联合会就将不断地敦促政府加大投入，建设职业拓展教育项目，向所有已经在岗的教师提供继续教育优惠政策。

## 戏剧美育课堂范例

来自柏林市罗莎－卢森堡文理中学（Rosa-Luxemburg-Gymnasium）的14名学生由指导老师萨宾·昆迪格（Sabine Kündiger）带队，参加了2019年全德学校戏剧节。他们呈现了一部根据卡夫卡小说《地洞》改编的舞台剧，作品关注现代人普遍的恐惧心理，并围绕戏剧节的主题探讨了"空间与舞台"的关系。

以下从方法论与教学法的角度展示该中学的戏剧美育课堂。2018/2019学年，昆迪格老师给10~12年级的学生开设了戏剧课，每周3小时。班里14名学生选定了戏剧作为将来高中毕业会考科目。昆迪格老师认为高年级和低年级学生混班教学效果更好，因为前者主动性强，也乐于在后者面前发挥榜样的作用，而后者受学长们启发和提携，能更快地融入团队。整个学年，包括理论学习和创作实践，都围绕《地洞》项目的制作展开。时间安排罗列如下：

1. 2018年8月至2019年1月，完成"身体与动作""空间与舞台""材料的使用"三个模块的基础学习。

2. 在认知和身体层面学习处理文本。

3. 2018年12月底，期中考试，考试结果被整合到了舞台设计上。

4. 2019年1月至2月，舞台剧构思阶段。

5. 2019年2月底至3月，密集排练阶段。

6. 2019年3月底，正式演出阶段，安排在5个晚上。

昆迪格老师十分注重以过程为导向的教学法，她喜欢不断发掘学生的问题意识，激发学生先提出问题再寻找解题思路。学生的思路随着问题的逻辑线索慢慢发散出去，也一步一步深入下去。在这个过程中，她会做一些必要的牵引，有意地让学生在理论与实践之间来回切换。鼓励他们大胆地将所学的戏剧理论应用于创作实践，反过来又通过实践加深对抽象理论与知识的理解。下面列举一些具体做法：

1. 分析《地洞》主角的内心独白。它表现为在担忧与绝望之间反复挣扎，矛盾心理导致了对绝对安全不可能实现的痛苦认识。引导学生思考如何将内心独白进行视觉化处理。

2. 关于内在与外在空间的设计以及可理解性，对学生而言，这显然是很有挑战性的问题。引导学生思考如何通过肢体和动作以及对材料的处理，来表现孤独、狭隘和局促不安的心理活动。"存在"的荒诞开辟了不同的感知空间，如何描绘荒诞感，如何通过感官传递出来，启发学生思考是否可以采用肢体舞蹈的表现形式。

3. 重读小说以便深入理解文本内容和作者。借助对一组问题的讨论，引导学生从文本揭示的内心世界转移到对自己的生活和周围环境的观察。让学生写下在阅读中最让他们着迷的部分，并且用文字阐释这些部分与自己有什么特殊关系。然后在此基础上，让学生分组设计场景。

4. 引导学生在主题思想、人物形象、身体节奏、肢体动作、空间布景、道具材料等方面发展出具体的想法，并让他们用文字和图画尽可能详细地描述出来。

昆迪格老师的教学不是简单地凭经验操作，她的方法对应了大纲提出的一项项目标，反映出她充分理解目标的设定依据。她有一个重要的教学理念，就是始终坚持将学生放在主体位置，所有问题都必须由学生自行提出并解决。老师既不是信息源，也不是权威答案的提供者，而是作为协调者去推进学生的探索不断深入下去，同时她也在过程中观察和评估学生能力的发展情况。《地洞》的例子集中体现了德国学校戏剧美育中高度的专业性和科学性。

## 结语

与德国学术界、教育界在戏剧美育上的认知相比，现阶段我国对戏剧美育的认知还有待进一步完善和深入。不少学校和老师把戏剧美育等同为排演校园戏剧，过分追求结果却不够重视过程，认为只要一台演出完成度高，获得了奖项或领导的认可，那么戏剧美育工作就算圆满完成了任务。这显然受到功利主义的影响，严重误解了戏剧美育。其实，排练演出只是戏剧学习过程中很小的一部分，甚至舞台呈现效果如何都不应是首要考虑的问题。关键还是要看在戏剧美育课堂中学生有什么发现，在思考什么，做出了什么判断。

本文梳理了剧院、学校和机构在德国戏剧美育推进过程中所扮演的角色和发挥的作用。最后，我想总结的是，戏剧艺术为学生体验、感受和构想这个世界提供了一条路径。学校戏剧教育让学生通过戏剧进行审美实践活动，形成和发展关于美的理性认识。审美观念一经形成就具有相对的独立性，所以戏剧教育应该视为素质教育的重要组成部分，是培养公民意识的有效方式之一。学校开展戏剧教育将对社会发展与价值建设具有深远意义。德国在推进学校戏剧教育方面成效卓著，特别是在解决剧院与学校如何开展合作、专业机构如何给予指导、地方协调机构如何配合等问题上，其理念和经验都是值得我们借鉴与思考的。

## 延伸思考

美育这一概念本身就具有跨学科的性质，所谓跨学科，是指超越专业壁垒，探索学科之间的共性，达成学科间的融会贯通。没有融会，就没有贯通；没有贯通，学科就会孤立；而孤立的学科无从获得长远的发展。跨学科不是简单的并列和交叉，而是将不同的学科带入共性思考的状态当中，这个共性思考的状态，多数时候需要用美育的方式促成。比如，我们能否从艺术的角度认知科学，能否从科学的角度认知艺术，进而产生不同于以往的对艺术与科学的认知，这是否是基于美育的跨学科对话？

## 拓展学习

吴冠中：《比翼连理——探听艺术与科学相呼应》，载《装饰》2008年第1期。

钱学森：《钱学森讲谈录——哲学、科学、艺术》，北京：九州出版社，2013年版。

[美]S.钱德拉塞卡：《真理与美》，杨建邺、王晓明译，长沙：湖南科技出版社，2018年版。（1995年版汉译书名《莎士比亚、牛顿和贝多芬：不同的创造模式》）

戴吾三，刘兵编：《艺术与科学读本》，上海：上海交通大学出版社，2008年版。

[法]莫里斯·梅洛-庞蒂：《知觉的世界——论哲学、文学与艺术》，王士盛，周子悦译，王恒译校，南京：江苏人民出版社，2019年版。

彭国梁编：《名作家的画》，长沙：湖南教育出版社，2007年版。

[英]温斯顿·丘吉尔：《我与绘画的缘分》，载《外国散文百年精华》，长沙：湖南教育出版社，2012年版。

汪森，余烺天编：《夜莺之舞：中外音乐家散文随笔选》，海口：海南出版社，1998年版。

沈致隆：《艺术美育纵横谈》，北京：中国文联出版社，2023年版。

李霞：《艺术与信息科技创新导论》，北京：清华大学出版社，将于2025年出版。

郭华等：《跨学科主题学习：是什么？怎么做？》，北京：教育科学出版社，2023年版。

詹蓉：《跨学科融合的公共美育课》，长沙：湖南美术出版社，2023年版。

毛君，李尚远：《工程师需要怎样的美育？》，载《美育学刊》2024年第2期。

# 第三章 大学美育的思与行

第二章　大学事務の展開

# 引 言

能在一所大学里为少则数十位、多则数百位非专业背景的学生上好一门美育公共课，是很不容易的。同样的课时量，有责任心的老师往往会付出数倍于基础课、专业课的精力来做准备，而当你逐渐找到上好一门美育课的"感觉"，得到学生的正面回应时，所获得的幸福感也是不同寻常的。

大学教育需要美育吗？面对经济和社会环境的飞速变化，艺术文化现象的层出不穷，大学肩负文化传承与创新的责任，大学美育的含义、功能和途径与往日有何不同？作为经验丰富的教师，你是否常常思索这些问题——艺术创作者与美育教师的角色有何差异与联系，二者可否兼容？一堂大学美育课如何设计，如何引发理工科学生对美的好奇与艺术学习的主动性？如何在传授文化知识、培养艺术技巧的同时，增进学生的审美感知力、想象力与创造性思维，使他们养成感受美、发现美的习惯与独立思考的能力？……作为刚刚走上讲台的青年美育工作者，或是怀有艺术教师梦的学生，你可曾对这些问题感到好奇？

本章的作者中，既有从事美育研究与教学数十年的资深教授，也有充满活力、深受学生喜爱的青年教师，请听他们娓娓道来。

# 大学、艺术教育和我们的职责①

封帆②

## 艺术学科对一所大学意味着什么?

  这个问题很大,我想从一个看似不相关的故事说起。这个夏天,我在牛津大学参加了两周以教学方法为主题的培训项目。作为一位人文领域学者,在学术生涯的初期能到学术范式起源地进行学习,是很幸运的经历。在牛津,时间的长度发生了变化:物理消耗的时间很短,心理经历的时间很长。具体说来,除了完成每天的课程训练,还要准备一次合作授课的微课(micro-class),日程非常紧凑。然而,在这短短十几天中,可以在中世纪古堡前品味莎士比亚的戏剧,在林中与友人漫步,讨论形而上的哲学命题,其中所得到的体验与思考异常丰富。

  在牛津期间,我特意找到了詹姆斯·默里(James Murray)的故居。19世纪是人类文明焕发出惊人创造力的一百年。维多利亚时代的牛津,一群学者被时代感召,以近乎莽撞的勇气,试图编纂有史以来第一本综合、全面的英语词典。他们的领头人就是詹姆斯·默里。因为词典编纂工程浩大,默里公开向社会招募词条撰写志愿者,任何英语为母语的人都可以把自己撰写的词条通过邮件寄往牛津。正是这次招募,彻底改变了迈纳(W.C.Minor)、

---

① 本文于2019年发表于《工业设计》,2019年第9期。经作者授权,收入本书时有修订。
② 封帆,艺术学博士。2016年获美国艺术史研究机构协会"东亚学者奖";2017年做美国史密森尼学会美国美术文献馆、意大利罗马美国学院访问学者。

一位美国"病人"的人生轨迹。迈纳是一位有着耶鲁大学教育背景的军医，因罹患创伤后应激障碍而精神分裂，在英国过失杀人而被投入精神病院。通过偶然机会得知牛津默里教授的编纂计划后，有着良好文学修养的迈纳发挥自己的才智，将自己在院中的时间精力全部投入词条的考据和编写中。由他撰写的严谨词条源源不断从伦敦寄到牛津，极大地推动了词典初期的编纂。默里，一个自学成才的苏格兰人，被牛津大学破除偏见授予博士学位；迈纳，一个"有罪"的"疯人"，因参与编写这样一部皇皇巨著，留在了人类文明史中。

这项开创性的工作，历时70余年，体现的是一所大学对知识乃至人类文明的担当。在这项工作的开展过程中，展现了默里和迈纳所折射出的人性光辉，以及一所大学的价值追求、责任和气质。在我们的艺术教育中，有些人利用绘画、雕塑、设计、影像、表演或新的数字技术来探索想象力的边界和不同经验的丰富可能性，有些人在学术研究中进行同样的追求。对知识和创造性所代表的力量的追求，让我们跨越媒介和方法的局限，将大学中不同的学科相联系。而这些力量又帮助我们达成共识，让我们的学生以积极、乐观的态度面对这个时代中的各种文化、社会和政治议题。我认为这些都是一所世界顶尖的大学需要艺术学科的原因。

## 东西方高等艺术教育的主要分歧

我在与欧美艺术教育同行的交流中，总是以在教学上倾向于"实验性"或"观念性"的教师身份出现。这样的一顶"帽子"有时在对方的眼中却显得有些画蛇添足：因为在他们的认识中，今天的艺术教育原本就具有实验性、观念性的特点。这就是让我思考东西方高等艺术教育分歧的起点。事实上，在学院体系和艺术生态之间，从学理背景上讲，二者有着完全不同的发展路径。

通过在教学实践中的考察与研究，我粗略地归纳出西方高等艺术教育与我们的主流艺术教育的三个主要差异。其一是对既有传统的批判性继承，这是从现代艺术发展路径中对传统的、官方的、体制的、学院的反抗态度中沿袭而来的；其二是开放的态度，将现代与后现代艺术的成果，尤其是对观念性的强调吸纳进符合现代教学规律的教学中；其三，也是最核心的一点，就是西方高等艺术教育的目的不是让学生学到一门技术或手艺，或掌握艺术创作的基本范式，而是在于解放学生的心智，激发其创造力，使其能独立、自主地思考来介入社会的发展和建设。事实上，对艺术教育的发展历程，特别是今天西方的艺术教学体系出现的背景进行大致的梳理后，我们可以看到，西方的艺术教育观，最终是面向校园之外的。对校园围墙之外的社会现实环境的充分理解，是西方艺术教学方式和观念形成的基本依据。

当代艺术教育场景之一

## 产生分歧的原因

形成这样的情况,一方面由于艺术教育的发展历史所致。因为我们一直开展的艺术"写实"训练是可以通过某些标准进行评价的,造型、色彩、构图等技术要素都能成为评价的指标,而这些标准就成了权威价值的外化。于是,中国艺术教育与西方的错位和脱节虽然表现为不同艺术风格及创作方法的选择,但其本质还是权威价值与社会发展之间的结构性矛盾。反映在教学上,这个问题便显示为对能力的强调,而忽略了对价值的塑造。这些对应的都是教学的观念问题。

另一方面,观念性的艺术并非是中国艺术的主流。从杜尚、科苏斯到博伊斯,西方艺术家们不断质疑艺术的定义和内涵,挑战人们对艺术的固有认识,不断拓宽着艺术的范畴。这些校园之外发生的艺术实践与观念对艺术教育又产生了直接的影响。西方高等艺术教育经过战后半个世纪的发展,其所教授的问题已经和艺术的最前沿做到了无限接近。相比而言,虽然中国也诞生过许多观念艺术团体,但本土观念艺术的探索难以被高等美术学府所观照。在艺术发展的逻辑链条不完整的情况下,中国高等艺术教育的学理性问题至今仍亟待解决。

虽然中国的艺术教育并不应该以西方的艺术教育观作为准绳,但是西方的艺术教育发展仍可以给我们一些启示。比如,我们应该尽快完成现代艺术的学院化,而中国当代艺术中的优秀成果也应该在学院的教学中有所体现。我们的教学要真正做到内外兼修,观念的教学与教学的观念相长,提升文化与艺术层面的问题意识、批判意识。

西方早期艺术教育场景之一

## "艺术与科学结合"的趋势与未来高等艺术教育的发展方向

确实，我们越来越多地听到将艺术与科学相结合作为方法论来为我们的学科提供新突破点的说法。我因为对生态艺术的关注，在清华工作和教学中经常有机会与一些做生态和环境研究的学者探讨。在我们讨论时经常可以听到来自工科背景的学者出此言论，表示对本学科现有知识和技术的质疑。我们对工科学者的刻板印象总是执行力强，善于用逻辑思维解决具体问题，而疏于思辨和发散思维。但是我们的合作研究却始于发散式的讨论：从"全球气候问题的关注"到"对于复杂问题的系统性思考"；从"'equal''fair''just'这几个词的递进含义"到"以平等的心态去为其他不相识的人谋福利的价值取向"；从"对未来不断预估的习惯养成"到"学科的交叉融合的必然与必要性"。这些讨论逐渐让我们意识到，我们可能找到了各自学科新的、可能的突破点。这样的突破很有可能成为我们学术生涯的一次契机，通过共同研究的方式，进一步磨合，以期在现有的学科分野中抓取出或许早已交织在一起的根系，从而培育出新的枝丫。

## 理想的高等艺术教育之我见

一千个人眼里有一千个哈姆雷特，当代综合性大学的艺术教育，不管是创作实践还是理论类的专业，都应致力于发展学生的创造能力，同时培养他们在美学、理论批判和艺术史的学术水准，以让我们培养的学生可以在今天的文化环境中展示他们独特的思维和视野。

再以牛津大学为例，诺贝尔经济学奖得主保罗·R.克鲁格曼（Paul R. Krugman）这样评价我们今天的世界："我们身处动荡的时代/We are living in a troubling time."深陷时代漩涡中，牛津大学仍然保有着它的体面。和北美的很多大学不同，在牛津大学很少看到时事震荡给校园带来的影响，换相、脱欧的困局似乎并未波及这座小城：随处可见的仍然是安静阅读的居民，专心训练的划艇队和散布大街小巷的音乐会、戏剧演出的海报。在综合性大学中学习艺术，应该享受到最具启发性的课程，并能将其与当代重要的艺术理论在宽厚的大学教育中结合。这些能力可以在学生毕业后转化为多元的应用前景和广阔的事业路径。"保持冷静，继续前进/Keep calm and carry on"，"二战"期间英国人的这句箴言很让我受用。在知识的建构和传承中，我们都是接力者，个人的成绩和荣辱在整个文明的年轮里显得微不足道，只有保持镇定、对未知留有纯真的治学者才能永葆学术活力。

# 大学美育的人文理念[1]

孙墨青

关于大学美育，有一个问题最是基本却尚未达成共识：一所大学为何需要美育，大学美育意义何在？有人说，当下国家倡导，大学响应，这个"为什么"的问题似乎不必去问——去实践就好了！然而"为什么"的问题并不空洞，只要我们稍稍细想就会发现，一系列关系到美育在大学能否立足、能否奏效的问题接踵而来。比如，站在当今大学发展的"外部视角"去问：在知识竞争、社会人才需求转变的背景下，美育能为大学育人模式提供新思路吗？对于当今大学教育面临的挑战与难题，美育能提出独特的问题化解之道，从而证明自己的存在价值吗？而站在美育自身规律的"内部视角"去问：美育在今日的含义、原理、作用是什么？美育作为"五育"之一，与大学教育在教育观层面的共同基础是什么？在学科教育仍占主导的格局下，超越学科范畴的美育如何与大学教育的现实相融，乃至相辅相成？

当下，大学美育理念的模糊使具体的教学活动缺乏鲜明的主旨，虽然投入了人力物力，但若以每一位学生是否深刻受益来衡量，还有较大的差距。本文以清华大学为例，聚焦面向全体师生的审美教育，而不包含以职业发展为目的的艺术专业教育，从而展开对这个问题的探讨——大学美育，究竟应以什么为宗旨？

---

[1] 本文原题为《大学教育为何需要"人文美育观"？——以清华大学为例》，发表于《通识教育评论》，2021年总第8期。经作者授权，收入本书时有修订。

## 大学美育的人文宗旨

无论是东方先圣孔子的诗教思想，还是西方哲人席勒的美育学说，美育作为一种教育理念，自诞生之初即具有深切的人文关照。近代以来，美育由怀抱国民启蒙愿景的教育家所倡导之时，也秉承着陶养性情、健全人格的人文宗旨。进入21世纪，《全国普通高等学校公共艺术课程指导方案》（2006）明确指出，美育"对于提高审美素养，培养创新精神和实践能力，塑造健全人格具有不可替代的作用"[①]。教育哲学家、美国国家人文学委员会宪章的制定者之一利维（A.W.Levi）也提出"把艺术当作人文学来教"的观点。究其根本，教育固然包含传授知识、技能使学生掌握谋生手段的含义，却更意味着培养人对完善人格和美好心灵的不懈追求。寻求美、感知美的能力既为健全人格所必需，因而也是人的基本教养之一——一个对美无动于衷的人，便不具备完全的人文教养。

在这里，我想重申：审美教育的本质是人文教育，应以人文来定义。这里的人文不限于人文学科，而更侧重全人教育与人格教育的含义。[②]

---

[①] 教育部办公厅关于印发《全国普通高等学校公共艺术课程指导方案》的通知[J].中华人民共和国教育部公报,2006(09):26-28.
[②] 本文强调美育的人文理念，首先基于笔者对审美教育的实践经验，同时广泛参考了美育学界的相关著述，如：曾繁仁《深化现代艺术教育作为人文教育基本特点的认识》、张道森《高等学校公共人文美术教育》、徐承《从人文教育到审美教育再到公共艺术教育——西方美育史的话语变迁》等。中国高等教育学会美育专业委员会理事长杜卫在《关于新时代高校普通艺术教育转型升级的若干思考》中主张："高校普通艺术课程应当定位成具有人文素质教育性质的美育课程，突出其人文性，充分发挥优秀艺术作品的人文教育价值，这也就是'以美育人'和'以文化人'的本意所在。"北京大学美学与美育研究所教授叶朗认为："美育属于人文教育，它的根本目的是发展完满的人性，使人超越'自我'的有限存在和有限意义，获得一种精神的解放和自由，回到人类的精神家园。"

## 大学美育的人文启蒙——清华大学美育的思想溯源

中国近代美育的发生，无疑与近代社会变革与教育革新的背景息息相关。严复最早提出"鼓民力、开民智、新民德"的教育兴国之法；梁启超也怀着新民的理想推崇德、智、体三育；王国维却走得更远，在三育之外特举美育。在《论教育之宗旨》（1903）中，王国维开篇写道，"教育之宗旨何在？在使人为完全之人物而已"，而为了培养完全之人物，则"不可不备真美善之三德，欲达此理想，于是教育之事起。教育之事亦分为三部：智育、德育（即意育）、美育（即情育）是也"[①]。他从教育的根本使命上回答了美育为何必要的问题。

尽管王国维专研美育之时清华尚未建校，而他就任清华导师期间的研究重心已有所转向，然而他的美育思想却与早期的治校理念不谋而合，并成为日后清华大学美育的人文理念的思想资源。

另一位清华国学院导师梁启超对美育的关注建立在对国家命运和民族启蒙的忧思的背景之下。1903年，梁启超在《饮冰室诗话》中写道："盖欲改造国民之品质，则诗歌音乐为精神教育之一要件，此稍有识者所能知也。""今日不从事教育则已，苟从事教育，则唱歌一科，实为学校中万万不可阙者。"[②]看似诗歌、音乐和国家命运并无必然的联系，然而在梁启超看来，美育恰恰是实现新民的重要途径，是国民走向精神充实的国民、国家走向现代国家之必经之路。在《美术与生活》（1922）中，他提出专业美术教育与大众公共美育的区别，"人类固然不能个个都做供给美术的'美术家'，然而不可不个个都做享用美术的'美术

---

① 王国维.论教育之宗旨[M]//顾良飞、李珍.君子——清华名师谈育人.北京：清华大学出版社，2015.
② 梁启超.中国现代美学名家文丛：梁启超卷[M].北京：中国文联出版社，2017：210-211.

人'。"①他格外重视艺术与美的社会性，美育绝不只是面向少数专业人士，而应惠及每一个人。

王国维的"美育全人"，为人性、为真理，有其教育和学术上的永恒意义；梁启超的"美育新民"，为国民、为社会，有其切入现实的时代意义。而王、梁二人的美育思想相互补充，成为清华大学美育之人文理念的思想底色。

## 大学美育的人文拓展——清华大学美育的当代新义

中国大学教育的发展始终与时代发展、国家导向紧密相连。政策层面，1999年起，美育重新写入国家教育方针②。2015年，国务院发布了《关于全面加强和改进学校美育工作的意见》，提出了美育是审美教育、情操教育与心灵教育的定位。2020年，国务院明确提出将美育纳入大学"双一流"建设的考评标准③，促进清华大学从新的高度重识美育的基本理念，赋予了美育在大学教育中更稳固的地位。

大学育人理念层面，改革开放之初，清华大学提出了"理工结合、文理渗透"的发展思路。在梁思成"教育不应培养半个人"的警示30余年之后，清华大学逐步恢复美育的教学秩序并成立公共艺术教研室，开中国高校风气之先。④1993年，音乐室拓展并更

---

① 梁启超.美术与生活[M]//梁启超.梁启超论教育.北京：商务印书馆，2017.
② 美育上一次写入国家教育政策是在1957年前。参考丁旭东.新中国美育政策及其成因分析与未来瞻望[J].乐府新声（沈阳音乐学院学报），2016, 34(04)：117-120.
③ 中共中央办公厅，国务院办公厅印发关于全面加强和改进新时代学校体育工作的意见 关于全面加强和改进新时代学校美育工作的意见[N].人民日报，2020-10-16(004).
④ 北京外国语学院（1978）、上海交通大学（1981）、同济大学（1982）等高校也先后成立了艺术教育中心。参考张道森.论高校公共艺术教育[J].美育学刊，2011（1）：41-48.

名为清华大学艺术教育中心，同时提出了"面向全体学生，提升全面素质"的美育理念。1999年，中央工艺美术学院并入清华大学，改称清华大学美术学院，为大学校园的美育氛围注入了新鲜血液。进入21世纪，《清华大学章程》（2014）提出了"价值塑造、能力培养、知识传授"三位一体的人才培养模式，"致力于培养学生具备健全人格、宽厚基础、创新思维、全球视野和社会责任感，实现全面发展和个性发展相结合"。①这些人才培养目标，都离不开美育对人的心灵作用和人文涵养。2017年，时任校长邱勇教授在本科生开学典礼上发表致辞"向美而行"……美育全人的教育理念在今日清华仍有回响。

就清华大学美育的人文理念的实践和成效而言，我们应当全面审视。在大学美育课程建设方面，清华美育经历了从选修到必修、从重技艺实践到逐渐重审美认知的过程。自改革开放后恢复美育教学至今40余年，清华校选艺术课选课规模从初期的不足80人，到近年最多时达到1.3万余人次。2021年，清华大学开设全校性艺术类选修课程总计217门次，类别包括名家讲座、艺术理论、艺术赏析、艺术实践等。②"中国古典诗歌研究与赏析""多元文化中的音乐现象""建筑与城市文化""十九世纪英国文学与艺术"等课程，近年来，受到学校师生的好评，赢得了校级通识荣誉课程的殊荣。其中，美术学院李睦教授开设的"艺术的启示"课程，从朴素的审美感受出发，围绕东西方艺术中的核心观念展开讨论，鼓励学生提出独立的审美见解。与课堂思辨、研讨平行，学生的亲手写生与创作也是不可或缺的艺术体验。此外，师生还会一起参观艺术博物馆，面对原作，由学生选取自己

---

① 清华大学章程[EB/OL]. [2019-10-20]. https://www.tsinghua.edu.cn/publish/newthu/openness/jbxx/qhdczc.html.
② 2021清华大学艺术教育发展年度报告—清华大学[EB/OL]. [2022-09-12]. https://www.tsinghua.edu.cn/info/1104/93394.htm.

有感触的作品与同学进行分享和赏析。这些对美的感知、思辨、讨论、创作与作品，都是美育的人文理念的具体体现。在课堂之外，清华大学学生艺术团也是美育的活跃地，包含军乐队、合唱队、交响乐队、舞蹈队、话剧队、美术社、京剧社等12支艺术队，涵盖视觉艺术、声音艺术与表演艺术三大领域。[①]一些成员说自己通过音乐、戏剧等美育活动，"能自信地站在舞台上面对观众""内心变得更柔软""更多地考虑别人的感受"，这些都契合美育触动人心、培育共感共情的教育初衷。

另一方面，美育实践也仍然存在缺憾，对美育的认识不足、方法缺失也使得一些课堂反馈欠佳。对于一些学生而言，美育成了"不得不修的学分"，或者用来"休息""做其他课作业"的时间。这种现象的内因很多，包括部分课程内容与实际生活存在隔膜，所授知识较为窄而专，课堂缺乏良性互动等。以部分鉴赏类课程为例，学生学会诗词格律或了解一些中外艺术名作的流派诚然都有意义，而如何引导学生更鲜活地感知作品背后人性的情与理，如何使学生通过从经典中获得的启示来琢磨、体味当下的个人处境与社会生活，等等，这些问题仍然值得我们深思。

## 面向未来，大学美育的人文使命

大学美育实践遵循何种理念，归根结底取决于我们相信大学教育理应肩负何种使命。要想澄清大学美育的人文理念与大学核心使命的内在联系，就要回答大学的育人目标，大学是培养专才，还是培养通才。

哲学家、曾任清华教务长的冯友兰对此这样概括："职业学

---

① 2021清华大学艺术教育发展年度报告—清华大学[EB/OL]. [2022-09-12]. https://www.tsinghua.edu.cn/info/1104/93394.htm.

校重在'有用'……但如果以为这就够了,那么我们的学生就会像茶杯可以盛水、板凳可以坐人似的,只能是一个'器',而不是一个真正的人。"他说:"所谓'人',就是对于世界社会有他自己的认识、看法,对已往及现在所有有价值的东西——文学、美术、音乐等都能欣赏,具备这些条件者就是一个'人'……大学教育的目的应以'君子不器'为准则。"①这些观点发人深省:当现代教育走向唯智力论、唯实用论,是否忽视了美善的心灵修养呢?大学美育难道不应担负教育中濒临失落的心灵含义吗?虽然美育学者大多对美育的现实意义深信不疑,但在许多务实的教育者看来,面对当今学生升学、就业的当务之急,在已经庞大的教育体系中又"额外添加"美育是一种过于理想的做法。持此观点者大概不曾想过,美育所包含的人文理念与大学教育的本质密不可分。

大学教育的使命是培养人才,而培养"才"须以追求"仁"为根本。正如雅斯贝尔斯(Karl Jaspers)在《大学之理念》中阐明,"大学教育之目的在模铸整全的人",他说:"我们之所以成为人,是因为我们怀有一颗崇敬之心,并且让精神的内涵充斥于我们的想象力、思想以及活力的空间。精神内涵通过诗歌和艺术作品所特有的把握方式,进入人的心灵之中。"②曾任哈佛大学校长的科南特(James Bryant Conant)曾向美国教育界提问:"如果我们的文明要保持下去,什么才是最根本的?"他的回答是,良好的数理基础和语言读写能力十分必要,但还并不充分,因为历史、艺术、文学、哲学关乎人类重要的价值判断,而这些方面也往往被教育方案所边缘化。除非它们受到应有的重视,否则教育

---

① 冯友兰.论大学教育[M]//顾良飞、李珍.君子——清华名师谈育人.北京:清华大学出版社,2015.
② [德]卡尔·雅斯贝尔斯.什么是教育[M].邹进,译.北京:生活·读书·新知三联书店,1991.

将远离它的理想。①清华大学汪晖教授指出:"一所大学如果没有人文教育、没有人文精神就不成为真正的大学。"②而美育即大学人文教育的重要载体。

如以上教育家所论,美育的意义并不止于特长培养与知识传授,美育重在唤起学生对人的价值的不懈追求。人文美育不仅是大学教育的重要组成部分,人文与美的价值追求本就内在于大学教育的根本目的之中,值得每一位师生在求学与研究生涯中去追寻,去体验,去践行。

## 大学人文美育的"百年之问"

自1898年京师大学堂始,中国现代高等教育至今已有120余年,在各个层面上对大学美育人文理念的认识直接关系到大学的育人取向。最后,我想从教育观念、教育体系设计与教学管理、师资人才、教育评价四个方面切入,提出关于大学美育的一些疑问,以期引起教育同人的讨论和批评。

在教育观念层面,未来大学美育的重中之重,是建立一种与中国大学发展目标相协调的"大学美育观"。试问,我们是否真的理解了美育与教育的内在一致性,是将美育视为大学人文教育的根本责任,还是仅仅把它当作大学形象的装饰物?如果大学美育的人文意识淡薄,大学的文化传承何以深入人心?如果美育并未致力于解放思想、促进学科对话与协作,那么大学学术创新的原动力又从何而来?试问,如果在大学价值的位序中始终把培养数理逻辑素养优先于人文审美素养,而非取长补短、协同发展,

---

① 哈佛委员会.哈佛通识教育红皮书[M].李曼丽,译.北京:北京大学出版社,2020:4.
② 汪晖.汪晖演讲:人文学科在当代面临的挑战[EB/OL].(2016-12-28).[2019-11-15]. https://www.thepaper.cn/newsDetail_forward_1588934.

那么大学教育在真、善、美的价值取向之中是否将面临失衡？试问，我们是否已认识到美育百年树人的长期性？如果美育不能立竿见影，我们从事大学美育是否仍有信心与恒心？

在教育体系设计与教学管理层面，既体现出一所大学对美育的认识深度，也影响着人文美育的有序展开。试问，如果美育在大学教育系统设计中缺乏一个合理的定位，未能与通识课程和学科课程形成连接和互补，那么美育是否将被孤立？试问，就大学美育体系而言，如果大学的艺术课程、阅读计划、文艺社团、校园展演和美育研究各行其是，那么美育能否实现一体化育人的效果？试问，就美育课程设置与管理考评而言，是否应基于大学综合素质要求和人才培养方案，及时制定"大学生审美素养参考标准"，并以此为基础制定相应的"大学生人文美育课程标准"？

在教育师资层面，培养怎样的教师队伍才能体现大学美育的人文理念和育人要求？试问，大学若想提高美育的教研水平，是否应为教师的人文艺术教学和教研工作提供制度化保障？是否可探索美育课程试讲制，由包括学生在内、多元构成的评委会共同遴选，通过试讲阶段的教师方可正式开课？而在常设的美育师资之外，是否应将延请社会各界活跃的艺术家与跨学科学者常态化，让学生对相关领域最前沿性的探索有所认识？试问，如果教师仍旧沿用专业艺术教育的模式授课，或仅以专业学科的入门概论课去进行美育，尽管学生的知识和技能可能得到提高，而他们的个人感悟、文化理解与自主创造又从何培养？如果以美术、音乐、文学常识替代审美素养，那么大学美育是否疏离于大学教育"三位一体"的育人目标？

在教育评价层面，试问，在美育教学成效的综合评价中，主管部门、教师、学生的意见应各占多少比重？审美素养评价与"中国学生发展核心素养"评价是何关系？试问，美育的评价应以外在的知识和有形成果为重心，还是应以人的内在的感知力、理解力、交流表达乃至习惯养成为重心？试问，美育评价在何种层面上可以借鉴学科教育的总结性评价，而在何种层面上更应采用体现学生审美素养成长曲线的发展性评价体系？如果美育的评价体系片面着眼于少数特长生的艺术才华，而缺乏面向全体学生的关照，淡化它作为大学文化素质教育的属性，美育是否永远是大学教育的"局外人"？

与大学学科建设和科研探索相比，大学美育还是一个相对年轻的领域。一所大学的科技进步、学术精进如何艰难，过去的百年历程即是例证；而一所大学培育全人的艰难和漫长，只怕会数倍于前者。大学人才培养不应止步于紧跟时代，教育的眼光应该走在时代的前面。蔡元培说："教育者，非为已往，非为现在，而专为将来。"而哈佛大学前校长德鲁·福斯特（Drew Gilpin Faust）说："一所大学，既要回头看，也要向前看——大学是要对永恒做出承诺。"[①]美育正是这样一项漫长的工作，行在脚下，而功在将来。我们难免疑惑，既然功在将来，我们今天又能做什么呢？有一则小故事是这样说的，利奥泰元帅在非洲命园丁种植一种树，因为他很喜欢它的树叶。谁知这种树要200年才能长成，而元帅则说："既然如此，时不我待，现在就种下吧。"[②]

---

[①] 德鲁·福斯特，郭英剑.放飞我们最富挑战性的想象力[J].语文新圃，2008（01）：6-8.
[②] 董成龙.大学与博雅教育[M].北京：华夏出版社，2015.

# 当代艺术教育面临的四个问题：思维、传统、指导、跨界①

朱迪斯·M.伯顿②（Judith M. Burton） 封帆，译

## 学生变了吗？

首先，我想和大家一起认识一个现实，就是我们生活的世界正在发生快速的变化，与之相随的就是我们的学生和过去的学生是很不一样的。今天的学生相比5年之前的学生，在很多方面已经大相径庭了。现在很多进入艺术院校的学生在高中时的学习方式，往往是老师给出标准答案，他们习惯于别人提出问题，然后记住老师告诉他们的所谓正确的答案。他们会参加考试，如果记得多，分就高；如果记得少，分就低。换言之，在这样的环境之下，所谓的学习考查的只不过是记录、复述事实的能力，没有涉及学生对世界进行反思、进行个人解读的任何能力。当然，这种教育对学生的好处是肯定存在的：它帮助学生记住了很多的事实，但我们也都知道，人的记忆是会衰退的。

在经过多年的应试教育之后，学生走入了大学的校园。但在大学的生活当中，他们很快就会发现很多问题并没有所谓的标准答案，而且对于很多问题的解读也不是只有唯一、固定的视角。

---

① 本文原题为《当代艺术教育面临的四个问题》，于2018年发表于微信公众号"高等美术教育学会"，经译者授权，收入本书时有修订。
② 朱迪斯·M.伯顿（Judith M. Burton），哥伦比亚大学教育学院教育学梅西讲席教授，艺术与艺术教育系教授、原系主任，艺术与人文学部原主任。英国皇家艺术学会院士、美国国家艺术教育协会资深专家、美国马里兰艺术学院董事会成员、中国中央美术学院资深访问教授、中国美术馆公共教育专家委员会委员。

大学老师会告诉学生："你们要学会去询问、去创新、去创造，要有想象力，要有思辨的能力，要进行深入的反思。"但这些技能是学生们在高中时根本就不具备的。所以，上了大学之后，他们就会非常不适应，因为过去他们一切的学习轨迹都是有定数可言的，但现在他们所面对的是未知和不确定性。

在美国，或许在中国，一些学生因为这些不适应，不知道自己在学术上、艺术上的个人身份应该如何界定，这就出现了我们所说的"身份危机"，学生会变得比较迷茫。这就让我提出了今天想跟大家探讨的第一个问题。

## 问题1：艺术院校的教师要如何了解一年级学生的身份转变和发展困境，要使用怎样的教学策略，来改变和优化学生从高中进入艺术院校的发展轨迹？

### 我们的思维方式改变了吗？

我们都了解，学生的思维方式在很大程度上受到了高中阶段所受教育方式的局限。现在神经生物学的研究，让我们能够更好地来了解和认识人的思维过程。大脑是由神经元所构成的，神经元就相当于一个个节点，它们连到了一起，通过各种交织互动方式形成了记忆，并且能够生成很多元化的记忆。同时，我们也知道，构建思想的过程，其实在很大程度上也会受到我们所见、所闻、所感，以及身体所发生各种动作的影响。基于上述的认识，我认为，要帮助这些站在艺术人生起点的大学艺术新生完成艺术阶段的"华丽转身"，就一定要先思考两个问题：

其一，我们要探寻物质材料是如何影响艺术家的思维的。艺术家在运用一项材料时，其具体运用的方式，在很大程度上所折射出的是由一系列高度复杂的神经网络所呈现给他的想法和感觉。相应地，艺术家使用不同材料的过程当中，材料也会反过来作用于艺术家的大脑，让他在无形当中有所发现，对过去所没有想到的问题进行思考，它是一个双向的过程。例如：一个艺术家在进行创作的过程中，你让他描述自己想到了什么，这个描述往往是非常宽泛、天马行空的。一方面，他眼睛所看、手上所感觉到的材料，在一定程度上指导着他艺术创作和探寻的过程；另一方面，这个艺术家本人所具备的基本功和艺术技能，又使他在运用这些材料的时候，能够赋予材料自己所特有的"声音"。简言之，艺术创作的过程，好像给艺术家提供了一个进行创意思维构建的实验场，艺术家的身体、心灵和材料在此进行对话。

其二，帮助大学艺术新生进入艺术学习状态，还涉及我们如何来看待知识，以及技能在呈现艺术知识的过程中发挥了怎样的作用。需要注意的是，在这里，知识包括学生的个人经历。在创作的过程中，艺术家会调动个人经历，它可能是已经经历过的，也有可能是创作过程中一些新的发现、接触材料过程中一些新的感悟。很多老师会担心学生在高中阶段接触到的艺术思维太少，接触到相对狭义的学科知识太少，但老师往往不太会关注人文学科给学生带来的影响。这就涉及哲学、社会学、道德、美学。如果在这方面关注不足的话，意味着学生在大学阶段进行学习，以艺术课堂作为艺术创作实验场，能够享受到或能接触到的面是非常有限的。如果老师在上课的时候，只是关注学生对狭义学科的接触，而不涉及艺术之所以产生、之所以变化的背景，会极大地影响学生学习体验的过程。

以上，我们对于什么是技艺、技能，以及技艺对于我们形成艺术知识可以发挥怎样的作用进行了很多的探讨，而且我们已经意识到，在过去很长一段时间中，技艺与技能往往指一些基于规则，甚至是公式化的能力和技巧。但现在随着网络时代的发展，新技术日新月异，新媒体的应用也越来越多，新成长起来的艺术家对于过去公式化的技能也提出了不同的见解和挑战。在他们看来，艺术技能应该是更加多维度的，更加丰富的。其实，在中国这种情况变得越来越突出，随着新技术不断发展和运用这些新技术的方式更加丰富，学生们越来越多地开始对艺术表达方式的确定性提出挑战，而且对新时代、新体验的呈现方式又开始了更多独立的探索。

在这种情况之下，我们看待技能的视角也得跟着发生一些变化，不能再简单地将技能按技艺种类划分，如：水彩、素描、雕塑，等等。而应该将技能视为更加广泛的，随着人的不断成长，不仅我们的技能水平会提高，而且技能的范围也会不断地扩大。在我看来，我们具备的技能是有多层次网络的。我们学到一个新的技能，就好像在技术储备库里建立起一个新的层次，但层次之间并不是致密地叠加在一起的，而应该是松散的，有一些孔洞，即：我们学习一些技能，又留有接受新技能融合创新的空间。这并不意味纵深的学习不重要，对于做艺术的人来说，只有你的基本功到位，有了这种纵深方向，艺术才会有自己的深度，而不会只是专注某一项技能。所以，在这里，我们看待技能的时候不应该总是专注于艺术需要什么样的技能，而应该看到这些技能反映出人的怎样的经历，怎样的体验。只有这样，我们的技能储备才会越来越大。至此，我不禁想跟大家探讨第二个问题。

**问题2：如何用新知识、新方法、新材料，有深度和有创意的方式，去引导学生们构建和形成富有想象力的思维表达模式，让学生们能够将材料转换成与思维息息相关的多样性作品？**

**我们如何看待过去？**

如果说我们生活的世界正发生着翻天覆地的变化，这些变化极大地影响了我们的思维方式，选择和运用技能、材料的方式的话，我们如何看待艺术品的视角可能也得发生变化。过去很多年，至少在一些西方院校的课程设置里，认为艺术史是从过去到现在对传统技艺的传承问题。在传授与学习艺术史的过程中，我们往往会强调基于古物、古代，或者某一历史时期的艺术品进行的思考和重新的演绎。20世纪出现了"现成品艺术"，近些年的艺术中的新技术、新媒体应用也越来越多，这就给当代艺术家形成了思想的断层。现在有些人觉得，有了这么多新的技术或现成品，他们和历史之间的联系就不再那么紧密了，或者已经摆脱了历史的束缚。这种影响之下，至少在西方，无论是艺术家还是艺术院校的一些学生，往往都觉得现如今自己有了很大的自由度、灵活性，可以有创意，可以天马行空发挥自己的想法，不要去管过去。老师也会鼓励学生追求自由，保持思想的开放。

但是今天的西方教育界也在对上述现象进行反思和修正。因为无论从艺术家实践的角度，还是从学术研究的角度，越来越多的证据开始让人们反思：彻底断开我们和历史的连续性是否正确？已经有不少人认识到，没有所谓真正的心灵白板或者所谓完全不受历史束缚、牵绊、影响的绝对原创。在这样的认识之下，很多人也开始从认识论的角度和实践的角度询问保持与历史间连续性的意义，以及历史如何给现在的实践以启示。我现在在中国的艺术院校和青年艺术家身上也越来越多地看到了这种探寻，看到这些艺术家如何通过挖掘历史、思考历史来指导现在的艺术实践。

还有一个变化，那就是过去我们看待艺术品的时候往往会依赖所谓权威解读，如策展人往往会把自己的理解呈现给观众。而现在在美术馆中，观众对艺术解读的作用变得越来越突出，我们听到了越来越多世界各地不同文化的声音、不同性别视角的声音,我们能够听到过去的教育制度之下听不到的声音。这都挑战了我们既有的固化的观点。从这个角度上来说,我们对过去的历史进行了后现代的重新定义,但这也意味着我们把现在的自己和过去的历史更好地联系在了一起。这种联系并不是历史的线性演进,更多是形成了经纬交织的网络,每一种观点就代表这个网络上一个节点,观点之间又通过这张网络联系在了一起,让我们能在过去和现在之间进行对话。所有这些都会极大地影响到我们向一年级的学生讲授艺术史的方法。

**问题3:我们应该以什么样的方式,让学生在学习艺术史的时候能够看到艺术发展并不是线性的,而是多维度的,交织着人类各种经历和体验,能对学生在理论和实践两个层面都产生重要的指导意义呢?**

### 我们需要怎样的指导方式?

在过去很多年里,在许多西方国家,同样在中国,艺术院校的教学工作通常采用的是面对面、老师指导学生的方式。老师告诉学生,每一步做什么,怎么做,一切都是有规则和依据的,比如:怎么使用色粉笔、炭笔、水墨,如何进行雕塑,等等。对这些技艺的学习是为了用视觉化的方式呈现出大家共同认可的、所谓标准的现实。从这个角度来说,这种传统的教学方式里老师和学生是有鲜明的等级之分的,老师在上,学生在下,老师教学生怎么做,而学生的责任就是记住老师教授的这些规则。今天的艺术院校允许并鼓励学生有想象力、创造性精神,但在过去的教育体制之下,创意必须是基于这些既有的技能和规则的。

我之前解释过,人的思维是有很大的灵活拓展空间的,我们运用材料的方式,或者材质本身也会在一定程度上影响我们对一件作品的感知和创作,而且我们所获得的新的技能,在一定程度上又能反过来给我们的想法表达提供更多的空间。在这种情况之下,我们肯定不能再延续过去的教学模式。现在进入西方艺术学院的学生,在一年级的时候就很可能具备了过去我们所不具备的身心、生活的经历,有些人已经接触到了国际艺术市场,比如有些人参加过群展,去看过了国际双年展。他们在这个过程中有了经历,会质询,会思考。他们带来的思考也决定我们不能用过去的方式来看待艺术。

下面,我不禁要提几个问题,也是我们作为教授艺术的老师必须去思考的。

其一,如何能够帮助一年级的学生在学习的过程中,一方面能够调动起自己此前的经验、生活的经历,另一方面又让他们能够清楚地意识到自己的学习和艺术创造,不能和艺术的历史割裂开来;其二,我们如何让学生调动自己的想象力,以既深入又有灵活性的方式来接触、运用各种不同的创作素材和各种不同的艺术呈现方式;其三,学生在创作的过程当中,我们如何来培养学生以批判的眼光不断地审视自己的作品和创作过程的习惯和能力;其四,作为老师,从身心和实践角度,我们又需要怎样的新技能来帮助学生,以使学生在进入第二年的分科之前,已经具备一些最"基本"的素质,这种我称为"表达素养"或"表达储备"的技能,应该是有深度、灵活性的,而且要建立在自己对艺术学习和知识的理解之上的,以保证这些知识、技能在未来的艺术表达上给他们提供指导。

在我看来,现在哥伦比亚大学教授学生的方式是"对话式"的指导。换言之,我们会指导学生对自己特别关注的问题提问,他们通过追问的方式来引导授课的老师调用自己现有的艺术储备和学生进行对话,以推动学生的思维和实践,朝着有创意的方向进行发展。这种对话往往不只涉及某一个学科。这对老师来说是更高的挑战，因为一方面老师要调用自己的知识储备和知识以外的个人体验，另一方面要面对学生对他不断地提问。一个老师需要经过大量的实践经验，不断学习，最后才有可能在上课的时候更有信心、驾轻就熟。虽然难度更高，但这种教学的方法也有两大优势：

其一，通过学生不断地追寻和追问，老师对学生的想法会非常清楚，也往往在学生艺术之路上出现困难的时候能够及时地关注与指引。

其二，学生提出的这些问题往往是新的，这种教学方法确实相对于过去有着很大的不确定性，因而也给教、学的双方开启更多的可能性。在这种思想的指导之下，在哥伦比亚大学的学生毕业展上，我们也看到了越来越多的成果。

**问题4：新一代的老师应该具备怎样的知识储备，又能够以怎样的方式进行知识的构建，让他们所传授的知识既有深度又不失灵活性，能够满足学生在艺术工作室之内，以及跨界创作之中所出现的多种需求？**

### 艺术存在所谓的"基础"吗？如果存在，它是什么？

随着时间的不断推移，美术和传统意义上的手工艺、设计艺术也有渐行渐远之势。在过去5~10年中，对于艺术院校分科教育的教学方式也有不少人提出了质疑。当然，引起这种质疑的因素是多方面的。其一，学艺术的学生自己的体验与感受不一样，他们对于学校所教授课程的期待也改变了；其二，全球艺术市场中的需求发生了变化；其三，技术发展的影响；其四，学生对于自己在毕业之后的职业生涯的预期也发生了变化。

面对这种情况，过去按学科划分的课程设置在不少地方已经变成了综合式的课程或项目，后者，往往会涉及多个分科的技能和要求，而且鼓励学生发挥自己的探寻精神、好奇心和想象力。过去有人可能会担心，这样的综合是否削减了艺术学院的专业性？实际上，现在艺术院校的实践让我们看到，一旦一个学科秉承着开放的精神，接受来自于其他学科的资源，并在这个基础上进行丰富和延伸的话，这个学科不仅不会失去自己的独立性，反而会变得更加丰富，在概念上变得更加复杂，内涵上也变得更加充实。其实，艺术各个学科的分科本来就是人为所造成的，如果我们能打破这种人为划分的疆界，我相信就会产生出一些全新的知识。认识到这一点，有不少艺术院校除了教授艺术课程，也会开设一些商科的、写作类的课程，以及博雅教育的课程，比如会让学生选修哲学、心理学，以激发学生批判式的询问精神，质疑、评估和思考的能力。期待学生在看待艺术的时候，不只是着眼于艺术的专业本身，而是把艺术当作一种社会科学，当成是有实践性的、具有企业家精神的一项活动。

　　面对这样的时代、这样的教育现实处境，作为艺术院校的教师，如何指导一年级新生走上艺术之路是我们的主要工作。这个世界充满了可能性，我们作为教学人员也应尽自己的所能，帮助学生走好这段路。

# 艺术家如何成为艺术教育工作者①

李睦

## 研究型艺术教育,是否等同于职业型艺术教育?

这个问题的答案应该是否定的,艺术教育的研究性不能等同于艺术教育的职业性。原因很明确,研究型艺术教育的侧重点是"美",职业型艺术教育的侧重点是"术"。虽然在教育实践中"美"与"术"密切相关,甚至是艺术的两个不同方面,但不同性质的教育毕竟有着不同的教育理念,它们所采取的方式方法也截然不同。研究型的教育注重艺术创作的过程和体验,注重在此基础上的分析,也注重面向未来的思考。职业型的教育注重艺术创作的结果和回报,注重在此基础上的经验,也注重眼下的收获。以我们目前的艺术教育体制作为参照,综合性大学的艺术教育理念更接近研究型教育,而独立美术院校的艺术教育理念更接近职业型教育。我一直认为,应该界定清楚这两种不同性质的艺术教育,以及它们各自应该承担的责任和义务,尽量避免出现"张冠李戴""东施效颦"的教学局面。

## 没有艺术教育的通识教育,是否是完整的通识教育?

高校通识教育也称为博雅教育或人文教育,具体应该包括文、史、哲、艺,以及社会科学、自然科学等方面的综合知识。

---

① 本文发表于《工业设计》,2019年第7、第8期。经作者授权,收入本书时有修订。

但长久以来,我们却将艺术教育排除在通识教育的范围之外,因为我们一直偏颇地认为,艺术教育是一种专业教育,不能算作人文教育的一部分。换句话说,我们认为通识教育并不应该包括艺术教育的内容。当下,在国内综合性大学所进行的通识教育中,能够意识到艺术教育的重要性,并且开设较高水平的艺术课程的学校仍然有限,我们只是将艺术教育当作闲暇时的补充,认为艺术教育只是"锦上添花",却没有意识到艺术教育很有可能是"雪中送炭"。我们过于看重艺术教育专业性的一面,却忽视了它本应具有公众性、社会性的另一面;我们过于看重艺术教育中技巧学习的一面,却忽视了它本应具有认知和启发的另一面。

## 当今的艺术教育者与以往有哪些不同?

"艺术当随时代发展,艺术理论研究与实践探索当随时代发展",这是大多数人都能够认同的基本理念。但艺术教育是否需要随时代的发展而改变这一点,却未必能够获得大多数人的认同。在传统观念中,教育的首要目标是传承,而传承的内容大多注重"继往",而不够注重"开来"。也正因如此,我们的教育,尤其是艺术教育往往不能随时代发展,有时甚至会落后于时代。建立随时代发展的艺术教育,需要有与时代发展相适应的教育者,他们必须是所属时代教育领域中的敏感者和先行者,而不应只是曾经时代的传承者和守护人。他们需要知道"继往"与"开来"之间的相互关系,需要知道"继往"是"开来"能够成功的基础,需要知道"开来"是"继往"得以实现的指引。也是当今的艺术教育工作者与以往的区别。

## 做高等美术院校的教师，意味着什么？

高等美术院校的教师，是职业？是身份？是饭碗？还是某种荣耀？我不知道每一名高等美术院校的教师在成为教师之前，是否针对这些问题做出过仔细、认真的考虑，是否考虑过作为高校教师需要承担的教学、科研任务与责任，并且准备好为此付出时间、精力，甚至是健康的代价。我不否认高校会为教师提供相对多的"发展机会"，多到让许多人忽视了将要付出高昂的代价。教师是一项被要求"付出"的事业，而不是一个肆意"索取"的职业。所谓"付出"是对于教育的付出，是对于受教育者的付出；所谓"索取"是利用教育的索取，是利用受教育者的索取。如果高等美术院校的教育者在教育上的"付出"多于"索取"，那么我们的教育就会是良性的、完善的，反之则是恶性的、残缺不全的。这就要求教师在教育教学生涯中有所牺牲和奉献，要视牺牲如荣耀，视奉献如收获。作为教师，既有"付出"的机遇，也有"索取"的便利，如何选择？取决于你对这个问题的回答：我们为什么要做高等美术院校的一名教师？

## "目的性"的艺术教学，还能走多远？

在当今高等美术院校的教学中充满了形式各异但性质相同的"目的性"教学，具体包括：为满足就业需要、为市场需要、为热门学科需要、为荣誉诉求需要、为项目课题需要所进行的教学。从表面上看，这些教学都极具针对性，都有的放矢，都收支平衡。但这些教学活动本身却都难以承受住时间的考验，一旦这些与教学相关的因素不复存在，那么先前所进行的教学活动就会失去意义。因为艺术教学必须是抛开一切"目的性"而独立存在的，它需要超越所有功利性因素的影响，才能获得真正的独立和自由。如果说我们的教学必须有一种"目的性"作为依托的话，那也一定是为了一个尚未达到的目的、一个尚未形成的目标。

## "重复性教学"，是否会导致教师的教学激情丧失？

艺术教学的一大特点就是重复，不断地重复。既要重复艺术的基本知识和技能，也要重复那些教师所能擅长的基本知识和技能。重复对于艺术创作者来说是困扰，对教育者来说，也同样是困扰。人们常说："铁打的校园，流水的学生"，日复一日，年复一年，曾经的教学激情会逐渐地减弱，说不定还会消亡，但教学是需要用教师的激情来支撑的，艺术的教学尤其如此。那些失去激情后的教学常常难以为继，没有灵感、没有即兴、没有发现，当然也不会有创新。形成教育者教学热情的原因比较多，也比较复杂。建立在"新鲜感"基础之上的教学热情可以持续得了一时，却不可持续很久。因此，教学的热情不仅仅来源于教育者的感性体验，还要来源于他们的理性分析，研究和论证才是教育者热情永久保持的奥秘。不断地观察、不断地思考、不断地质疑、不断地改进，我们不可能感受不到激情的回归。

## 艺术教育者与艺术家是怎样的关系？

原本艺术家和艺术教育者之间的界限是清晰的，这是两种不同的身份、不同的职业。但在高等艺术教育领域中，这两个身份和职业却是重叠的、合一的，我们几乎分不清这两者的关系、差异、责任。为此，我们的艺术和艺术教育都付出了代价。然而无论怎样重叠、怎样合一，不同终究是不同。我们需要关注的不仅是它们之间的不同，还应关注它们之间的关联。对于教师来说，能够平衡好艺术创作和教学的关系是必要的，也是必需的。平衡不是以事物的一个方面取代另一个方面，也不是两方面的因素相互抵消，而是相互启发，相互支撑。艺术家最终面对的是他们自己，教师最终面对的是他们的学生，一个艺术家如果成为教师，他的立场就应该放在教学之中；相应地，一个教师如果成为了艺术家，他的立场就应该放在社会之中。如果一个艺术家在教学中兜售自己的"个性"，就如同一个教师在创作中强调教学的"共性"一样令人反感。

## 教学行为，是否也可以被理解为"艺术行为"？

这个问题很独特，即教师的教学行为是否应该具有艺术性？也就是说，我们是否可以将教学行为当作一种艺术行为来对待。我之所以想到这个问题，是因为在我们的教学过程中，艺术与教学通常是截然分开的，我们总是认为教育是严谨的、控制的、规律的、确定的，以致逐渐忘记了那些属于艺术教学的独特之处——活泼的、非控制的、非规律性的、不确定的。艺术创作与艺术教育之间既有共性，也有差异性。对于规律性的把握与传承体现了它们的共性，但艺术创作注重把握，艺术教育注重传承。在对规律性的否定与破除方面，艺术创作相对"领先"，艺术教育相对"滞后"。对于艺术家来说，艺术创作可视为教育教学的一部分，这是大家的共识。对于教育者来说，艺术教育也不失为一种"创作"，大家却未必能够认同。

## 艺术教育，是否应该重新定义？

我认为这个问题的答案应该是肯定的。究竟什么是艺术教育？艺术教育的目的是什么？也许艺术教育的意义并非在于解答这些问题，但如果我们确信自己是在从事艺术教育的话，那我们终究都无法回避这些问题。曾几何时，我们对于艺术教育最明确的定义是传承、是传授，但却没有明确传承什么，传授什么，为什么而传承，为什么而传授。而今我们对于艺术教育的解读则是启发，是判断，是思考，也是对于以往教育问题的进一步纠正和回应。重新定义艺术教育，有助于我们重新认识教育者为什么而教，重新思考受教育者为什么而学。这两个根本性的问题若不能回答清楚，我们的艺术教育理念就永远是模糊的，甚至是扭曲的。我们会将个性当作共性，将局部当作全局，将偏见当作真知。

## 是否应该留给学生"什么都不做"的空间？

我们对于艺术教育的认识更多地体现在学生应该做什么，教师应该教学生做什么上，好像教师永远有太多的事情应该去教，学生永远有太多的事情应该去学。我们很少去想或者说根本就没有想到过，艺术教育的全部过程中，是否应该包括"不教"，是否应该包括"不学"。如同生活中的"阶段性断食"一样，留下一段时间让学生不做什么，既有益于学生的学习成长，也有益于学生的身心健康。他们可以在这段时间里思索曾经所学，也可以在这段时间里幻想未来所用，当然也可以在这段时间里既不去思也不去想，而是放空自己，体会被动接受之外的美妙。在规定的时段范围内，自由地支配（包括"浪费"）属于自己的时间和空间，这对于本科阶段的学生来说都是前所未有的，也是至关重要的。

## 是否应该教给学生"做什么"的选择能力？

艺术教育的目的之一就是引导学生独立地做出判断和选择。

可是回顾我们多年来在艺术教育中的所作所为，更多的都是"安排"，而不是"引导"。我们教给学生的能力，大多都属于"执行能力"，而不是"选择能力"。多数的教学过程，基本上都是教师代替学生做主的过程，是学生执行教师意愿的过程。虽说这种执行的做法也是达到教学目的的有效手段，但造成的后果却是受教育者的自主判断能力和选择能力的丧失。作为一名教育者，我们是传授自己的选择，还是引导、帮助学生做出他们自己的选择？这是一个在当前教学中非常突出的问题。学生自主选择能力的培养怎样在教学中得到体现，既取决于教育者如何理解自主选择能力，也取决于教育者如何引导学生形成自主的选择能力。

## 为什么应该有"关于审美教育的远虑"？

我们的高等美术院校教学似乎什么都教，但却很少教授与审美认知相关的内容。所谓教学中与审美认知相关的内容是指：对艺术、技艺、美与文化问题的评判、质疑、思考等，具体地说就是围绕"学什么""怎样学""为什么而学"等关键问题所进行的启发和引导，以及在此基础上展开的观看、阅读、写作、讨论。更多时候，我们是在教授艺术职业教育所应该教授的内容。职业型教育是建立在技能训练基础之上的教学，研究型教育是建立在思维训练基础之上的教学，我们不妨将后者称作审美研究型教学。审美研究型教学应该以研究能力的培养为主，包括针对"技"的研究、针对"艺"的研究，包括什么是"技"、什么是"艺"的研究。这些研究的结果，最终都会体现在受教育者的审美认知能力上。

## 为什么应该有"关于应试教育的近忧"?

应试教育作为一种特殊时期内出现的艺术教育,已经是不争的事实。它虽为学生解决了"燃眉之急",却也给学生留下了"终生的遗憾"。形成这种局面的责任不仅在中学、在小学,同样也在高校,我们甚至有理由认为高校才是应试教育模式的"始作俑者"。是高等美术院校制定了考试规则,且一直在实施与现行考试规则相吻合的教学方式,高校已经在事实上与应试教育融为一体。如今的艺术应试教育不但拥有具体的教学方法,还拥有具体的教育理念。这个教学方法就是"量化",这个教育理念就是"捷径"。高等美术院校在这样的方法和理念面前往往显得无奈、无助、无力,但并不是无辜。我们应该做些什么?我们能够做些什么?这场从中小学升入高校的应试教育浪潮是否能够激发出另一场从高校推动中小学的改变呢?每一次命题,每一次考试,每一次评判都可以成为改变的起点,而且能够很快地看到成果的显现,但我们为什么没有去做?至少做得不够、不好。

## 艺术教育的研究性何在?

很长一段历史时期,高等美术教育似乎都是在关注已有的理念、知识、方法的传授,以及相关的应用,并且将这种传授等同于教学研究。课程、论文、创作、展览虽然都与研究有关,但却不能算作真正的研究。研究的实质并不在于是否实施了研究,而是研究它们的动机是否具有超越性和前瞻性。其实,教学研究所要关注的恰恰是对于未知的事物、知识、方法的探索、发现和思考,并且建立起相应的理论研究体系。艺术教育的研究应该是研究教育本身,研究教育与艺术的关系,研究教育与艺术和社会生活、社会文明发展的关系。

所谓的研究能力是指对现有教学理念和方式的认识、评价、质疑以及修正、补充的综合能力。优秀的教师应该是独立思考的倡导者，也应该是独立研究的践行者。相对于职业艺术院校而言，综合性大学艺术学科的教师较少有展览、出版、项目等具有现实诱惑力的机会，但这并不意味着我们的"弱势"，反倒促使我们另辟蹊径。我们原本就应该去研究，应该去思考，研究那些是只有我们才适合去研究的事物，思考那些他人不会去思考的领域。在研究的基础上创作，在思考的基础上写作。当今的社会并不需要很多的艺术家，倒是需要很多的艺术教育工作者，教育者要能讲、能画、能写、能思想。针对艺术教育的研究不仅事关艺术本身，也事关社会文化，事关社会文明。而兼具艺术教育者和艺术家双重身份的我们才最有从事美育研究的经验和认知条件，这也是我们的机遇。

## 艺术、艺术家、艺术作品之间的关系？

如今各种各样的艺术展览很多，绘画展览尤其多，几乎到了目不暇接的程度。我们每天都能看到有关画展的邀请和宣传，都能听到艺术家喋喋不休的话语，听到批评家高深莫测的说辞。其繁忙的程度堪比巴黎，其兴奋的程度比肩纽约。如同对艺术的"占有"，并不能等同于对艺术的"拥有"一样，繁忙未必就是繁荣，兴奋未必就是兴旺。在这些繁忙与兴奋的背后，有多少艺术的初衷被保留下来，有多少艺术家的作用被确立下来，又有多少艺术作品的意义被揭示出来呢？我们都不得而知。

尽管艺术、艺术家、艺术作品彼此密切相关，但在概念上并不相同。艺术是人类精神的永恒诉求，艺术作品是精神诉求的载体，艺术家则是载体的创造者和监护人。他们各司其职，营造和维护了艺术世界——这一我们人类的绝无仅有的精神家园。艺术有其自身的发展和演变规律,这规律不会以艺术家的意志为转移,只不过长久以来人们自以为能够把握艺术的规律、操控艺术的发展而已。从表面上看,艺术家一直是艺术历史的书写者,但实质上艺术家只是文明进程的见证者,艺术作品则是这些见证的依据。艺术的作用在于最大限度地发掘人与生活的意义,而不是用来证明艺术家自身的价值。艺术作品的作用在于如何实现精神的寄托,而不是标榜和发泄欲望。艺术家的作用最为特殊,最为不确定,也最容易名不副实。艺术家仅仅是艺术的传播者和殉道者,他们既不是传道者,也不是上帝。与深刻复杂丰富的人类生活相比,艺术、艺术家、艺术作品其中任何一维远没有那么重要,重要的是这"三位一体"的存在给予人类文明的启示。

拓展学习 PPT

# 新时代学校美育的使命与教学实施[①]

赵洪[②]

艺术家、艺术教育家吴冠中先生曾说:"中国的文盲不多了,但美盲却很多。"随着国家经济实力的提升,审美素养已然成为体现民族文化软实力的重要方面,美育对于丰富大众精神世界,培养创新型人才,提升全民文化素养,推动社会文化发展繁荣具有深刻意义。

学校是美育最重要的阵地。清华大学自建校之初,始终重视美育、重视培养学生的全面发展,历任校长对美育的重视和投入,也让清华大学的美育之路持续而坚定,并形成了育人传统和特色。本文以清华大学美育实践为案例,探讨新时代学校美育的使命与教学实施。

## 新时代学校美育的使命

党的十八大以来,国家高度重视学校美育工作,做出一系列重大决策部署,逐渐在全社会形成了重视和加强美育的大格局。美育正在成为国家建设文化强国的重要方面,学校美育也迎来前所未有的发展机遇。回顾近10年的美育发展历程,我们就会关注到以下几个重要的标志:

2013年11月,党的十八届三中全会明确提出"改进美育教学,提高学生的审美和人文素养",将美育写进党的重要文件中,

---

[①] 本文经作者授权发表,收入本书时有修订。
[②] 赵洪,研究员,清华大学艺术教育中心主任,教育部首届全国高校美育教学指导委员会秘书长,中国高等教育学会常务理事。

学校美育得到重视。

2015年9月,国务院办公厅印发我国第一个国家层面的具有里程碑意义的美育文件——《关于全面加强和改进学校美育工作的意见》,在此文件中明确强调了美育的重要意义和加强美育的原则意见。

2018年8月30日,习近平总书记给中央美术学院老教授的回信,特别强调美育对塑造美好心灵具有重要作用,并明确提出,美育"要坚持立德树人,扎根时代生活,遵循美育特点,弘扬中华美育精神,让祖国青年一代身心都健康成长。"

2020年10月16日,中共中央办公厅、国务院办公厅印发了《关于全面加强和改进新时代学校美育工作的意见》,对新时代学校美育工作做出总体要求和部署。

2021年4月19日,习近平总书记考察清华大学,第一站就是考察清华大学美术学院,并阐释了艺术与科学的关系:"美术、艺术、科学、技术相辅相成、相互促进、相得益彰"。

可以看出,几乎没有哪个时代像今天这样重视学校的美育工作,重视美育也是时代发展的需求。在新时代,我国社会主要矛盾已经转化为人民日益增长的美好生活需要和不平衡不充分的发展之间的矛盾。这表明,有了良好的物质文明,人民对精神文明提出了更高的要求。人民不仅要有衣食住行的生活保障,更需要对美的理想和追求美的能力。我们开展美育,不是为了培养艺术家,而是要培养"审美人"——对美有鉴赏力、对美有需求的普通人。

在2020年印发的《关于全面加强和改进新时代学校美育工作的意见》(以下简称《意见》)中,明确强调美育是"审美教育、情操教育、心灵教育,也是丰富想象力和培养创新意识的教育",目的是提升学生的"审美素养、陶冶情操、温润心灵、激发创新创造活力",这也成为我们评价美育课程是否有效的一个重要指标。在《意见》中也明确提出三个指导原则：

第一是坚持正确方向，立德树人，实现价值观的塑造。我们要用中华优秀传统文化，用革命文化，用社会主义先进文化来不断地实现我们青年一代的价值塑造，树立正确的人生观、价值观和世界观，同时也要树立正确的历史观、民族观、国家观、文化观。

第二是坚持面向全体。美育不是仅针对少数有艺术特长的人的教育，而是面向全体学生的基本素质教育。以清华大学为例，我们做美育最重要的任务是提升每一个普通学生的审美素养和文化素质，不是针对艺术团的少数学生，而是要实现普及。

第三是坚持改革创新，实现德智体美劳的五育并举，加强学科之间的有机融合，整合美育资源，补齐发展短板，强化实践体验，完善评价机制，全员全过程全方位育人。

在具体的教育内容上，《意见》中明确不同阶段的美育要求是不一样的。《意见》明确界定，高等教育阶段开设以审美和人文素养培养为核心，以创新能力培育为重点，以中华优秀传统文化传承发展和艺术经典教育为主要内容的公共艺术课程。

高等教育阶段的美育教学目标，最重要的是强化学生的文化主体意识，要有自己的文化自觉、文化自信，培养具有崇高审美、追求高尚人格修养的高素质人才。

在美育课程教学的具体做法上，《意见》也强调了三点：第一是深化教学改革，逐步完善"基础知识基本技能+艺术审美体验+艺术专项特长"的教学模式。第二是要面向人人，丰富艺术实践活动，尤其是群体性的艺术活动，包括合唱、合奏、集体舞、课本剧，以及艺术工作坊、博物馆和非遗展示传习场所体验等艺术实践活动。第三是推进评价改革，不仅要把考试纳入学生的培养过程，同时也要纳入学校教育的过程，如美育进中考，高校一流学科建设、一流大学建设等都有美育的评价指标。

但实际上,我们现在对美育的认识和重视还远远不够,一提到美育,很多人就认为是艺术特长,而不是把它作为一个考量普通人素质和能力的指标。美育作为情感的教育,应该像空气像阳光像水一样,是人精神生存的必需品。学校美育的使命之一,就是不断全面、加强和改进我们的美育工作,让全社会对美育的意义达成共识。

## 中国近现代美育思想的文脉传承

美育,又称美感教育,即通过培育人们认识美、体验美、感受美、欣赏美和创造美的能力,从而使我们具有美的理想、美的情操、美的品格和美的素养。美并不只有艺术之美,还包括自然美、社会美、科学美、工程美等多方面,艺术美只是众多美之中的一个重要组成部分,因此,实现美育,也同样拥有多种途径。

近代以来,有很多先贤对美育有深刻的认识,蔡元培、梁启超、王国维、朱光潜等人的美育思想成为我们当下美育思想的主要文脉。

蔡元培是中国提出美育的第一人,他强调"美育是最重要最基础的人生观教育,是应用美学的原理与教育来陶养情感的"。蔡元培提出"以美育代宗教"的思想,希望能够使国人的情感勿受污染和刺激,使其受艺术熏陶而纯正,满足人性发展的内在需求。他在临终前也强调,一方面要科学救国,一方面要美育救国。他认为:"人人都有感情,而并非都有伟大而高尚的行为。这是由于感情推动力的薄弱。要转弱而为强,转薄而为厚,有待于陶养。陶养的工具,为美的对象;陶养的作用,叫作美育。"

梁启超是另一位中国近代美育思想的先驱,他强调的美育是一种"趣味教育",一种"拿趣味当目的"而不是当"手段"的教育。他把这"美育"称为"情感教育",强调其动之以情的特性——"情感教育的最大利器就是艺术,音乐、美术、文学这三件法宝,把'情感秘密'的钥匙都掌住了"。揭示出美育是借助艺术,通过打动人们情感、滋润人们心田而达到教育、感化人的目的。

王国维是近代美育开创者之一,他将美育理论较为全面地介绍到中国来。他在1903年发表的《论教育之宗旨》一文,将美育与德育、智育、体育并称"四育",提出实施美育,以促进国民的高尚趣味和健康情调,发展国民的新精神。他也认为美育是情感教育,说美育"即情育"也,"美育者一面使人之感情发达,以达完美之域;一面又为德育与智育之手段"。

朱光潜是现代著名的美学家、教育家,他强调的美育与我们的生活息息相关。他认为:"艺术是情趣的活动,生活的艺术也就是情趣丰富的生活。人可以分为两种,一种是情趣丰富的,对于许多事物都觉得有趣味,而且到处寻求享受这种趣味。一种是趣味枯竭的,对于许多事物都觉得没有趣味,也不去寻求趣味,只终日拼命和蝇蛆在一块争温饱。"所以他说情趣愈丰富,生活也愈美满,所谓人生的艺术化就是人生的情趣化。他也特别强调审美教育跟我们人之间的关系,他说中国的问题,不全是制度问题,主要是人心太坏。因为我们制度约束的是底线,但是怎么能让人高尚呢?美育和艺术教育就承担这样的责任。

## 厘清美育与艺术教育的关系

在阅读领会上级文件的时候,老师们会有一个错觉:《意见》明确是强调加强美育,但最后总是对艺术课程提出要求。有的老师就片面地以为艺术教育就等同于美育。

实际上,美育是一个更大的范畴,它包含了家庭美育、社会美育和学校美育等多个方面。仅就学校美育而言,也包括了各个方面，既有集中体现审美的艺术类课程，也有包含科学美、工程美、文学美、社会美等各个学科课程。还有校园文化建设，包括有形的物质资源和无形的精神资源。这部分的内容就更丰富，校园环境、教室的室内装饰、食堂的就餐环境、师生的言谈举止等，也就是我们常说的心灵美、礼乐美、语言美、行为美、科学美、秩序美、健康美、勤劳美、艺术美等各个方面。蔡元培曾强调："各门学科无不于智育作用之中，含有美育之元素。"通过无处不在的美的熏陶，使学生获得认识美、体验美、感受美、欣赏美和创造美的能力，从而使他们具有美的理想、美的情操、美的品格和美的素养。

尽管强调全员美育，但艺术作为美的集中体现，是美育最有效的途径，尤其是通过建筑、音乐、舞蹈、服饰、陶艺、饮食、绘画等多个审美方面，让学生认识美的种类，包括声音的美、形体的美、线条的美、色彩的美、语言的美等，认识比例、对称、均衡、旋律、节奏、韵律等美的形式因素，最终获得优美、壮美、典雅、崇高、悲情和滑稽等审美感受，核心目的是培养审美能力和审美感受。因此，在强调学校美育时，常常把艺术教育作为主渠道，其中，既有纳入学分的第一课堂艺术课程，也有丰富多彩的第二课堂文化艺术活动。归结起来，艺术教育是学校美育的重要途径和载体，是培养学生审美能力的重要手段。

值得注意的是，有时我们会把美育和德育混为一谈。有人认为，既然美育也有立德树人的功能，是不是就是德育？实际上，美育是实现德育的途径之一，而德育更多是在认知层面，通过理性的认知来达到对我们行为的道德约束，提倡对社会秩序和对集体的服从，提倡准则性。美育比较注重感性方面，侧重人的情感认知，它通过熏陶感化，潜移默化地影响人的内心世界和精神活动，从而培育人的高尚情操；它注重人的个性发展和内心自由，注重培养个性。

王国维先生曾说:"美学上最终目的,与伦理学上最终之目的合。"蔡元培先生也认为:"美育者,应用美学之理论于教育,以陶养感情为目的者也……美育者,与智育相辅而行,以图德育之完成者也。"我们可以说,美育有德育的功能,但本质上是审美教育。

## 学校美育的教学实施——清华大学美育课程设置

艺术教育作为美育的重要载体,有着独特的教学规律,在教学实践中,需要充分尊重其自身特点。尤其是与认知类型的理性教育不同,艺术教育有很强的实践性特征。所以,在美育课程中,第一是要遵循体验性原则,一定要亲身体验。第二是要遵循交流性原则,在实践体验的过程中不断地交流。第三是要遵循个性化原则,因为每个个体都不一样,有人色彩感强,有人乐感强,艺术教育一方面是要整体提升学生素养,另一方面是要充分挖掘学生在某些方面的天分特长。第四是要遵循阶段性原则,艺术教育要适应不同阶段的学生生理和心理特征不同的需求。最后是多样化的原则,针对学生不同的个性就要实施多样化教学。

在教学方法上,以美术教育为例,可以采用提升认知的讲授法,给学生讲美术史的发展、名画的鉴赏;但深度的体验和感受,就要有素描、色彩等实践课,除了学校课堂,还可以将美育课堂搬到博物馆、美术馆、艺术大师工作室、非遗传习场所等,这也就是我们说的情境教学法,让学生零距离欣赏经典藏品、大师作品,在这一系列身临其境的过程中增强文化自信。另外,基于问题探究的小组学习方式,也是艺术教育的重要教学方法,比如设计类课程,可以做案例教学,以小组为单位完成一个设计方案。最后,艺术教育一定要让学生去创作,培养他们的发散性思维。

艺术教育的核心素养有四个层次，第一层是审美感知，第二层是艺术表现，第三层是创意实践，第四层是文化理解。清华大学在美育实践中，正是遵循这样的层次要求和审美教育规律，设计了四种类型的艺术课程。

第一类课程是认知型课程，注重文化理解。每年开设将近50门次的赏析或史论课程，选修课程的学生总数超过3500人次。开设这些课程的既有全职在编教师，也有外聘的艺术名家，让学生广泛涉猎不同艺术门类、不同时期、不同国家和民族的艺术经典，开阔视野，理解人类文明记忆。

第二类课程是艺术欣赏型课程。清华大学有新清华学堂、音乐厅、大礼堂等很好的剧场资源，还有艺术博物馆、美院美术馆等艺术展览场馆，我们会充分用好这些剧场资源和艺术馆，让学生到现场欣赏艺术作品，真实、立体、多层次地欣赏和感受艺术。这些场馆上演的剧目和展出的展览，本身就是艺术欣赏课程的延展，是学校美育教学的重要组成部分。

第三类课程是艺术实践型课程。清华大学开设了很多面向零基础普通学生的艺术实践课，每年开设课程将近90门次，有1600余名普通学生可以选修表演类或美术类实践课程，包括古琴、钢琴、琵琶、声乐、舞蹈、话剧、音乐剧、戏曲、绘画等课程。同学们在一点一滴的艺术体验中，加深对艺术审美的理解并锻炼了艺术表达能力。

第四类课程是研究型课程，这类课程除了教学生怎么表现之外，最重要是激发他们的想象力和创造力。比如清华有一个舞蹈创编课，课程内容是让选修课程的普通学生"编"一个舞蹈，其实课程的教学目标，不是要求编的舞蹈具有专业水平，或者符合编导的专业要求，更重要的，是培养学生用一门新的语言——肢体语言去表达情感。这时候你就会发现，不同学科的同学可以将舞蹈与自己的专业融合起来，社会学专业的同学编的舞是关于人与人之间的关系，计算机系的学生用牵线木偶做游戏化的舞蹈，生命科学院的学生以DNA的双螺旋结构来表现生命的历程。在艺术的启示下，学生的创造力是无限的，给他们任何主题都可以创作出来相应的作品。

## 结束语

让学校美育落地，一是要对美育的价值与教育规律有清晰的认识，二是要对教学内容和教学方法有充分的理解。最终要落实到具体的教学环节上，真正发挥美育培根铸魂、启智润心的作用，为中华民族伟大复兴培养德智体美劳全面发展的高素质人才。

# 清华大学艺术博物馆美育理念与实践[①]

杜鹏飞[②]

清华大学艺术博物馆（以下简称：清华艺博）开馆于2016年9月10日，总面积约3万平方米，其使命是"荟萃古今中外优秀人文艺术资源，努力建设成为集收藏、研究、展览、教育功能于一身，既服务于学校人才培养和学科建设，又服务于社会公众的世界一流的大学博物馆"。

清华艺博以艺术品的收藏、研究、展示、教育为特色，艺术是其核心词。从此出发，我们的美育基本理念可归纳为"三个层次、三个理念、五个维度"。

所谓三个层次：第一要服务于美术学科的发展和美术人才的培养，即专业教育层次；第二要服务于全校师生的综合素质培养和审美能力的提升，即通识教育层次；第三要面向社会，服务于公众，即公共美育层次。

所谓三个理念，是指我们开展的公共教育项目，第一要"多元+丰富+高效"，第二要通过"请进来+送出去+传播开"实现最大化的社会效益，第三要追求专业教育、通识教育和公共美育

---

[①] 本文原题为《向美而行——清华大学艺术博物馆美育理念与实践》，于2021年发表于微信公众号"清美美育研究所"，经作者授权，收入本书时有修订。本文中的统计数据沿用作者2021年10月所引，特此说明。
[②] 杜鹏飞，清华大学环境学院教授，博士生导师，清华大学艺术博物馆常务副馆长，中国博物馆协会副理事长、高等学校博物馆专业委员会主任委员。在艺术博物馆队伍建设、展览筹划、制度建设等方面有许多开拓性探索。长期从事博物馆工作与美育实践，先后组织策划"器服物佩好无疆·东西文明交汇的阿富汗国家宝藏""与天久长·周秦汉唐文化与艺术特展""华夏之华·山西古代文明精粹""异彩纷呈·古代东西文明交流中的玻璃艺术"等重要展览。

"相辅相成+相互促进+相得益彰"，即对应美育的"三个层次"，此三者并行不悖。

所谓五个维度，实际上包含了传统意义上博物馆的基本职能——"收藏、研究、展览、教育、文创"，缺一不可，它们也都有各自的定位。收藏，要构建丰富、系统、有特色、有艺术与文化价值的国际化收藏体系；研究，则关键在于发现、研究和解决问题，它不同于一般的研究所或大学院系的纯理论研究；展览，有很多类型，清华艺博的特点就是注重学术性，注重品质，注重阐释；教育，稍后再具体阐述；文创，则是从收藏和展览出发，把藏品和展品转化为观众可以近距离接触、购买的商品，这个过程其实也反映了一个博物馆的美育水准，体现了它的审美主张。

## 为美育而藏

清华大学艺术博物馆的收藏，要特别感谢清华大学美术学院，即原来的中央工艺美术学院，它的数量、种类极其丰富的收藏构成了我们的办馆基础。自2014年筹备建馆以来，陆续有很多艺术家、收藏家、校友、企业家以及海外人士捐赠藏品，现在馆内藏品数量已达到23000余件。我们的收藏标准很严格，门槛很高，基本理念是"为用而藏，化藏为用，藏用结合，藏尽其用"。

我们开馆以来收到的重要捐赠藏品有：2017年收到的73枚中国古代铜镜；2018年收到的117件南美洲玻利维亚原始彩陶和15件铜人，李伯安代表作《走出巴颜喀拉》，18组（件）国际当代陶艺作品；2019年收到的68件吴冠中作品及28件手稿、画具等；2020年曲格平先生捐赠的48件中国现当代美术名家作品，同年收到的221件反映疫情期间日常生活的《窗口·档案》电子收藏作品，程昕东先生捐赠的17件当代艺术作品和清华美院老前辈白雪石的家人捐赠的5件白雪石作品，此外还有许多零散捐赠都与我们的藏品体系和收藏定位相符。保守估计,自开馆以来,我们接受的艺术品捐赠总价值不低于10亿元人民币。

## 以收藏育人

我们构建自己的收藏体系,目的当然是为了美育。关于藏品的利用,在公共美育层面,有以下三个要点:第一,致力于结合藏品组织撰写赏析文章,将其转化成美育资源,学者可据此做进一步研究,普通公众则可以欣赏;第二,有目的地组织专题研究,深入讨论学术性问题;第三,基于馆藏策划展览。在专业艺术教育层面,我们则是为美术学院的相关专业提供量身定制的教学资源支持,比如展厅的现场教学、库房观摩室的专场观摩,另外我们接纳相关专业的实习生前来实习,比如史论系、绘画系的学生。

基于收藏来做展览,更是我们的基本使命。基于馆藏的展览,有基本陈列展:家具、陶瓷、织绣和书画,2021年开始的"水木湛清华——中国绘画中的自然"专题展,2020年的"吉祥圣域——藏传佛教绘画与造像艺术展"等;基于捐赠品的展览,有"扶桑止水——王纲怀捐赠和镜展""英士藏珍——高英士先生捐赠展""蔡斯民镜头下的吴冠中""妙曲累珠——曲格平先生捐赠展"等。

除了在馆内举办的这些展览之外,我们输出交流的展览截至本文撰写之时累计有15项,秉承"藏尽其用"原则,我们积极支持其他场馆的展览,凡向本馆商借藏品,只要符合条件,原则上我们都会无偿支持。当然我们也输出自主策划的学术性特展,这类整体借展交流会适当收取知识创造的费用。

如何将收藏转化成专业教育的资源?馆方可以为相应学科提供教学素材支持。西方有个名词叫教学型博物馆(teaching museum),专指以教学为主要职能的大学博物馆。清华大学艺术博物馆也致力于成为教学型博物馆，除了为美术学院、人文学院、建筑学院等院系提供教学资源外，目前我们也在向教务处申请自主开办美育类的通识课程，并且致力于引入更加多元化的传播手段，以突破时空限制，把博物馆创造的展览和知识传播出去，让更多更广的观众能够获得。

## 在展览中贯彻美育理念

策划实施展览是博物馆最核心的工作之一，因为它最直接面对公众。那么围绕展览，我们的美育理念如何贯彻？

首先，高品质的展览是美育的基石。如果展览做得像白开水一样平淡无奇，就很难做出优质的美育课程和活动。我们的展览要同时具备专业教育、通识教育和公共教育职能，这三者相辅相成、并行不悖。开馆以来，我们平均每年实施15个展览，2020年除外，只做了7个，但这在国内博物馆界也已经是令人骄傲的成绩。

（一）我们的专业教育指什么？其一，清华大学艺术博物馆的许多展览和建筑学科专业教育有关，比如开馆时的"营造中华——清华营建学科专题展"，后来的"马里奥·博塔的建筑与设计""国匠——吴良镛学术成就展""归成——毕业于美国宾夕法尼亚大学的第一代中国建筑师"等，其背后都有建筑学科的学术支撑。其二，关于美术学，我们开馆时便策划了"思贤师心"和"学院传薪"等美院教师优秀作品展，围绕"清华美术学群"，我们不断地策划推出优秀的个人展览，例如已故的优秀艺术家前辈雷圭元、袁运甫、吴冠中、张仃、白雪石等，以及仍然活跃的杜大恺、刘绍荟、王怀庆等人的作品展；此外，还有每年的本科生和研究生毕业展，是美术学院专业教育成果的集中呈现。

（二）关于通识教育，如我们开馆以来广受关注的"尺素情怀——清华学人手札展",展出了王国维、梁启超、冯友兰、陈寅恪等130多位学术大家的手札,他们曾经或在清华教书,或于清华毕业;摄影类展览如"瓦尔特·博萨德与罗伯特·卡帕在中国",两位著名的摄影师在中国于抗战期间拍摄了大量的珍贵的历史影像,还有"世相与映像——洛文希尔摄影收藏中的19世纪中国",展品是他在香港澳门地区拍摄的早期的中国的影像,这两个展览被新闻传播学院的教授评价为"教科书级的纪实摄影展览",并要求该专业学生必须参观。

(三)我们的确有一批展览是针对各学科、专业的需要来策划实施的,但是更多的展览是面向公共教育的,在公众当中拥有极好声誉,甚至有人不远万里飞来看展,比如我们开馆以来的6个特展"对话达·芬奇——第四届艺术与科学国际作品展""从莫奈到苏拉热——西方现代绘画之路(1800—1980)""西方绘画500年——东京富士美术馆馆藏作品展""器服物佩好无疆——东西文明交汇的阿富汗国家宝藏""与天久长——周秦汉唐文化与艺术特展","设计乌托邦1880—1980——百年设计史/比亚杰蒂—科尼格收藏"。每个展览都用心做了学术梳理,所以也好评如潮。此外,还有很多质量绝不亚于特展的展览,例如"回归·重塑——布德尔与他的雕塑艺术""融——法国杜尚奖提名艺术家作品展""穿越大洋的艺术——美国印第安纳大学埃斯凯纳齐艺术博物馆藏19—20世纪风景画展",等等。

结合这些展览,我们开展了一系列公共教育活动,同时也接待了来自美术学院、人文学院、新雅书院等院系的专业教师开展现场教学。所以说公共教育与专业教育、通识教育不仅并行不悖,而且相互促进、相辅相成、相得益彰。

以"器服物佩好无疆——东西文明交汇的阿富汗国家宝藏"为例,这个展览之所以能够取得成功,很大程度上是因为我们的策展人对展品进行了深度挖掘和学术解读,围绕展览主题举办了国际性学术研讨会，组织了5场学术报告，还出版了高水平的学术图录，这个展览也因此成了一个世界级的学术展览。在策划和实施这个展览的过程中，我们既获得了美的熏陶和享受，欣赏了古人所创造的灿烂辉煌的文明，又可以非常近距离地去观察，去思考，去揭示出物品和图像背后所隐含的社会史、艺术史、工艺史、文明交流史等信息。如何把一个展览做好、做透，这是我们对于博物馆美育工作应该深入思考的问题。

## 打造公共美育工作体系

国际博物馆协会（ICOM）特别强调博物馆与社区的互动。其实不只博物馆，大学与所在社区、所在城市的互动关系，也是欧美等发达国家非常重视的。清华艺术博自开馆以来，始终重视与社区、社会的关系，致力于打造公共美育工作体系，主要体现在五个方面：第一，"促进学科的交叉融合，为培养创新人才服务"，这是大学给我们的使命；第二，"构建多维的导览体系，提升观众观展体验"，这个体系既服务于专业学科，也服务于社会公众；第三，"创新开展多元化、高品质的教育活动"；第四，"构建艺博会员体系，打造'黏性'观众群体"；第五，"建设卓越的志愿者团队，创造良好的社会效益"。

以"多维的导览体系"为例，不仅有大量、专业、便捷的语音讲解，还开展多层次展览导赏和讲解，在疫情防控期间我们还尝试了云讲解、云导览等新形式。

美育工作体系的重点是多元的高品质教育活动，它包含了7个系列，已进行了220余期课程，线上线下累计观众超过200万人次。通过一系列的公共教育活动，我们把高校博物馆的优质教育资源引入公共教育领域，为构建学习型社会做出特殊贡献。这7个系列分别是：

（一）系列学术讲座。涵盖了艺术、科学、文学、历史和教育等领域，邀请了140余位嘉宾，线下听众超过52000人次。每一期学术讲座都配有精美的海报、微信推送，体现了一座专业博物馆应有的品质。2020年疫情防控期间，我们把讲座搬到"云上"，让更多观众通过网络聆听、观赏，传播效率得到大幅提升。

（二）手作之美。这是馆方围绕展览开发的特色课程，截至目前共开办了39期，意图在于把观看展览延伸到动手实践，每一期课程都包含理论解析、展厅观赏和手工实践三个环节，它们相互促进、相得益彰。2020年，我们将课程搬到网上，成为"云手作"，将需要的材料打包发送到报名成功的参与者家中，通过腾讯会议进行在线授课、指导，效果也相当不错。

（三）艺术沙龙。目前举办了10期，它突破了传统的博物馆概念，利用闭馆时间，在博物馆的公共空间里引入舞蹈、声乐、器乐等多种艺术形式，为观众带来美育的熏陶，比如2020年中秋逢国庆，我们特邀旅法女中音歌唱家李颖举办了"浪漫初秋·诗意巴黎"专场音乐会，既叫好也叫座。此前举办的贾樟柯"中国当代电影与当代艺术"、冯满天"中国真美"音乐会、小水井苗族农民合唱团"邂逅彩云之南"等沙龙活动，深受观众喜爱，成为特色品牌。

（四）艺博映话。主要分享艺术类的原创影视作品，目前已有14期。《山楂树之恋》《我在故宫修文物》等经典影视作品，我们会请其主要创作人员来现场讲解分享。

（五）云朗读。这是在疫情防控期间推出的一个新板块，虽然目前只有5期，但是观众已将近4万，朗读的主要内容是配合"美育人生——吴冠中艺术作品展"展出的吴冠中的手稿，其文笔和意境都非常美。

（六）云征集。2020年，我们做了表情包的云征集，利用本馆藏品元素开发表情包，反响非常好，征集了500多件生动活泼的作品。这个活动本身就是一次审美之旅。而2021年配合"童思妙笔·耕绘奇境"展览发起的"想象力大师"童话主题儿童插画作品云征集活动，收到来自中国、美国、新加坡等国家和地区的少年儿童作品投稿3800余幅。孩子们以天马行空的想象力和创造力，呈现了妙趣横生的童话情景。经评委综合评阅，其中300幅（组）投稿获评本届大赛"优秀作品"。其间配合活动发布15期作品推送，好评如潮。

（七）艺博微视。目前已经发布了10期，以系列短视频的方式来吸引年轻观众。

最后，必须谈一下清华艺博的志愿者团队建设。自开馆以来，我们的志愿者团队为博物馆的建设和运营做出了卓越贡献，成为博物馆的有机组成部分，他们的无私贡献是清华艺博展览品质的有效保障，也为清华艺博赢得了口碑和表彰。

此外，还有一些其他专题性活动，比如与佳士得合作的艺术论坛，"国家宝藏进清华"等等，还有到金盏乡的支教，以及把一些打工子弟小学的孩子们邀请到博物馆参观。这些活动与我们的系列活动共同编织成我们的公共美育工作体系。

## 文创是美育的延伸

我们认为，文创是美育的延伸，即"把美带回家"。以"好看、好用、好玩、好吃、好喝"为标准，我们共开发了800多款文创产品，已经上市400多款。这里既有配合特展的产品，也有节庆系列产品。不到一年的时间里，我们上线了数百种艺博文创产品。值得注意的是，藏品是前辈留给我们的，我们开发文创的初衷，是期望藏品能最大限度地发挥作用，让公众能够看到，这才是我们的使命。

# 审美教育与非遗课堂[1]

陈岸瑛[2]

## 美育与非遗教育

美育的全称是审美教育，其中包含了两个基本的概念"美"和"审美"。众所周知，美是一个被美学过度定义的概念，比如经常被讨论的自然美和艺术美的关系，还有审美之外有无审丑等，这些讨论都太过于学究。回到日常经验，我们会发现，所谓的美就是美好生活，审美就是感知和享受美好生活。

在此意义上，审美教育包含四个维度。一是培养学生享受美好生活的情趣。明末文学家张岱曾说"人无癖不可与交，以其无深情也"。做一个有情趣的人很重要，在追求卓越的同时，也要懂得去享受生活。二是培养学生感受美好生活的能力。仅有享受美好生活的情趣而无感受美好生活的能力也是不行的。能力有待于学习和培养。如英国哲学家休谟所说，一个有品位的人，首先感觉要细腻，其次见多识广，最后要去除所有偏见。三是培养创造美好生活的能力。世界一流大学无不重视美育在培养创新人才中的作用。哈佛大学在2008年发布了《艺术工作报告》，强调艺术通识教育对于提升不同专业学生创新创造能力的重要性。

---

[1] 本文原题为《美育与非物质文化遗产教育》，于2022年发表于微信公众号"清美美育研究所"，经作者授权，收入本书时有修订。
[2] 陈岸瑛，清华大学美术学院艺术史论系主任，教授，博士生导师。国务院学位委员会艺术学理论学科评议组成员，文化和旅游部优秀专家，教育部新世纪优秀人才。主要研究方向：美学、现当代艺术理论、非物质文化遗产保护。著有《艺术概论》《艺术美学》《工艺当随时代》等；译有《寻常物的嬗变》《影响我们时代的100位新锐艺术家》等。

除了上述三点，审美教育还要培养学生对文明和文化的传承能力，即第四个维度。艺术是一部无字天书，蕴藏和传承着人类文明的基因，美育应当帮助学生提升解读物质和非物质文化遗产及传统艺术形象和形式的能力，理解人类文明，读懂中国文化，获得发现家乡之美的眼光。在此过程中，学生们的人类文明共同体和中华民族命运共同体意识得到增强，家国情怀得到艺术美、形式美的滋养，文化自信得以提升。

非物质文化遗产是人类文化遗产的重要组成部分，是学校美育的重要资源。几乎每一所学校所在的地区，都会有自己独具特色的非遗项目，在百姓的生活中活态传承，丰富、生动，富于感性之美。非遗融入学校美育，有助于培养学生发现家乡之美的眼光，使学生从切身处了解民风民情，形成滋养一生的精神根脉。

## 中国非遗保护现状

2004年8月，中国加入由联合国教科文组织通过的《保护非物质文化遗产公约》。2005年，国务院办公厅印发了《关于加强我国非物质文化遗产保护工作的意见》。按照该《意见》要求，原文化部组织了第一批国家级非遗代表性项目名录评审工作。2006年5月20日，国务院批准公布了第一批国家级非遗名录，随后分别于2008年、2011年、2014年和2021年公布了第二到第五批国家级非遗名录。国家级非遗名录将非物质文化遗产分为十大门类：民间文学，传统音乐，传统舞蹈，传统戏剧，曲艺，传统体育、游艺与杂技，传统美术，传统技艺，传统医药，民俗。其中，传统美术和传统技艺合称传统工艺。

除国家级非遗代表性项目名录，我国还陆续建立了省级、市级、县级名录。与四级非遗名录相匹配的是四级代表性传承人认定和传习补助制度、非遗普查制度，以及针对濒危项目开展的抢救性记录工程。自2011年《中华人民共和国非物质文化遗产法》颁布实施以来，全国有26个地区出台了非物质文化遗产保护条例，中央财政年均投入近10亿元。

　　生产性保护和整体性保护是我国非遗保护工作取得的两项重要经验。其中，生产性保护主要针对传统工艺，从设立生产性保护基地到推出传统工艺振兴计划，扭转了重申报不重保护的风气。整体性保护有利于弥补项目制保护的缺陷。在项目制保护中，一些完整的文化事项被分拆成不同的项目，如划龙舟和舞狮等被分拆成不同的项目申报和保护，如处置不当，反倒会造成人为的矛盾。自2007年起，文化和旅游部在非遗项目集中、特色鲜明、形式和内涵保持完整的特定区域设立了23个国家级文化生态保护实验区。

　　中国流传至今的三大史诗之一《格萨尔王》典型地体现了传统文化的整体性。除了格萨尔王的故事口口相传，每年还会举行赛马节和盛装游行，壁画、唐卡、雕塑和面具等造型艺术也会表现格萨尔王的故事。通过出现在不同的艺术门类和艺术表现形式中，格萨尔王和他的王妃、将领们，成为一种在跨媒介传播中不

有关格萨尔王的说唱和游行活动

唐卡及面具中的格萨尔王的形象

断发展演变的形象。

2015年以来，我国的非遗保护进入一个新时期，文化和旅游部联合教育部、人力资源社会保障部发起"中国非物质文化遗产传承人群研修研习培训计划"。2017年，文化和旅游部、工业和信息化部、财政部联合制定了《中国传统工艺振兴计划》，以研培计划、传统工艺工作站、非遗扶贫工坊和文化生态保护实验区等为抓手，极大地推动了传统工艺行业的转型升级和创新发展，促进了传统工艺与当代文化、经济和生活的融合。

《中国传统工艺振兴计划》所说的传统工艺，包括列入非遗名录中的传统美术和传统技艺两类，也即前现代时期形成的造物和造型技艺，涉及社会生活各方面。《保护非物质文化遗产公约》提到，包括传统工艺在内的非遗项目的保护，由确认、立档、研究、保存、维护、宣传、弘扬、传承和振兴9个环节组成。"传承"意味着延续非遗的生命力，而"振兴"意味着激活、重振和新生，使作为一种活态文化的非遗达到甚至超过历史上最富活力的时期。

江西景德镇陶瓷产区的街市与窑厂

云南鹤庆金工作坊和品牌店

产生于前现代时期的传统工艺，何以可能在现代社会中"振兴"？江西景德镇的制瓷业和云南鹤庆的金属工艺，都是在当代走向振兴、其繁荣程度超过历史最发达时期的典型案例。从理论上来说，传统工艺走向振兴的前提条件，是人民群众从温饱走向小康，从而对生活品质和文化丰富性、多样性有了新的需求。新时代振兴中国传统工艺的举措主要体现在政策支持、产业布局、人才保障和技术支撑四个方面，非遗研培计划和传统工艺工作站建设是其中的重要举措。

从长远来看，传统工艺振兴不仅要达到带动城乡就业、非遗扶贫以及促进文化和旅游业发展的经济目标，更重要的是实现重建人与自然、人与历史的关系，促进新时代中国特色社会主义文化建设的文化目标。

湖北荆州传统工艺工作站和新疆哈密传统工艺工作站

## 对"非遗进校园"的反思

在参与文化和旅游部委托中国青年网进行的"非遗进校园"优秀实践案例征集评选的过程中,笔者对中小学非遗教育有了一定的了解。我国中小学非遗教育整体态势向好,大部分学校高度重视,设立了专职教师和专门的空间、机构。

但有四个问题值得注意:

第一,部分学校选择的非遗项目地方特色不足,不注意挖掘身边的历史文化传统。如北京某小学引入的非遗项目是贵州的少数民族歌舞,对本地的非遗资源反倒视而不见。

第二,学校对非遗项目的文化内涵挖掘得不够深入。不少学校引入的"非遗"项目是踢毽子、抖空竹等普遍性的群众活动,不太具有可挖掘的文化内涵。须知,技能性的学习只是一个载体,重要的是通过身体力行去体验和了解家乡的历史文化,不能把非遗教育简单地理解为手工劳动课、音乐课或体育课。非遗作为一个文化整体,包含了对中华文化的感性体验和综合理解,需要授课教师深入领会、系统把握。

第三,不少学校的非遗课和主干课衔接不足。不少学校都开发了非遗教材,但这些教材接近于传统意义上的手工劳动课教材,和语文、历史、地理等主干课的关联度不高。学生和家长可能会因此觉得非遗课不重要。学校应当把非遗中蕴含的地方性知识与主干课中有关中华文明的普遍性知识结合起来,把古代的历史和现当代的传承发展联系起来,才能真正做到非遗进校园。

第四,部分学校的非遗教育欠缺可持续性机制。很多学校会请非遗传承人来学校表演并开展活动,但最好的机制是本校有从事非遗教育的专职教师,由他们向传承人拜师学艺,再根据不同年龄段的学生需求,把所学转化为相应的课程。

佛山铁军小学的醒狮文化教育值得借鉴推广。他们选择了本地最具特色的醒狮制作和表演作为非遗进校园的主要项目。学校有舞狮队,学生在课间操时段舞狮,还为狮头扎制技艺国家级代表性传承人设立了工作室,安排美术教师欧琦辉拜师学艺,将图案和制作工艺分解和转化为不同方向、不同难度的课程。作为青年一代的传承人,欧琦辉老师勇于创新,例如她尝试用3D打印技术做出可悬浮的狮头灯,还和一些设计团队合作,开发出具有浓郁佛山特色的文创衍生品。这些创新成果,一方面丰富了她的授课内容,另一方面也促进了非遗的社会传播。

3D打印的可悬浮的狮头灯及醒狮文创衍生品

在开发非遗课程和教材的过程中应注意上述四个问题。非遗课不是简单的手工课、音乐课或体育课,而是要通过体验性的活动帮助学生深刻领悟地方历史文化,滋生热爱家乡的情愫。非遗教育作为美育,不能照本宣科地灌输,所有的知识都应融入富于美感的体验和创造活动，才能入心入脑，成为学生自我认同的一部分。

## 如何挖掘非遗的历史文化内涵

非遗教育应注重挖掘和转化非遗项目中的历史文化内涵。以传统工艺为例，作为一种手工造物的方式，在满足衣食住行、宗教礼仪等各项社会需求的过程中，承载和积淀了丰富的历史文化内涵，创造了璀璨的物质文明。活态传承的传统工艺，蕴含着两种现代人稀缺的价值：一是人和自然的关系，二是人和历史的关系。这两种价值在现代非遗教育中至关重要。

在传统工艺中，人与自然的关系通常由天然原材料及其加工工艺体现。以文人艺术的物质载体笔墨纸砚为例，院校美术教育常常忽略这些载体的制造过程和审美特性，随便买些纸笔墨汁让学生创作，忽视了材料和工艺中蕴含的天人关系。笔者曾带领从事中国画创作的研究生重走笔墨纸砚之路。其中一站是安徽绩溪的胡开文墨厂，近距离观摩油烟墨制作过程。从桐油点灯收集烟尘，到与胶料糅合捶打，最后在木模中压挤成型。成型的墨块是会呼吸的，自然阴干1~2年后才能使用。这就是蕴藏在墨中的自然性，学生在观摩其制作过程时，可以感受到古人敬物惜物的态度。

同时，传统工艺的功能和形象体现了人与历史的关系。徽墨上的描金，看似不具有功能性，其实是文人定制的历史遗留，体现了曾经的社会功能。在胡开文墨厂，有不少明清时流传下来的老模具。这些老模具以及传承至今的描金填金工艺，积淀着文人与墨的历史关联。

关于传统工艺和材料研究，笔者推荐一些值得去参观学习的地方。例如设计师张雷在杭州创建的"融设计图书馆"，把不同

油烟墨制作流程：点烟—捣墨—装模—压模—阴干

的传统工艺项目拆解成材料、工具和工艺流程，通过展览的方式呈现出来。另外，还有浙江桐乡的丰同裕染坊，传承人哀警卫带领团队深入研究蓝草品种，精研材料加工技艺，分出几十种不同梯度的蓝，活态展示全套的工艺制作流程。学校非遗教育可以借鉴这些做法，将当地的非遗项目系统地转化为可供学生参观体验的工坊和展馆。

拓展学习PPT

# "寓教于戏"的创作实践[①]

肖薇[②]

2018年岁末,青春版《雷雨》的专场演出在清华大学蒙民伟音乐厅如期上演,作为话剧队的指导老师、此剧的导演,在为期三个月的排练中带领学生做了很多创作与教学工作,留下了大量文字记录。回顾与反思之后,笔者想将此次创作作为一类戏剧教育的典型样本——关于"寓教于戏"的美育理念与方法来进行深入讨论与探究。

古罗马诗人、批评家贺拉斯在《诗艺》中提出了著名的"寓教于乐"的美育观念,他说"寓教于乐,既劝谕读者,又使他喜爱,才能符合众望"[③]。这里的"寓"指寄托,意思是将教育寄予在乐趣里,通过有意味的形式、通过教学中的认知因素来引发学生兴趣并带着良好情绪进行学习。"寓教于戏"是在"寓教于乐"基础上的延展和深化,即一种结合对戏剧艺术的阅读鉴赏、理解分析、创作排演等艺术实践活动,对学生进行价值塑造和潜能激发的有价值的教育形式,其中美育和育人的目标在整个讨论、研究、排练及演出期间"潜移默化""润物无声"地完成。

---

① 本文原题为《"寓教于戏"的美育理念之探——以青春版〈雷雨〉创作实践为例》,发表于《艺术教育》,2021年第5期。经作者授权,收入本书时有修订。
② 肖薇,戏剧学博士,清华大学艺术教育中心副主任、副教授。具有戏剧与电影创作研究的跨学科学术背景,面向本科生开设"西方戏剧史""戏剧的启示""戏剧编导创作""自我启示剧场""创造性戏剧艺术的体验与表达"等课程。出版学术专著《诗梦艺术的奥秘——戏剧与电影导演创作的共质性研究》。
③ [古罗马]贺拉斯.诗艺[M].杨周翰,译.北京:人民文学出版社,1982:155.

下文将以青春版《雷雨》的创排为案例，从文本研讨、教师引领、排演方式、反思展望四个维度，谈一谈我对"寓教于戏"的美育理念的践行与思考。

## 情感启发　理性思辨

"寓教于戏"，体现在创作者在感性认知的基础上对戏剧文本进行理性分析、改编整合，集体探索经典作品的现实生命力与时代意义。

在中央戏剧学院导演专业的学习中，我们经常强调在进行剧本分析与导演构思时要注重"演出的现实意义"，即赋予剧本以现实思考和时代价值。既然是演给当下的观众看，就一定要去思考作品希望带给观众怎样的思考，可以跟观众在哪些方面进行深入的探讨与交流。参与这次《雷雨》创作排演的学生年轻，观众也年轻，之所以称这次的创作为《雷雨》的"青春版"，就是希望能够激发这些年轻演员展开集体研讨，赋予这部家喻户晓的经典作品以新的生命力，探索作品与当下观众所产生的思维碰撞，而想要实现这一点，最为重要的就是深入地读解剧本。

创作伊始，我就要求每一位演员在精读文本的基础上进行思考，思考的重点在于寻找自己跟这部作品、这个角色之间的关系。为此，我向演员不断提问，比如：你怎么定义你自己；你如何描述角色；你对这个剧本的第一印象是什么；如何理解剧本中关于"雷雨"的隐喻；什么会是你生命中的"雷雨"；对于自己所饰演的角色有怎样的想象；你和你所饰演的角色之间有哪些联系；你如何理解人物的心灵困境，以及对未来的排练有怎样的期待等。针对演员们的回答，结合集体的思考，导演组提出了"心狱"的主题并建构了演出形象种子："身陷心狱的哀嚎"——牢笼上方的乌云，伴随着远方的雷声慢慢压向地面，大雨即将侵袭的瞬间，困兽在牢狱中发出凄厉惨烈的哀鸣——从"雷雨"到"心狱"是我们想要探索的意象。

接着，作为引导者，我再次问到每一位扮演者需要深度思考的问题：如果"心狱"是一种隐喻，那它对角色意味着什么，每个角色之间情感与心灵的牢房究竟是什么，又是什么引发了这种"狱"的困顿，你自己的心狱与角色的心狱有哪些相同和不同等一系列问题。我们把"狱"做成串联剧中人物的一种深层关系，"心狱"意象原型在创作里不断延伸，这是对于作品的一种新的延展和思考，可能是潜意识里莫名出现的挣扎与恐惧，也可能是面对生存和精神困境的应对，促使观者对作品有不同角度的思考。在围读和研讨中我们反复挖掘对剧本的理解，与此同时，我根据实际需要开始删减剧本——新剧本并无文字与内容添加，剧本从4幕变成7场、剧中8个角色删减为7位，同时还加入了现场即兴演奏等强有力的音乐表现方式；将注意力集中在人物性格和彼此之间深层的情感关系上，再带领演员进行后续的探索与创作。

## 主客转化　融合激活

"寓教于戏"，需要教师与导演双重身份的融合转化，并在创作过程中注重身体和情感的双重激活，创造性地启发演员的真挚表达。

传统意义的舞台导演有三种身份：剧本的解释者、演员的指导者和综合艺术的创作者。在这次实践过程中，我以"育"为核心，将激活学生的创作内驱力作为重点放置在排演的首位。到了正式排练阶段，我首先采用"身体开发与训练"的创作方式，让学生去感受自己和角色之间的关系：第一，用呼吸去连接自我的感受、延伸五感的知觉，与自己的身体、他人、团体达到同频联结状态；第二，用步伐和声音将角色唤醒，激发演员关注每个角色特殊的身体部位（手部、足部、眼睛、脊椎、肩膀等），先"具身化"人物的身体状态，再引导每个角色探索身体形态的塑造起点；第三，利用"想象中心"的训练方式，让学生沉浸于身心合一的状态，并逐渐定位精确，从一个想象的中心区域来开启身体的运动姿态，以这种可变方式再进入一种"心理姿势"的原型状态，为演员提供高效的关于想象创造与表演传达的方法。另外，我还使用了心理剧的方式让演员呈现空间中的人物关系图谱；用角色法中"辅角"和"替身"的方式探索角色的内在声音；用"关系雕塑"的方式开启即兴创作，完成一些剧本中并没有给出的场景和段落，激发参与者的情感互动。排练过程都是在"观察—感受—激活—表达"的四个层面去调动演员的感受与想象，并用具身的方式探索创作。

人物定妆与关系照，体现人物的身体姿态与情感关系，
人物角色从左至右依次为：周朴园与鲁侍萍、鲁侍萍与鲁贵、繁漪与周萍、
周冲与鲁四凤（拍摄者：刘丽娟）

纵观整体排练，我们所经历的创作阶段大致分为即兴、规定、细节、自发四个部分：（1）即兴创作部分是调动演员的自发性，充分给予他们自由和选择的可能，以对角色的最初印象去体验、感知、激发直觉与创作想象；（2）规定创作部分是回到剧

本、研读每一句台词的潜在含义,帮助演员深入分析台词和理解人物内在的精神气质;(3)细节创作部分,即再次回到每一瞬间、时空关系里去感知和细化表现力,这是在直觉基础上对表演技巧如何更精准表达的一种探索;(4)自发创作部分是最终由演员在舞台上实现即时的、连贯的、酣畅淋漓的表演,也是戏剧在舞台上的终极生命力的展现,让表演的魅力如生命般酣然绽放。全组演员—学生在参与剧本研读、排练体验、深化认知、表演呈现的过程中展示了强烈的好奇心、思考能力、投入度与创造性。

## 协作学习　全人培养

"寓教于戏",要求制订科学的排练计划,注重团队情感共融、团体协作、相互激励、彼此学习,将"全人"培养的美育理念作为立戏之本。

戏剧作品的创作排演一方面需要自由而感性的创作想象,另一方面,其实也需要科学的方法。虽然艺术创作本体离不开感性认知,但是艺术的运作规律和流程却离不开理性和逻辑。比如:在排练的时间安排上,我们会有四个明确的阶段,要求各阶段做到精准有效、循序渐进;我们在排练场用地标将舞台区域清晰地

排练照:演员呈现的人物关系图谱、排练时的舞台空间划分
(拍摄者:张怡婷)

分成6个,可以帮助演员迅速熟练调度与走位;排练场的非舞台区域专门划分出7个空间帮助演员下场后回到角色个体做单人练习。这些安排的背后其实是一种非常有条理、科学的思维方法与工作方式。

中国近现代美育的奠基人之一蔡元培先生曾经说过:"美育之目的,在陶冶活泼、敏锐之性灵,养成高尚纯洁之人格。"[1]采用行之有效的创作手段,不仅可以激发学生形成自己的感知和想象,开启他们对艺术的思考,逐渐形成对艺术创作的理解,激发个体的艺术感受力及对生活的理解力,还可以有另外一种获得——情感共融、集体协作与彼此学习。学生在人物塑造的过程中开发了个体的知觉与感性,在集体的分享与研讨中进一步产生思维的碰撞,领悟到更多的延展意义;对舞台传达的意象、人物的情感需要、剧作的主题价值等都做了深度的想象与挖掘。比如演员刘梦玲对于鲁侍萍的人物分析(见下页):

这组演出剧照体现的内容包括周冲孤寂的独白、开场"心狱"的群像、期许未来的畅想、结束流传的光影(拍摄者:肖薇)

---

[1] 蔡元培.蔡元培教育文选[M].北京:人民教育出版社,1980:195.

对于鲁侍萍而言，雷雨是她一生的路途，那些远远雷声，是她过去做的"错事"，是心有不甘的欲望畅想所埋下的祸根，倾盆大雨是压垮她的所有事情的结果，大雨终至。另外，雷雨也是鲁侍萍的情绪，比起繁漪可能有对自由和爱情更为抽象和哲学的追求，鲁侍萍的情绪是实打实的，对一段错付的爱情，和对自身、儿女命运悲戚的顽强控诉，都像雷雨一样充满咆哮的力量。

戏剧是以表演艺术为核心的演出形式，而表演艺术只有在一种永不停顿的艺术灵感的驱动下才会创造最好的价值，作为教师带领学生进行表演实践的过程，不仅要激活灵感以实现某个角色的塑造，更要注重排演过程中对演员进行全方位的培养，通过"人"学习"人"，通过"角色"提升"修养"，通过"情境"认知"境界"。从这个角度看，"寓教于戏"就是在借助阅读、研讨、排演、分享、反馈等美育形式，激发与提升学生的"七力"与"四感"。它们分别是价值判断力、生活观察力、情境理解力、形象思维力、艺术想象力、情感感受力、语言表达力，以及美感、通感、信念感、效能感，这不仅是一种"全人"能力的培养，更是新时代背景下跨学科、复合型人才所应具备的学养与素质。

## 温故知新　领悟发现

"寓教于戏"，需要具有探索与进取的精神、反思与质疑的态度，重视创造性思维的培养，激发创作过程中的领悟与发现。

对我来说，每部舞台作品都是演出集体在"创造与深化"过程中的艺术表达，而作为话剧队的指导教师，还应明确学校培养人才的目标与现实需要。我一直在思考和尝试用更贴合校园文化精神、具有家国情怀、富有创造性的方式和理念开展戏剧教育，也是一种因地制宜的"创造与深化"。而"寓教于戏"的艺术教育理念，在这7年的教学中证明，对于综合性大学开展美育大有裨益：一方面这得益于戏剧这门综合艺术的独特魅力，其间所涉及的人物、关系、情境、冲突等要义都凝练于我们真实生活的感知、体验和思考；另一方面，在这个过程中，学生会提前经历这种极具挑战的"情境实验室"的考验，对于学生群体来说，这是难能可贵的锤炼和发现。自2013年底至今，清华话剧队共排演了36部戏剧作品，我们对每部作品都严格把关，要求是体现一定艺术品格、思想情操，具备现实意义的经典作品；7年时间也证明了话剧队学生的综合素质在院系、学科、活动、团建等各个领域均有突出的成绩和表现。

一部经典作品要经得起时间的检验，一种教育理念的实践同样需要在历史的长河中不断磨砺、梳理与更新。在此，笔者作为一名践行者与教师，总结对于"寓教于戏"的美育理念的几点拓展性思考：

第一，"寓教于戏"，借用戏剧作品中所包含的一种寓有理性的高级情感，以典型化的艺术提升、凝练后的生活真谛，以形象的概括、具身的认知、深刻的哲思，将情感教育作为切入点，对人的心灵进行熏陶感染，使美育过程由情感的打动上升到心灵的启迪。

第二，"寓教于戏"，具体而言，戏剧是媒介，教化是方式，思维是目标，育人是根基，这种美育形式的特殊作用是通过艺术作品来建构情感的审美王国，通过创作实践中的潜移默化、润物无声，使其成为联结感性与理性、自然与人文、知识与道德、艺术与科学的中介。

第三，"寓教于戏"，可以通过美育协调提升人的精神与能力，从而培养具有幸福感、洞察力、表达力、同理心的人格完善的人，力求突破始自西方启蒙运动的以智商为中心的"泛智型教育"，探索以新的人文精神为主导的"人的教育"。

第四,"寓教于戏",不仅是一种立足当代的审美教育,以其和谐和审美的态度面对自然、社会、他人与自身;还是一种面向未来的新型通识教育,贯穿人生教育和终身学习的理念,通过对自然美、社会美、艺术美的探知和发现,最终走向人与内外部环境的和谐共生。

"寓教于戏"的美育理念,从其方式、作用和价值来看,它的感染力和创造力是一般的理论教育和学术培养所不具备的,因其包含了德育的因素,符合由梅贻琦校长拟、潘光旦教务长代写的《大学一解》(1941)中提出的,对于学生的培养要"周见洽闻""整个之人格",注重"知、情、志"及重视"修明"的完人教育理念,其目标是人格的提升与心灵的统整,作用于人身心的健康成长与整个社会的和谐发展。

## 结语

戏剧艺术是集多种艺术形式于一体的综合艺术,它的情感贯通古今东西,哲思与内涵丰富深刻。而戏剧美育是一种注重师生互动、集体融合的教学模式,不仅包含案例、提问、研究、讨论、呈现等方式,还能够联系学生的实际生活感受,激发他们的艺术审美与创作潜质,从而凝练他们面对生命的态度,完善他们对于自我的认知。实践证明,基于戏剧创作实践的美育课程,并不是一种简单的"美"与"育"的结合,而是在更高维度的育人导向下,贯彻价值塑造、能力培养、知识传授"三位一体"的育人理念,旨在通过审美体验和艺术实践所达成一种精神境界;强调审美境界与人生境界的相成相济,鼓励真情实感的流露,重视理性深刻的思索,更倡导永葆赤子之心。谨以此文激励自新,更与各位同行者共勉。

## 延伸思考

　　大学美育与社会美育不同，社会侧重实际的应用，大学侧重理念的追寻。在学会实际应用之前，学生应该学习美育的理念，教师应该研究美育的原理，以及我们为什么需要美育，我们怎样落实美育。毕竟美育是与我们自己的生活质量、幸福程度息息相关的事情。最终学生们能够辨别生活中的美丑，判断生活中各种事物之间的差别。举一个近在身边的例子，我们可曾想到过，我们是否会去关心和思考校园和公园的差别，校园美化是否就意味着将校园公园化？美在艺术中，更在我们身边，值得我们每一个人去留心、去体会、去思考。

## 拓展学习

宗白华：《美学散步》，上海：上海人民出版社，2015年版。

俞玉姿，张援编：《中国近现代美育论文选（1840—1949）》，上海：上海教育出版社，2011年版。

曾繁仁等：《现代中西高校公共艺术教育比较研究》，北京：经济科学出版社，2009年版。

刘巨德主编：《向美而行——清华大学美育之路》，北京：清华大学出版社，2021年版。

[英]赫伯特·里德：《艺术在大学中的地位》，孙墨青译，载《嘤鸣戏剧》2021年第14、15期。

[美]凯丽·弗里德曼：《教授视觉文化——课程、美学和艺术的社会生活》，朱越峰译，北京：中国社会科学出版社，2016年版。

徐冰：《关于现代艺术及教育的一封信》，载《我的真文字》，北京：中信出版社，2015年版。

李睦：《艺术通识十六讲》，北京：清华大学出版社，2024年版。

易晓明：《美育与艺术教育研究新趋势》，上海：上海教育出版社，2019年版。

宋修见：《成大人——中华传统美育对理想人格的塑造》，载《美术研究》2021年第4期。

王德胜，李雷主编：《美育双年文选（2021—2022）》，合肥：安徽教育出版社，2023年版。

[美]迈克尔·基默尔曼：《碰巧的杰作——论人生的艺术和艺术的人生》，李灵译，桂林：广西师范大学出版社，2015年版。

[美]克雷格·莱特：《聆听音乐（第七版）》，余志刚译，北京：清华大学出版社，2019年版。

第四章

中小幼美育的方向与方法

# 引 言

　　教学是一门艺术,这常常是一种比喻,但有时又不只是比喻。有的老师上课眉飞色舞、神采奕奕,或是某天带来一件别出心裁的教具,或是精心设计了一个特别有趣的游戏环节,或是忽然读出了某位同学的心思,这些瞬间会给那一天的课堂带来某种光彩,甚至成为学生们多年后对学习、对学校小心珍藏的记忆。这样的教与学,真的具有艺术的美好品质。

　　做一名中小幼学段的美育教师,是值得尊敬的。若想成为一名优秀的美育教师,除了需要你的专业学识与能力的积淀,需要你对孩子保持热情和爱,还需要时常对工作进行梳理与反思,关注新的社会文化动态,学习新的教育理念、艺术思维与教学方法。作为数字时代的教师,只有不断学习,才能跟上学生求知的步伐;也只有不断学习,才能发现美育里有太多的空间可以探索,在一次又一次对未知空间的探索中,一名教师终能找到他/她的心灵属地。

　　在本章中,中小幼美育专家、美术教材编写专家、校内外资深美育教师、绘本艺术家将与你一起交流美育与核心素养的关系,美育课程体系如何构建,美育课程如何设计,以及多元的艺术与美育教学方法。

# 创建新时代大美育课程体系[①]

赵伶俐[②]

## 美育进入新时代

20世纪20年代，时任教育总长蔡元培力倡美育，指出美育是人格全面发展教育中的组成部分，也是贯穿各育的"津梁"和"神经系"，提出美、美感和美育具有丰富精神、超越个人功利得失、陶养高尚性灵等价值，"皆足以破人我之见，去利害得失之计较。则其所以陶养性灵，使之日进于高尚者"。指出不同于专业教育的面向人人的"普及的美育"，除有"专属美育的课程，是音乐、图画、运动、文学"等外，"凡是学校所有的课程，都没有与美育无关的"，且从胎教、幼教、基础教育到大学专门教育及至老年教育等，贯穿人的一生。

进入新时代，党和国家不断强调"德智体美劳全面发展"的教育方针，陆续印发加强和改进学校美育工作的意见（党的十八届三中全会，2013；国务院办公厅，2015；中办国办，2020）。习近平总书记不仅肯定了美育强大的育人功能，强调要坚持立德树人、以美育人、以文化人，提高学生审美和人文素养，弘扬中华美育精神，增强文化自信，等等，还旗帜鲜明地指出，"人民对美好生活的向往，就是我们的奋斗目标"，强调要建设美丽中

---

[①] 本文原载于《中国教育报》2019年5月23日08版，经作者授权转载。作者结合近些年美育发展情况，进行了少许修改。

[②] 赵伶俐，西南大学教育学部教授、博士生导师，西南大学美育研究院院长。主要从事高等教育学、学校美育、教师教育、审美认知、审美应用心理学等研究以及跨学科研究，并积极致力于学术成果向应用的转化。

国。新时代美育承载着促进人的全面发展、推进社会全面发展等责任与重大使命。

美,是和谐,是整体中各个部分和各个要素的有机匹配关系,令人感到身心愉悦,激励人去追求、去创造创新。以美的事物作为内容,以审美活动作为方法,实现美育目标的教育活动,就称为美育。凡是合乎美和美育本质的,能在本质意义上推进和拓展的美育,包括新时代的学校美育、社会美育、家庭美育等,都属于美育范畴。

## 紧抓艺术课程让美育落地生根

课程是用知识内容铺设的实现人的发展目标的"跑道",如有的学者所说,是学校为实现教育目标而规定的学习科目,以及校内外一切影响学习成长的教育因素的总和。而美育课程,就是用美和审美知识铺设的实现美育目标的"跑道"。

艺术是表达美的最典型方式,因此艺术课程也必然是美育的主要渠道。面向全体普通学生、承担美育功能的艺术教育,与培养专业艺术人才的艺术教育,显然有不同目标、内容和教学方法。所以,后者称为艺术教育,前者就应该称为艺术美育。面向全体学生的学校美育,必须首先有坚实落地生根的核心和主线,这就是面向全体学生开设的学校艺术美育课程体系。教育部颁布了新修订的《义务教育课程标准》(2022),其中,《义务教育艺术课程标准》除原有的音乐、美术课程外,还加上了舞蹈、戏剧(含戏曲)、影视(含数字媒体艺术),业界称为"新三科",共同构成了艺术美育课程体系,如下页图所示。

上述面向全体普通学生的艺术美育课程体系,首先是必须完成国家规定要开齐、开足的音乐、美术课程,有条件的学校则必须开好音乐、美术课程。此外,有必要增设面向全体学生的艺术

艺术课程与教学的审美化改造

与审美综合课程，使各类艺术课程形成有机联系，培养学生跨界艺术鉴赏能力；结合学校美育的发展需要在高学龄段增设舞蹈、戏剧、影视必修或选修，乃至开设书法、民族民间艺术等，通过艺术兴趣小组的训练活动，使学生尽可能获得1~2项艺术表现技能，如表演、器乐、书法、工艺设计等。而所有这些面向全体学生的艺术课程的根本目标，都是为了"提高学生审美与人文素养"，因此也都必须遵循美育规律，按照美育目标，致力于改进美育教学。

通过艺术课程来实施学校美育，不仅是义务教育阶段美育的特点，而且成为了学前教育、高等学校美育和职业院校美育的共同抓手。为了确保艺术课程实施，国家和教育部多次发文敦促学时学分制度落地，并在一定程度上逐渐增加了学时学分。

2008年，教育部《关于进一步加强中小学艺术教育的意见》规定，九年义务教育阶段艺术类课程占总课时（857~1047课时）的9%~11%，普通高中艺术类必修课程有6个学分（相当于108课时），中等职业教育非艺术类专业的艺术必修课程不少于72课时。2014年，教育部《关于推进学校艺术教育发展的若干意见》，在一定意义上强调了这一要求。2019年，教育部《关于切实加强新时代高等学校美育工作的意见》规定，每位学生须修满学校规定的公共艺术课程学分方能毕业。学时和学分就是美育实施的制度保障。否则，加强美育恐怕依旧是一纸空文。

然而仅靠艺术美育课程，还不足以完成美育促进学生全面发展、培养创新能力和促进社会精神文明建设的重任。因为美的含义丰富，范围广泛，除了艺术美，还有自然美、社会美、科技美、人生美与生活美等。能在美育的大概念下推行和拓展艺术课程，已经是新时代美育的一大进步。然而，新时代美育显然还有，且必须有更开阔的课程改革空间。

2015年，国务院办公厅《关于全面加强和改进学校美育工作的意见》（以下简称国办《意见》）提出，到2020年，初步形成具有中国特色的现代化美育体系。目前各级各类教育和学校在确保面向全体学生的艺术课程设置和保障学时学分落地的同时，已经开设了各种各样富有创新性的美育课程，使得新时代美育焕发出前所未有的勃勃生机。我们把这种以艺术课程为核心，同时远远超越艺术课程的美育课程体系，称为大美育课程体系。

## 基础教育阶段大美育课程体系

大美育课程体系在基础教育阶段包括学前美育和中小学美育两种模式。

学前美育包括了胎教和0~6岁幼儿的美育。爱美是人的天性，对美的独特的天然兴趣，是学前儿童学习与发展的内生动力和不可或缺的发展目标。仅就3~6岁的幼儿园教育来看，传统幼儿园教育与中小学一样也是分科课程，有体育、常识（含自然常识、社会常识，社会常识主要是品德教育内容）、语言、算术、美术、音乐等科目。通过多年综合改革，目前打破分科局面，实施综合教育的观念已占据主导地位，很多幼儿园都在积极开展和探索综合化的学前活动课程。但是以什么方式将分科教学有机统一起来，却有不同思路和做法。

其中，以"美"为视点，对幼儿园原6科课程，以及所有保教活动和日常生活等有机整合起来的幼儿园大美育课程如下图所示，将原6科整合并重构成自然美、社会美、艺术美、科学美四大板块，再辐射幼儿园的艺术兴趣活动、自然和社会观察活动、体育兴趣活动、科技兴趣活动、游戏活动、家园亲子活动、幼儿园环境文化和美化建设等有机联系的大综合课程。能使儿童在多样、立体和丰富的美感环境中接受美的熏陶、爱的教育、体的健美、智的启迪，对美好事物形成好奇、认识、向往的基本取向，进而形成健康愉悦、喜于交流、乐于助人的品格，以及表达美和创造美的趣味与行为，也促进学前教育阶段德智体美劳五育目标的实现。这一课程体系也可称为学前大美育课程或学前"审美·综合"活动。

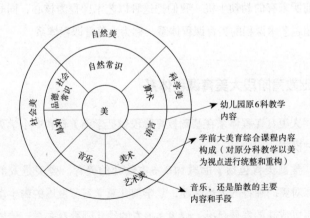

学前大美育课程：与原幼儿园分科教学模式比较

中小学美育是面向全体学生、培养德智体美劳全面发展的社会主义建设者和接班人不可或缺的组成部分，却长期被忽略。很多地方和学校将中小学音乐、美术课程完全等同于美育课程，而音乐、美术又上成了简单的唱歌和绘画技法训练课，或成为某些想走升学捷径者的功利手段。美育课程就这样被技术训练消解，美育也就成了基础教育的短板。整合中小学办学及影响学生发展的所有学校因素，和目前各级各类中小学美育方方面面的课程实践，可概括为大美育五圈课程体系，如下图所示。

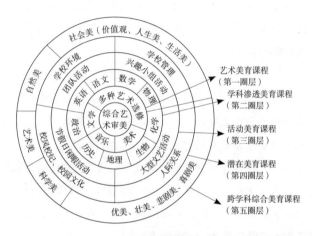

中小学大美育五圈课程体系

第一圈层——2+*n*艺术美育课程。如前所述，各级各类中小学校，首先必须开齐开足国家规定的音乐和美术两门课程。因为条件限制，暂时还不能开设更多美育课程的学校，可以先从开好这两门艺术课程及其审美化教学改革开始。目前已经有学校增加了更多或"*n*门"面向全体学生的艺术课程，例如公共艺术与审美综合课，以系统培养学生的综合艺术鉴赏能力。有相当多的学校开设了各种类型的艺术兴趣和训练课程，以完成国家和教育部提出的每位学生应该掌握1~2项艺术技能的目标。同时，也有学校为有艺术特殊兴趣和特长的学生提供了较高水平的艺术训练机会。这些也都是落实"改进学校美育教学"的主要举措。

第二圈层——学科美育课程，也称学科渗透美育课程。语文、道德、政治、历史、地理等文科课程，数学、物理、化学、生物等理科课程，本来就蕴含着美的因素，包括内容美和形式美。提炼学科审美内容，创建学科审美方法，培养学科审美素养等，是这类美育课程的独特目标和功能。已有研究表明，通过审美激发学科学习兴趣和学科想象力，促进学科感性与理性思维能力的协调发展等，有助于显著提高学科教学质量。难点是各科教师需要转变观念，提高学科审美素养，才可能胜任目前中小学学科课程教学的新要求。

第三圈层——活动美育课程。班队与文艺活动等美育实践活动课程，要按国办《意见》的要求，积极探索创造具有时代特征、校园特色和学生特点的美育活动形式。按教育部《关于进一步加强中小学艺术教育的意见》，要大力开展小型、灵活、多样的艺术活动，民族地区的学校要积极开展具有少数民族特色的课外艺术活动。为此，要开拓更广阔的美育社会资源与活动空间，如博物馆、美术展、剧院、自然山水、名胜古迹等，构建与之相关的美育大课堂与教学、实践活动平台。

第四圈层——潜在美育课程。包括办学理念、校园文化建设、学校制度和管理建设等潜在因素的课程化和美化。注重校园文化环境的育人作用，以及校训校旗校服的美感，以美感人，以景育人。让社会主义核心价值观、中华优秀传统文化，通过校园文化环境浸润学生心田。

第五圈层——跨学科综合美育课程。目前已开展的有综合美育实践活动、文理艺跨学科美育等，它集中系统地传授美的基本知识，包括自然美、社会美（如社会主义核心价值观、优秀传统文化、美丽中国、美丽乡村、美好生活等）、艺术美（如各类艺术）、科技美（如各领域科学理论、符号、公式、实验）等及其鉴赏方法，以培养学生跨学科鉴赏各种美以及表现美、创造美的素养。该课程是中小学包容性最大的美育课程，或可作为与"互联网+"深度融合的、智能化的实验课程来开设。

## 高教职教大美育课程体系

高等教育和职业教育,与基础教育最大的不同是有了专业教育。普通高等教育是培养德智体美劳全面发展,且具有专业理论知识、专业技能的高素质专门人才的教育。职业教育,包括职高和高职,在促进学生全面发展和专业发展上,与普通高校有相似之处,只是对理论知识的要求相对较宽松,有更明确的职业导向。与普通高校和职高、高职等的培养目标呼应,可以创建高教职教通用的大美育五圈课程体系,如下图所示。

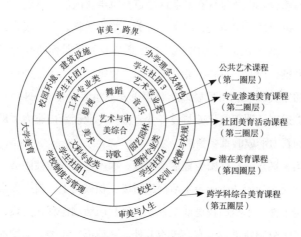

高教职教大美育五圈课程体系

高等教育和职业教育的大美育五圈课程的目标、内容和门类,与中小学大美育五圈课程相比,有同更有异。两者最显著的不同是,前者有专业渗透美育课程,或者在专业课程中添加审美的内容和因素。在高校实施的艺术选修、必修课程和综合课程,也都应该尽可能与专业课程和学科建设紧密结合起来。

第一圈层——公共艺术课程。教育部规定,高校必须开设"公共艺术选修课"。这是一个范围很宽的选修课程群,比基础教育阶段国家规定的音乐、美术+艺术选修即"2+n"课程有更大的自由度、广度和深度。目前诸多大学开设了音乐鉴赏、美术鉴赏、舞蹈鉴赏、戏剧鉴赏等选修课程,还提供了若干艺术技能课以满足非艺术专业但有艺术特长学生的需求。需要特别注意的是,这些艺术鉴赏和技法训练课程,不应该是基础教育阶段艺术教育的重复或者增加一点内容,而应该尽量着眼于提高大学生或职业学校学生的"审美与人文素养",紧扣各专业特点,充分发挥辅助专业发展的功能。

第二圈层——专业渗透美育课程。包括创建各学科专业融合审美的课程,以及对现有专业课程进行审美化改进。目前,已有大学开设自然科学审美、科学与审美、桥梁美学、医学美育、教师美育、数字化审美文化、人工智能与审美等课程和专题讲座等。高校、职业学校各个专业的知识、思维、方法等,都包含着特殊的审美维度,可以融入学科审美素养培养目标。总体而言,专业渗透美育课程是培养热爱专业、激发专业创新内驱力、助力专业创新力形成的重要举措。

第三圈层——社团美育活动课程。深入挖掘各类社团活动中的审美因素,使学生业余生活健康活泼、积极向上,自主而自由地发展个性,不少高校已经实现了学生社团活动课程化建设,并纳入了学分制轨道。也有高校教务处、宣传部、团委、学院和美育研究中心等,借助社团联合举办"美育节",如华东师范大学的"桂子山美育节"、武汉纺织大学的"成才美育节"、西南大学的"美育季"等,以自己的特色积极推进美育活动开展。

第四圈层——潜在美育课程。包括了学校办学理念、校训校规、历史馆藏、校园环境与建筑的美化、制度建设与管理美化,形成全校师生与管理者共同追求美、硬件与软件共同表达美、全校协力创造美的育人氛围。

第五圈层——跨学科综合美育课程。有的大学开设的是"大学美育""审美·跨界""审美与人生"等课程，培养学生的多学科、多专业跨界思维能力，鉴赏和创新能力，健康积极的价值观和人生观等，皆具有高度综合跨界性，只是综合或跨界领域有所不同。

高校以高深知识培养高级专门人才，而高校美育的高深知识就是通过无处不在的美，揭示美的本质和美的规律，实现马克思按照美的规律建造万事万物和人自身的理想。这是大学美育应该系统培养的审美观念、审美认知以及审美智慧。因此，高校应该按照国办《意见》更加关注和大力开展以美育为主题的跨学科教育教学，将相关学科的美育内容有机整合。落实教育部《关于切实加强新时代高等学校美育工作的意见》的要求，促进高校美育与德育、智育、体育和劳动教育相融合，与各学科专业教学、社会实践和创新创业教育相结合。

目前，高校公共艺术选修课程已规定，修满2个学分方能毕业。严格说，高校的各类美育课程，无论必修还是选修，都应该纳入学分体系，作为毕业和升学的重要依据。仅仅2个学分，与美育在促进大学生身心全面发展、个性发展、专业发展和创造性发展中的作用相比，是严重失调的。今天，至少应该设6~8个学分。艺术必修2个学分，综合美育课程2个学分，美育活动课程2个学分，专业渗透美育课程2个学分。或者在各专业毕业设计或毕业论文中要求有10%左右的分数，用以评价其审美素质水平。

此外，高校还应打造美育综合研究的高地和决策咨询的重地，研究制定高校和中小学校美育课程学业质量标准，建设一批美育智库等，以带动整个基础教育美育课程建设及各项学校美育工作开展、社会美育开展。

## 社会美育让人人学会欣赏和创造美好生活

新时代的美育，显然已经不仅仅是学校教育的事情。为了满足人民对美好生活的向往，除了提高全民物质生活水平以外，还需要提升人的精神生活质量，提高人对于生命和生活意义的认知，提高幸福感，让人民过上物质和精神双饱满的美好生活。对全民进行如何积极感知、体验、享受和创造美好生活的教育，就是社会美育。社会美育拓展学校美育、整合社会媒体和各种社会文化资源，从而助力中华民族伟大复兴的中国梦的壮丽事业。

社会美育可以有如下广义的课程、内容和实施路径：绘制和鉴赏中国发展美好蓝图的媒体美育课程、文体艺场馆美育课程、终身学习美育课程（夜校、老年大学、养老院等）、家庭美育课程（夫妻子女互动欣赏、家政修养和礼仪等）、美丽乡村建设课程（回归自然、复兴乡镇活力、兴办景观农业等）、美丽中国建设课程（城乡统筹、更新城市面貌、树立文化自信、激发民族自豪感等）、人类命运共同体课程（"一带一路"文化交融之美、与世界各国的和谐相处等），以及各行各业的审美文化建设课程等。开放大学（广播电视大学）是开展社会美育的重要平台，社会美育可以借开放大学的课程系统和信息化体系来开展和实施。

## 美育课程具有高度综合性

美和美育本身具有高度综合性。从学前接触各种美的现象和体验美的愉悦，到小学认识各种美及掌握欣赏美的方法，到中学理解和体验各种美的风格与复杂性，到大学掌握美的本质与规律，理解"美无处不在"的含义，到工作中以各种方式去创造和体验人生的美好，形成积极的世界观，积极的国家、社会、职业、个人价值观，这样的美育系统效应，绝不是学校某几个学科、某几门课程就能够拼凑起来的。它是一切学科领域和现象所蕴含的美有机交融所辐射出的能量。它向学生提供的每一个审美视点，如色彩、造型、材质、节奏、旋律、和声、平衡、动感、优美、壮美、悲剧、喜剧等，皆为自然和谐、社会和谐、艺术和谐、科技和谐、生命和谐地建构，向学生提供了一个个观察宇宙、社会和人生的审美窗口，从这里看出去、延伸出去，就能看到比这个点广阔得多的美的世界，建构一个新颖的、和谐美好的世界。苏联教育家苏霍姆林斯基说"美是一种心灵的体操"；赞科夫说"美能唤起人们的善良情感，如同情心、忠诚、爱、温柔，感情会在人的行为中成为一种积极的力量"。新时代的大美育课程体系，更应该是这样的心灵体操，它立体、丰富，充分彰显和辐射出积极精神能量，激发师生和国民对美好事物的无限向往，并积极践行、奋力创新。

这种大美育观念和美育课程的多样整合建设，在信息化、"互联网+"、数字化、智能化的大背景下，在学科之间高度综合化、互渗性日渐凸显的今天和未来，必将成为学校美育课程建设和改进美育教学的一大趋势。从哲学高度来看，如有的学者所言，美学就是未来的教育学。

国家已出台一系列政策文件，为学校美育搭建了"四梁八柱"的政策保障。国家政府、各级教育部门、学校和社会联动，一定会实现培养学生美好心灵、建设美丽中国、让人民过上美好生活的理想。从宏大的科学技术、社会文化和教育工程，到日常微小的"袅袅炊烟、小小村落，路上每道辙"，都是值得我们用全身心去感受、鉴赏和建设的，都深情连接着"我亲爱的祖国"，都属于值得我们用全身心去热爱和拥抱的美丽而伟大的新时代。所有这一切，都离不开学校多种多样且系统的美育课程建设与教学实施。

# 中小学一体化美育课程体系探索[①]

黄静[②]

## 美育课程研发背景

当前,学校美育面临前所未有的时代需求,这是中小学美育一体化课程体系建构与实施的大背景。2020年《关于全面加强和改进新时代学校美育工作的意见》明确指出,要紧紧抓住课程这一关键要素和环节,通过学科融合、学段衔接、目标整合、教材贯通来建构学校美育课程体系,加强美育的渗透与融合。

同时,学校课程建设面临的诸多挑战也呼唤着新的课程体系的研发。如何通过课程的顶层设计和布局,将相对割裂、分散的学科课程和艺术社团、校园活动整合起来;如何以"大概念"为统领完成美育活动由感性、知性到理性的思维建构,形成育人合力,实现目标、教学、评价的一体化建设,显性课程与隐性课程一体化建设,成为学校亟待解决的问题。

## 美育课程结构与内容

"以美培元,因艺术得自由"是首都师范大学附属育新学校确立的美育课程哲学、课程目标。"元"有"首要""第一位"之义,符合育新学校培养"行于礼、善于思、格于物、达于美的时

---

① 本文原题为《十二年一体化美育课程体系探讨》,发表于《基础教育课程》,经作者授权,收入本书时有修订。
② 黄静,首都师范大学附属育新学校艺术审美教育中心主任,北京市骨干教师,海淀区高中美术兼职教研员、核心组成员。

代新人"的育人目标。"元"还有"根本""基础"之义,有"善的""大的"之义,使学生得到精神的陶冶、审美能力与健全人格的塑造是最为重要的。艺术最根本的社会功能在于使人类的个性、才能得到全面自由的发展。艺术带来的是一种超越实用功利的精神享受,即审美的愉悦和享受。尊重艺术的直觉性、跳跃性、非线性,使学生在自由的状态下从事艺术活动;也在从事艺术与审美活动时,获得心灵和精神的自由。

由此,育新学校确立了美育课程的总目标:培养学生关怀社会、以人为本,拥有文化自信和世界眼光,敬畏自然、珍爱生命,向世界展现更美好的人生;培养学生具备崇尚真知、勇于质疑、多维思考、独立判断、大胆尝试、不懈探索的学习品质;使学生具有一定的艺术知识、技能与方法;能理解和尊重文化艺术的多样性;具有发现、感知、评价美的意识和基本能力;具有健康的审美价值取向;具有艺术表达和创意表现的兴趣和意识,成为能在生活中拓展和升华美的时代新人。美育的价值应充分体现在学校的办学理念和育人目标之中,美育课程体系不是凌驾于其他课程之上的,应该嵌套在学校整体的课程之中,与各类课程形成合力。在总目标的基础之上,育新学校还对课程的知识、能力、思维和文化理解四个层面设立了分目标,对学校美育课程覆盖的六大领域确立分目标,即"艺术与审美""人文与社会""道德与修养""数字与科技""劳动与生活""体育与健康"。

关于课程设计的思路与原则,首先要提到育新学校艺术课程的五大核心概念。"学科与融合",强调立足学科培养学生的学科思维和素养,同时要冲破学科藩篱,解决学科孤立的问题。"经验与生活",即用学科知识解决生活中的具体问题并整合新旧经验。"文化自信""世界眼光"和"珍爱生命"则是现在每一个学生面对当下和未来所必备的态度和品格。其次,育新学校课程设计的整体思路是:美育课程以学校的办学理念和课程建设目标为引领，体现我国三级课程体系要求，发挥学校中小学一体化的优势，纵向打通、横向融合，联动隐性课程与显性课程，形成艺术课程为主覆盖"三级六域"课程体系，如下图所示，为每个学生全面而个性地成长提供"跑道"，使学生必备的品格和关键能力在课程中得到涵养和发展。

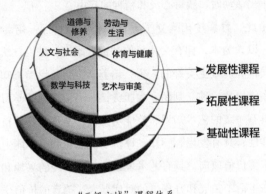

"三级六域"课程体系

在课程建设中，育新学校遵循系统性、科学性、联动性、生长性的原则。课程结构和内容要符合课程标准并指向学生全人发展的目标，要能将学生学习内容与心理发展程度相适应。整个课程体系内，各个课程群之间不是孤立而是联动的关系，同时也并非固定不变，要吐故纳新，始终保持内在的活力。由此，育新学校形成了"三级六域"的课程体系，"三级"指基础性课程、拓展性课程和发展性课程，"六域"中以"人文与社会""艺术与审美"两大领域为主，同时覆盖其他四大领域。课程结构体现出多元并行、无声互补、开放合作的特点，以促进学生自身和社会领域发展，起到增值的效用。

课程结构的具体呈现从以下2张图中体现，美育课程总体上分为显性课程和隐性课程。①显性课程有组织和计划，结果可明显呈现，之下分设基础课程、拓展课程和发展课程。基础课程面向全体学生并基于国家课程体系，目前包括美术、音乐、书法和人文融合类课程；拓展课程是基础课程的延展，为满足部分学生的兴趣爱好，把活动、社团等行为课程化；发展课程则更进一步，主要是跨领域融合课程和人文融合类课程。②隐性课程虽然没有具体的计划和组织，但比显性课程的内容更丰富更具包容度，影响和结果具有间接性、隐蔽性，持续时间更长。显性课程以外，学生所获得的所有的学校经验的总和都算作隐性课程，主要分为环境氛围、心理关爱和制度建设三个部分。另外，基础性课程和拓展性课程是学科本位的，而发展性课程和隐性课程则是经验和社会本位的。

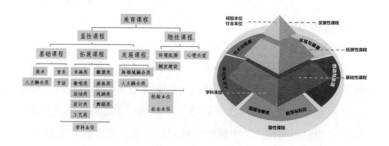

课程的具体内容便依照三大课程层级和六大课程领域详细制订，基本分为1~6年级、7~9年级和高中三个阶段。美育课程大致分为音乐类、戏剧类、美术类、书法类、活动类、融合类和隐性类这七大类，每种门类的课程也会形成基础课程、拓展课程、发展课程和隐性课程四种形式。中小学一体化的渐进系统的学习方式和基于知识、人本和社会三种属性的美育课程，让学生获得充分完整的世界体验。

| 知识、人本、社会三种属性 | | | | | | 完整的世界体验 | |
|---|---|---|---|---|---|---|---|
| 音乐类 | | | 戏剧类 | | 美术类 | | |
| 歌唱课程 | 器乐课程 | 舞蹈课程 | 戏剧课程 | 戏曲课程 | 绘画课程 | 雕塑课程 | 设计课程 |

| 美术类 | 书法类 | 活动类 | 融合类 | | 隐性类 | |
|---|---|---|---|---|---|---|
| 工艺课程 | 书法课程 | 活动课程 | 人文整合课程 | 跨领域融合课程 | 制度课程 | 环境氛围 | 心理关爱 |

| 合唱 电声乐队 音乐剧 | 民族打击乐 古琴 古筝 竖笛 行进打击乐 电声乐队 | 民族舞 中国古典舞 | 音乐剧 话剧 | 京剧 | 版画 插画 油画 儿童画 中国线描 | 浮雕 创意泥塑 水彩 | 创意服装 计算机美术 | 创意手工 | 硬笔书法 软笔书法 | 艺术日 育新日 艺术节 | 你好音乐剧 博物馆大剧院 | 央美育新科技艺术实验课程 创意服装 创意泥塑 | 校园文化 | 师生关系 亲子关系 生生关系 情境创设 |

## 美育课程实施

　　课程的结构和内容只有通过实施才能落地，课程才能真正发挥效用。育新学校课程实施的第一个原则是融入统一主题，完成各课程横向统整及纵向递进贯通，实现课程主题的一体化实施。例如"我和我的城市"主题旨在认识自己的城市生态，审视当下的自己；"我和我的国家"主题旨在理解文化，认识血脉里的自己；"我和我的世界"主题旨在面对文化碰撞与融合，认识多元世界中的自己；"我和我的地球"主题旨在面对自然中的自己，形成对生命的敬畏、珍爱与尊重。四个主题最终都落在学生个体上，不同主题在知识、情感、价值观层面与"我"产生连接，形成对自我认识、自我发展的哲学思考。大主题的设置容易拓宽学生的视域，完成跨学科、跨领域的融合，再进一步形成单元主题，帮助学生由事实性知识逐渐向概念性知识和原理过渡，最终实现在个人价值观、社会价值观和人类价值观层面的进步和成长，如下图所示。

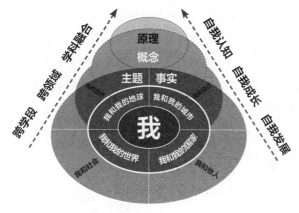

课程实施的第二个原则是跨学段纵向贯通，进行学段上的一体化实施。大多数课程是从小学一年级到高中始终贯通的，每个阶段的课程内容不同，但需要保证中小学的教育过程中不出现断裂，保证课程的一致性、递进性。

课程实施的第三个原则是以"大概念"为导向开展深度学习，探索全时空视域下的课程实施新路径。"大概念"（大观念）往往是宽泛和抽象的，涵盖各种关键概念。在一个学习领域中，"大概念"是组织知识的关键概念、原则和规律。"大概念"也是一种观念的表述，把各种碎片化的理解联系成一个条理分明的整体。它能够帮助学生了解日趋复杂的思想和信息，建构一个概念性框架或模式；它可以通过跨学科学习迁移到其他议题；它会引起更深入的理解、质疑或探究。育新学校在"大概念"统领下形成整体的单元教学设计模型：首先在课程标准下形成"课程大概念"，再结合课程内容转化提炼出"单元主题"和"单元大概念"，教师要把"大概念"转化成核心问题，一个核心问题由若干个具有层级的基本问题（也称引导性问题）支撑，例如事实性问题和争议性问题。核心问题生成核心任务，引导性问题又生成子任务，相互搭建将有效制订教学策略，生成教学路径，组织教学资源。基于人本属性、自然社会属性和知识属性的大主题可以形成九个单元主题，而这些单元主题又是和生活经验、学科融合息息相关的。就教学方式而言，绘制视觉地图有利于学生对发散的信息进行统整，进而凝练主题并得出结构化的呈现效果，学生的思维层级由此得到层层提高。当学生用视觉地图的方式绘制自己的所思所想时，家长们常被这些真挚且深刻的自我剖析和认识所震撼，如下图所示。

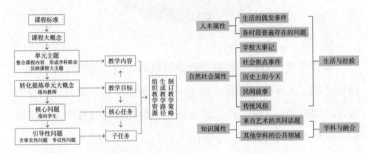

育新学校"大概念"统领下的单元教学设计模型

此外，"教—学—评"一体化主题单元教学也是育新学校课程实施的一大特点。从纵向上看，课程标准、教科书中的评价要点、教学目标、教学策略保持"垂直一致性"；从横向上看，教学目标、教学策略、学习结果和评价量规保持"水平一致性"。学生在进行学习活动之前就明确了具体的学习目标和评价标准，便会依据标准层级去完成作业。标准和评价最终将成为一种课程资源，以便老师教学和学生学习。目前，育新学校的总育人目标和价值观、三大课程级别和四大课程主题基本保持不变，但单元主题、课程评价、子问题、子任务等则会时刻适应当下学科和教学的需求而作出调整，保持课程的生长性、创新性，如下图所示。

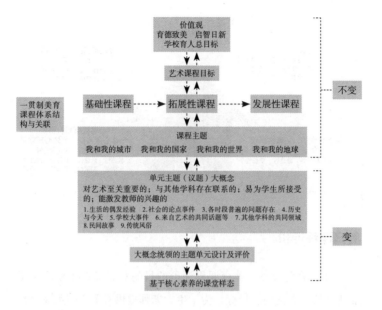

课程实施的第四个原则是突破教室、学校、城乡等区域限制，实现空间维度上的一体化。育新学校以课程主体、课程空间、课程时间为逻辑构建了博物馆大剧院课程、艺术科技融合课程、戏剧课程。实现课内外统筹规划设计，跨越学校、社区、美术馆、大剧院、艺术家工作室等不同空间实施的课程，实现校外实践活动与学校课程一体化。

课程实施的第五个原则主要是以隐性课程为主，体现为规范学校制度，美化空间环境，营建心理关爱，打造"以美培元，因艺术得自由"的美育文化，完成显性课程与隐性课程的一体化实施。其中，校园文化要体现功能性、人文性、生态性、高效性、多样化、整体性和安全性等。校园空间不仅是一种关乎景观的物理空间，还应在人、事、物之间形成一种积极温暖、充满关爱的心理空间，如下图所示。

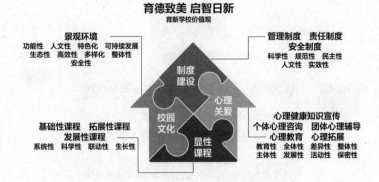

## 美育课程评价

对于学生来说,美育课程评价的目的和意义在于使学生更加清楚教育方案的总目标,为学生、老师提供有关学习的反馈信息,展示进展情况;同时,帮助学生更好地理解指定的作业,改进他们的作品;激励学生并为他们建立学习成绩责任制,增强学生的自信心、自尊心,增进学生对评分等级的理解等。对于学校和教师来说,课程评价是为艺术教育方案提供可信度,验证是否达到艺术教育方案的目标;改善教学,让教师做更多的自我反省;同时,科学有效的课程评价能提升管理者的重视度等。

育新学校整体的基于美育课程的评价体系基本分为"期待课程""执行课程""达成课程"三个部分。"期待课程"指要明确课程是否能够满足学习者的需求,课程的价值和意义是否充分;"执行课程"是指课程执行过程是否顺利,资源利用和组织安排是否恰当;"达成课程"是测评最终的课程实施效果能否契合课程目标或课程期待。基于教师的评价也是从三个维度来展开,即专业理念与师德、知识专业和专业能力,每个维度都有下设的细分板块,全方位的评量将教师分为职初教师、成熟教师、优秀教师和卓越教师四级。

美育课程评价的重中之重是学生评价，分为"多维度评价"和"多主体评价"。"多维度评价"中首先是过程性评价，例如收集学生的学习档案、成长日记，与学生交流等；与之对应的是结果性评价，即学期末考核、阶段性小测等；同时，还有诊断性评价，例如课程前测、第三方介入的诊断性调查（测试）等；以及个性化评价，包括对学生进行个别辅导、一对一交流等。"多主体评价"强调评价主体来源的多样性和广泛性，包括教师、同伴、自我、家长和社区的评价。家长和社区主要以评价手册的方式介入，目前还具有一定理想性，需要进一步落实。

## 美育课程实施效果

美育课程的构建与实施，以丰富的资源拓宽了学生自主发展的空间和维度，多样化的课程内容和学习方式使每个学生在合作探究中彰显自信，体验成功与快乐。纵向贯通的系列一体化课程，打通了全学段、拓宽了教学资源，学生在课程中充分地体验文化的美、艺术的美、科技的美，以及自我统一、自我超越的美。师生在此过程中均获得了成长，学校的育人影响力也得到显著提升。

在拓展课程中，以版画一体化课程为例，其课程目标包括让学生在画稿、制版、印刷的版画制作过程中逐步建构严谨、有序、开放的版画思维；运用探究方法、批判思维、审美知识和对艺术实践的理解力，创作版画作品；展示、交流个人与他人的想法、看法，分享自己的版画与生活经历；从自我身份和传统文化出发，培养文化自信，探索版画表现形式；结合艺术与技术，基于生活经验，培养世界眼光、珍爱自然生命等。课程为纸版画、漏版版画、单色木刻版画、套色木刻版画、水印版画、橡皮章等不同的版画形式设计对应的单元主题，例如纸版画所对应的"故宫博物院的印痕之美"，漏版版画可制作"我喜爱的一本书"，橡皮章诠释"青铜物语"等。通过从小学到高中各阶段学习不同的版画形式，学生将充分体会刻刀、刀法与不同媒介的对话关系，如下图所示。

育新学校学生们的版画作品

在发展课程中，博物馆大剧院属于人文融合类课程，课程评价较高。这门课大概20人，采用初高中混龄的形式。课程内容包括针对固定展览设计主题，例如首都博物馆的"古代北京·历史文化篇"和"京城旧事·老北京民俗展"；针对特展设定主题，例如当代方向的特展"曾梵志·散步""北京国际设计周"等；针对剧目设定主题，例如关于中国文化精神的昆曲《墙头马上》和话剧《二马》等。课程形式包括：以阅读、观影、汇报为主的研究式学习；以阅读、交流、访谈为主的对话式探讨；还有实地考察、圆桌论坛、专家讲座等体验式学习。通过课前的查阅、采访和梳理，现场的感受、想象和体验，激发学生们课上及课后的分析、诠释和表达分享，最终达到反思、连接和综合感知的效果。目前，博物馆大剧院课程也在面向全校设立基础课以满足更多学生的需要，不仅要针对不同年级提前设立课程大纲，还需及时反馈出课程总结和评价。

此外，完整系统的美育课程体系的建构需要资源的充分利用和重组。育新学校的美育课程开发协作团队已包括尤伦斯当代艺术中心、天桥艺术中心、中央美院实验艺术学院等7所单位。逐

育新学校学生们在策展、布展和参展

育新学校学生们观看话剧《二马》和《邻居》

步建立广泛吸收公益基金参与教育内涵发展的新机制,形成包括企业、基金会、学校、政府及不同类型机构和社会团体在内的跨界合作平台,广泛交流和展示从教师、校长、教育研究者到社会机构等不同主体的美育创新成果,尊重并保护个体的首创精神,可以极大地激发社会各方面的创造潜力,使美育创新成果不断涌现。

拓展学习PPT

# 视觉艺术与学校美育课程建设及评价①

高登科②

　　学校美育是近年来中国教育发展的工作重点。2015年，国务院办公厅发布了《关于全面加强和改进学校美育工作的意见》（以下简称《意见》）。从《意见》的总体目标③来看，美育资源配置是学校美育的基础，各级各类学校开齐开足美育课程是学校美育的保障。《意见》也明确了学校美育教学的六个方面：一是美育课程依据艺术课程为主体，二是在相关学科加强美育的渗透与融合，三是创新艺术人才培养模式，四是建立美育网络资源共享平台，五是注重校园文化环境的建设，六是加强美育教研科研工作。回看近年来该意见的执行情况，学校美育建设稳步推进，2019年，"全面加强和改进学校美育，坚持以美育人，以文化人，开齐开足美育课，提高学生审美和人文素养"，写进了《中国教育现代化2035》的整体规划。2019年，教育部印发《关于切实加强新时代高等学校美育工作的意见》；2020年，教育部原部长

---

① 本文节选版见高登科、朱黎兵《视觉艺术与美育导向：学校美育课程建设与评价》，发表于《美术大观》，2021年第2期。经作者授权，收入本书时有修订。

② 高登科，博士，清华大学艺术博物馆博士后，清华大学美术学院社会美育研究所学术主持。长期从事艺术史、艺术与科学融合、视觉文化研究，发表核心期刊论文多篇。

③ 总体目标：到2018年，取得突破性进展，美育资源配置逐步优化，管理机制进一步完善，各级各类学校开齐开足美育课程。到2020年，初步形成大中小幼美育相互衔接、课堂教学和课外活动相互结合、普及教育与专业教育相互促进、学校美育和社会家庭美育相互联系的具有中国特色的现代化美育体系。中华人民共和国教育部体育卫生与艺术教育司：《关于全面加强和改进学校美育工作的意见》，中华人民共和国教育部官网：http://www.moe.edu.cn。

陈宝生在全国教育工作会议中提出持续推进学生艺术素质测评；2020年，两会提案中有"美育学"学科建设的呼吁……学校美育相关政策逐步深入，美育课程建设需要加快进程。

"美育是审美教育，也是情操教育和心灵教育，不仅能提升人的审美素养，还能潜移默化地影响人的情感、趣味、气质、胸襟，激励人的精神，温润人的心灵。美育与德育、智育、体育相辅相成、相互促进。"①美育概念的源头在美学和哲学，美育是一种特有的思维方式、新颖的育人模式，并始终指向人的终身发展。美育既是外在表现又是内生动力，既是教育目标又是教育方式。因而美育实施不能停留在理论层面，美育实施要正视难题："在教育实践方面，美育的边界相对模糊，缺乏与具体学科、课程对接的框架，不具备与系统性、一贯制的课程体系深度结合的能力。"②接下来我们围绕学校美育课程建设和评价进行探讨，希望为美育理念的落地实施提供参考。

## 学校美育课程建设的问题与策略

现在我们讨论学校美育课程建设，是在素质教育的大背景下进行探讨，比如《中国教育现代化2035》提出："大力发展素质教育，促进德育、智育、体育、美育和劳动教育有机融合，全面提升学生意志品质、思维能力、创新精神等综合素质，提高身心健康发展水平，培育担当民族复兴大任的时代新人"③。"五育并举"中的美育，包含的内容非常广泛，从家庭、学校到社会，从

---

① 中华人民共和国教育部体育卫生与艺术教育司.关于全面加强和改进学校美育工作的意见[EB/OL]. http://www.moe.edu.cn.
② 高登科.蔡元培美育实施的理想与困境[N].中国美术报，2020（182）.
③ 中共中央、国务院.中国教育现代化2035[EB/OL]. http://www.xinhuanet.com/politics/2019-02/23/c_1124154392.htm.

知识、能力到价值观，从教育方法到教育目标，美育是一个相对理想化的概念，推进学校美育容易边界不清晰。2019年，清华大学美术学院社会美育研究所与厦门英才学校成立"十五年一贯制美育课程体系建设"研究项目，针对从幼儿园阶段到中学阶段，3~18岁的学生开展学校美育。目前学校美育课程以艺术教育为主，以厦门英才学校为代表的中小学美育则更具体地以美术课程为抓手。为什么美术课程可以成为学校美育的切入点？我们需要从美育的概念、范畴、目标等方面综合来看。

在美育的概念、范畴、目标以及美育的实施等方面，20世纪上半叶的学术讨论对当代依然具有启发意义。许士骐将美育进行了广义与狭义的区分："美育是美感的教育，广义的说，它包括文学、诗歌、戏剧学等；狭义的说，它包括绘画、雕刻、建筑三个部门。"[①]美育是人文素养的一部分，人文学科对应"大美育"或者"广义美育"的概念，我们通过文学、戏剧等人文学科课程是可以达到美育目标的。蔡元培认为美育是广义的，美术是狭隘的，"在现在学校里，像图书音乐这几门功课都很注意，这是美术的范围。至于美育的范围要比美术大得多，包括一切音乐，文学，戏院，电影，公园，小小园林的布置，繁华的都市，幽静的乡村等等，此外如个人的举动（例如六朝人的尚清谈），社会的组织，学校团体，山水的利用，以及其他种种的社会现状，都是美化。美育是广义的，而美术则意义太狭"。[②]蔡元培并不是贬低美术，而是他对美育实施有非常理想化的期待，当然这种理想化的美育在现实中，尤其是民国时期的动荡中，几乎没有实施的可能。1920年，《美育》杂志的创办人吴梦非在讨论美育实施时相对客观一些："美育在学校教育里面，当以图画、音乐、手工三

---

① 许士骐.美育与民族精神[J].活教育，1947（4）9-10.
② 蔡元培.美育代宗教[J].上海青年，1930（30）41.

科为主，以文学、体操等科为辅。在社会教育里面，当以喜剧为主；以音乐、美术、小说及他种娱乐等为辅。"①当时的图画课更接近现在美术课的概念，吴梦非的学校美育方法与现在提倡的以艺术教育为主体的美育已经非常接近了。从蔡元培、吴梦非、许士骐等学者的观点来看，不管是正面还是反面，美术课程都是学校美育最核心的，也是最容易实施的学科。

除了学科抓手，学校美育课程应该注重系统性和一致性。美国学者斯图尔特（Marilyn G. Stewart）基于学科课程标准进行教育改革，他提出两种一致性：一种被称为"纵向一致性"（Vertical Alignment），另一种被称为"横向一致性"（Horizontal Alignment）。②"所谓纵向（垂直状的）一致性，是指从国家课程标准、州课程标准与课堂教学中的教学策略、教学评价等纵向的内容相一致起来。"③"横向（水平状的）一致性是指教师将教学目的、教学策略、学习结果、评价量规等从横向相一致起来的做法。"④目前中国学生发展核心素养与美术学科核心素养已经构建完成⑤，纵向一致性框架已经比较完备，以美术学科为切入点的学校美育，难点主要在教学目的、教学策略、学习结果、评价量规等方面实现横向一致性。学者周和贵对学校美育的横向一致性颇有见解："我们要实施这种美育，不仅在学校内教授图画、音乐、手工、文学等艺术科和博物、化学、物理等自然科，应该注重；就是教室之修饰、校舍之设备、学校园之布置等，也要尽合

---

① 吴梦非.美育是甚么（续）[J].美育.1920（2）.
② Marilyn G.Stewart. Thinking through Aesthetics [M]. Massachusetts: Davis Publications,1997:94-96.
③ 胡知凡.美国基于标准的教育改革与"教—学—评"一致性研究——以艺术课程为例[J].教育参考，2018（5）.
④ 同上.
⑤ 尹少淳.从核心素养到美术学科核心素养——中国基础教育美术课程的大变轨.[J]美术观察，2017（4）.

于美，发扬美术的色彩，使儿童各方面均熏陶于美育之中而成为美术化。"①清华大学美术学院社会美育研究所与厦门英才学校推进的学校美育，基本是按照这样的思路来开展的。厦门英才学校统筹了幼儿园、小学、初中、高中不同学段的以美术课程为代表的艺术类课程、学科融合课程、生活课程，完成以审美体验为主的"审美教育"、以审美认知为主的"情操教育"、以审美价值判断为主的"心灵教育"，在艺术美育、学科融合、生活美育三个方面实现横向的一致性。当然，实现学校美育的横向一致性课程评价尤为关键，尤其是美术课程的评价维度，可以参照视觉艺术评价框架，如下图所示。

|  | 舞蹈 | 音乐 | 戏剧 | 视觉艺术 |
|---|---|---|---|---|
| 创造 |  |  |  |  |
| 表现 |  |  |  |  |
| 反应 |  |  |  |  |
| 基于艺术学科的特定内容知识和技能 | | | | |

视觉艺术评价框架②

---

① 周和贵.美育的研究[J].学光，1922（1）.
② NAEP视觉艺术评价框架[EB/OL]. https://www.nagb.gov/content/nagb/assets/documents/publications/frameworks/arts/2016-arts-framework.pdf.

## 视觉艺术评价框架与美育课程建设

美术学科核心素养主要包括图像识读、美术表现、审美判断、创意实践和文化理解五个方面，尹少淳对美术学科五大核心素养进行了分层，其中图像识读、美术表现是美术学科独有的，审美判断、创意实践和文化理解是与其他学科共享的。①美术学科核心素养与中国学生发展核心素养是高度对应的关系，比如美术学科与其他学科共享的审美判断、创意实践、文化理解三种核心素养，分别对应了中国学生发展核心素养的自主发展、社会参与、文化基础三个方面。中国学生发展核心素养是从各个学科中提炼出来的，其中美术学科核心素养有自己的生发之源，尹少淳称之为"视觉形象"。如果我们继续追问"视觉形象"为什么可以成为美术学科核心素养的生发之源，我们可以参考建构主义的教学模式，以及席格与布莱森设计的意识轮盘。建构主义（Constructivism）是瑞士心理学家皮亚杰（J.Piaget）提出的，主要探究人类学习和认知规律，并逐渐形成了建构主义学习理论。钱初熹总结建构主义的教学模式有如下的特点："1.教学设计过程是递归的、非线性的，有时是混沌的；2.设计是有机的、发展的、反思的、协作的；3.目标是从设计和开发过程中逐渐显现的；4.教学是强调在有意义的情境中学习的；5.形成性评价是至关重要的；6.主观和非正式性的评价数据可能是最具价值的。"②情境学习、过程性、递归设计与形成性评价等关键词都对目前课程设计具有很大的影响。建构主义学习理论的中心是学生，按照意识

---

① 尹少淳.从核心素养到美术学科核心素养——中国基础教育美术课程的大变轨[J].美术观察，2017（4）.
② 钱初熹.美术教学理论与方法[M].北京：高等教育出版社，2013：38.

轮盘的划分，学生的意识有图像、感觉、感想、情绪四个方面，[①]其中图像或者说视觉形象是非常重要的。视觉形象是人类获取信息最重要的方式，将建构主义学习理论运用到美术课程的话，就是基于学生原有的审美经验和美术知识，激发学生自己的内在潜能，建构新的审美知识与经验。美术课程评价一方面是对课程成果进行评价，比如学生通过课程建构的新的审美知识与经验，另一方面是对课程内容本身进行评价，这里我们可以参考美国和新西兰的视觉艺术评价框架，如下图所示。

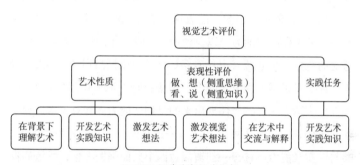

NMSSA视觉艺术评价框架

注：本图依据NMSSA评价内容进行总结

20世纪70年代，美国率先建立了国家艺术基础教育质量监测评价系统，并开启了"国家教育进展评估"（National Assessment of Educational Progress，简称NAEP）。1994年，新西兰也颁布了《国家艺术核心标准》，并于2012年发布《国家学生成就监测研究》（National Monitoring Study of Student Achievement，以下简称NMSSA）。NAEP和NMSSA的评价维度均体现在三个方面，其中NAEP是关注反应（responding）、表现（performing）、创

---

① Daniel J. Siegel, The mindful brain: Reflections and attunement in the cultivation of well-being[M]. NewYork:W. W. Norton & Company, 2007.

造（creating）三个过程性的方面，[①]NMSSA关注的是艺术性质、表现性评价、实践任务三个知识性的方面。[②]NAEP和NMSSA的评价层面虽然不同，但是二者关注的三个维度具有很强的相关性。比如NMSSA评价的第一个方面"艺术性质"，包含在背景下理解艺术、开发艺术实践知识、激发艺术想法等，与NAEP的"反应"是对应的；NMSSA评价的"表现性评价"，包含思维层面的想和知识层面的说，注重在艺术中交流与解释，与NAEP的"表现"是对应的；NMSSA评价的"实践任务"，主要指开发和实践艺术知识，与NAEP的"创造"是对应的。视觉艺术评价框架的重点是，"在视觉艺术中，学生的表现是通过他们观察、描述、分析和评价艺术作品的能力，以及他们以原创作品的形式表达思想和感受的能力来衡量。"[③]其中观察、描述可以划归到感知能力，分析、评价可以划归到思考能力，作品的形式体现出实践能力，原创性地表达思想和感受体现出来的是创造能力。针对美术课程学习成果的评价，基本可以从观看—感知能力、判断—思考能力、参与—实践能力、选择—创造能力四个层面来去考量，整体的框架则回到美育"价值塑造、能力培养、知识传授"的模式中，形成"三位一体"四阶美育评价体系，如下页图所示。

---

① NAEP视觉艺术评价框架[EB/OL]. https://www.nagb.gov/content/nagb/assets/documents/publications/frameworks/arts/2016-arts-framework.pdf.
② 张旭东、钱初熹. 表现性评价在国内外中小学美术教育中的应用研究[J]. 中国美术研究，2018（3）.
③ Daniel J. Siegel, The mindful brain: Reflections and attunement in the cultivation of well-being[M]. NewYork:W. W. Norton & Company, 2007.

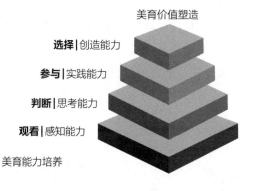

美育课程体系中,价值塑造、能力培养、知识传授[1]三个方面不是并列的,而是有先后顺序,其中价值塑造排在第一位,知识传授排在最后。如果将美育课程评价的三个方面展开来看,可以参考2018年经济合作与发展组织(OECD)发布的《OECD学习框架2030:未来的教育与技能》[2](以下简称《OECD学习框架》)。《OECD学习框架》不仅是针对学生的,也是针对教学和课程评价的。"'教育2030'项目专家组提出了应该怎样设计教育体系与课程改革的指导原则,以适应不同国家对课程和教育体系变化的需要。为了应对这些挑战,工作组成员和合作伙伴正在共同制定相关的设计原则,包括概念、内容与主题设计和流程设计。"[3]从《OECD学习框架》来看,课程的评价可以从价值塑造、能力培养、知识传

---

[1] 此三者为2014年清华大学提出的育人模式,美育课程体系亦值得借鉴。

[2] OECD. The future of education and skills: Education 2030[EB/OL]. www.oecd.org/education/2030/E2030%20Position%20Paper%20(05.04.2018).pdf.

[3] 孟鸿伟. OECD学习框架2030[J]. 开放学习研究,2018(23).

授三个方面来进行,首先价值塑造包括个人的、地方的、社会的、全球的,能力培养包括认知和元认知的、社会和情感的、身体和实践的,知识传授包括学科的、跨学科的、经验的和程序的。美育课程评价如果从这三个方面着眼,有助于培养学生协调矛盾、承担责任、创造价值三方面的能力,如下图所示。

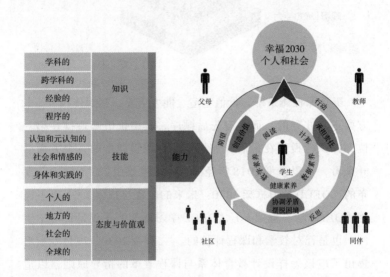

## 美育视域下的美术课程框架整合

美术课程如何升级为美育课程?从美术课程到美育课程的发展,不是单纯地增加板块内容,也不是盲目地加强课程要求,更不是忽略美术课程基础知识与技能,而是应该把美术课程放在一个全面的美育视角下重新定位和整合。家庭美育、学校美育和社会美育形成了一个整体的美育框架,其中构建美育课程体系是学校美育中的关键环节。学校美育要协调好四个方面,首先,要区分艺术普及教育与艺术专业教育,使得专业教育与普及教育之间可以相互渗透；其次，学校美育有些时候并不是通过美育课程体现，而是美育课程与生活浸润相互结合；再者，课上和课外、校内和校外不同的美育空间要相互配合；最后，从幼儿园到大学，基础教育与高等教育要做好衔接，如下图所示。

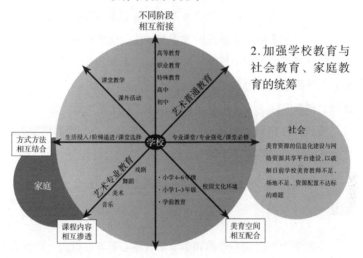

将美育课程置于一个相对完整的美育框架之下，诸如专业教育与普及教育界定不清、美育课程与生活浸润互相割裂等容易出现的问题就可以避免。如果我们在美育视域下重新思考美术课程框架，就会注重美术课程的整合能力。目前，美术课程向美育课程进阶的初级阶段可以增加一个美育解读板块，美育解读可以从价值判断层面的审美认知、能力培养层面的创新实践、知识传授层面的人文内涵三个方面来开展，通过审美认知、创新实践、人文内涵三个方面建立立体的美育课程理念。在美育课程理念的基础上，按照情境导课、观察设问、探究分析、小结实践、展示交流、总结拓展的教学模式依次开展教学活动。

美术课程整合会随着教学活动的开展越来越完备，美育理念与课程内容的结合会更为紧密。美国学者埃略特·W.艾斯纳（Elliot W.Eisner）主持斯坦福大学凯瑟琳计划的时候设计过视觉艺术课程的框架，包含领域、观念或原则、模式或媒材、理论基础、目标、启蒙活动、学习活动、辅助教材、评鉴程序9个环节①，我们能够从中看出理念与课程结合的紧密程度。在单元课的设计上，艾斯纳一般以四个单元架构视觉艺术课程，其中，后一个单元都要包含前一个单元的知识与技能，这样课程的效果就可以在循序渐进的过程中不断得到提升。美术课程框架的发展方向未来应该将美育理念和美术教学实践更好地融合在一起，将审美认知、创新实践、人文内涵还原到美术学科中的观念、原则、媒材与模式，在情境导课和总结、评价、拓展几个方面共同发力，实现从美术课程到美育课程的升级。

## 结语

中国学生发展核心素养和美术学科核心素养在纵向一致性方面，为以美术课程为抓手开展学校美育奠定了基础。不过学校美育不能割裂来看，应该在家庭美育、社会美育的整体框架中来重新定位，尤其是视觉艺术教育蓬勃发展的当下，借鉴国际视觉艺术评价的经验，对学校美育课程建立完整的评价框架非常重要。

学校美育课程评价，面对的不仅是美育的问题，更不仅是美术等艺术学科的问题，而是未来对于人才需求的问题。面对未来，价值塑造、能力培养、知识传授的顺序和侧重点不能混淆，

---

① [美]埃略特·W.艾斯纳.艺术视觉的教育[M].郭祯祥，译.杭州：浙江人民美术出版社，2016（168）.

只有承担责任、协调矛盾、应对困境、创造价值多元能力的人才培养，才能肩负人工智能背景下的时代使命。

最后，借用王国维翻译席勒《审美教育书简》中的一段文字作结："故美术者，科学与道德之生产地也。又谓审美之境界乃不关利害之境界。故气质之欲减而道德之欲得，由之以生。故审美之境界乃物质之境界与道德之境界之津梁也。于物质之境界中，人受制于天然之势力，于审美之境界则远离，之于道德之境界则统御之。"[①]由美术而美育，美育之审美境界是沟通物质境界与道德境界的桥梁。美育是自由的世界，学校美育最终培养的是有责任、有使命、审美自足、创意勃发的未来人才。

---

① 王国维.王国维文学美学论著集[M].上海：上海三联书店，2018：77-78.

# 我用美术说美育[1]

龙念南[2]

《义务教育艺术课程标准（2022年版）》（简称《新课标》）颁布了，美育的热度高涨。我作为一名从教40余年的美术教师，特别想"凑这个热度"。但是，我自知有理论的短板，所以讨个巧，从理论和实践之间的夹缝里，以美术教师的身份，说说自己对美育的一点感受——美育真的不只是美术抑或艺术教育！但是美术真的对美育抑或教育非常重要！

## 美育与五育

德智体美劳作为大教育的组成部分，我觉得，它们应主要发生在未成年的0~18岁。

如果说德智体美劳既是人格教育，又是通识教育，那在未成年人进入学校学习之前，貌似应该有个以身体成长为主的"前教育"，我称之为抚育。因为教育作为精神层面的社会行为，受育者理应具备相应的身体物质基础。所以人从出生到成为学生的6岁前，首先需要的是抚育，即围绕身体（含大脑）的以生理发育为主的"育"。不属于严格意义上的教育，姑且视为教育前传吧。

---

[1] 本文经作者授权发表，收入本书时有修订。
[2] 龙念南，中国儿童中心高级美术教师。中国美术家协会少儿美术艺术委员会副主任，中国少年儿童造型艺术学会创始人，北京教育学会儿童美术专业委员会副理事长，人民教育出版社义务教育《美术》教材编委，义务教育聋校《美术》主编。教育部"体育、艺术2+1项目"《造型基础》参考教材主编。

从3岁左右，即孩子们开始融入社会环境时，应该是物质和精神关系转化的开始，对身体的要求非常高，此时体育必须介入。此时的"体育"必是广义的，不应仅仅是生理学意义的"体"之育，那早就融入抚育了。此时的体育是具有心理内涵的身体延展之育，是一个社会人在成长过程中最初受到的教育。在这个过程中，特别凸显的是"团队"和团队。"团队"指不能仅注意身体某一部分或大肌肉群，而应大小兼顾，全身兼顾。团队则是指群体共同受教育，从小懂得在团队中的位置意识和"人人为我、我为人人"的服务意识。适合年龄的团队式、竞赛式活动是体育活动的最佳选择。而认真参与活动可以事半功倍地促进恒心、耐心、信心与胆魄、毅力、坚韧的养成。站在美术的角度，《新课标》将之前的欣赏（欣赏·评述）、表现（造型·表现）、创造（设计·应用）和联系/融合（综合·探索）的定性从"学习领域"变为"艺术实践活动"，岂能说与此无关？

6岁进入小学，毋庸置疑，智育伊始。我认为，智育的目标就是通过有限的受教育时间，传授人类发展中起决定性作用的文明智慧的基本知识和基础技能，以助创造性学习、发展生存和造福社会的能力。所以智育首先应是心智的教育，是延展大脑之育。知识技能的传授肯定绕不过记忆和掌握，但应以理解和运用为目的，也就是孔夫子说的"举一反三"的能力。通过学习活动让学生的观察能力提升、逻辑思维发展、创新精神迸发，并养成决心、恒心、耐心，内化为终身的学习态度尤为重要。

同理，作为教育手段的劳育，不能简单理解为会"干活"，而应是"劳动创造世界"。每个能担当责任的社会人，都有义务以自己的劳动（包含体力和智力劳动）奉献社会，为人类的进步与发展添砖加瓦。所以，劳育注重的是学生依托自己身体而接受的心理性、社会性之育。劳育应该通过多样的、与社会活动紧密结合的活动方式，外化为社会服务阶段的"敬业"精神，甚或升华为终身为人类做贡献的意识。

说到德育，我认为把其与讲大道理画等号非常不适宜。德育是让人成为合格公民的一种手段，是一种必须有施教者以身作则的行为之育。所以，德育首先诞生于家庭，是通过家长自己的行为引导逐步实现的，所谓"身教重于言教"就是这个道理，而起点至少应该是孩子诞生的那一刻。随着孩子身心的成长，学校和社会都是助力德育的阵地。助力的最佳方式方法就是将"德"融汇入智、体、美、劳！

我觉得《新课标》在"课程理念"部分有三段话特别应该注意：

"引导学生积极参与各类艺术活动，感受美、欣赏美、表现美、创造美，丰富审美体验，学习和领会中华民族艺术精髓，增强中华民族自信心与自豪感；了解世界文化的多样性，开阔艺术视野。"

我认为，这既是对美育活动的定位，又明显具有德育属性。

"使学生在欣赏、表现、创造、联系、融合的过程中，形成丰富、健康的审美情趣；强调艺术课程的实践导向，使学生在以艺术体验为核心的多样化实践中，提高艺术素养和创造能力。"

这段话，是否可理解为美育与体育、劳育的紧密关联？

"以各艺术学科为主体，加强与其他艺术的融合；重视艺术与其他学科的联系，充分发挥协同育人功能；注重艺术与自然、生活、社会、科技的关联，汲取丰富的审美教育元素，传递人与自然和谐共生理念，促进学生身心健康全面发展。"

这一段，智育的因素尽在其中，德育属性同样清晰，明确了智育与德育在美育中的作用。

这三段话准确定位了美育在五育中的位置。因为五育不是各自为战，而是一只手的五个指头，各有所长、各有所主、各尽所能，相互支持，最终形成合力才是硬道理！

## 美育与美术

虽然美育和美术中都包含了"美"字，但千万不要将美育误解为美术教育的缩写，也不能将美育与美术画等号。

我觉得可以这样理解美育与美术的关系："美育"和"美术"都跟"美"有关系，这里的"美"不是指外在是否漂亮，而是要关注个体内心是否可以感受和欣赏美，且能把这种感受表达出来。"美术"中的"术"侧重具体的方法，即用合适的技能技巧来呈现。而"美育"更强调"育"，是指创造培养审美能力的氛围和环境。也就是说，美育是个大概念。艺术活动因其以情感为抓手，以美为媒直抵人心的作用，所以是实施美育的重要手段。作为艺术大家庭的成员，美术因其视觉传达的特性，必然成为美育的重要组成部分。

人之所以为人，与其他动物的最高层级区别就是人能思想。思想是精神的产物。人们对精神世界的需求更多的是基于自我思维后的表达与共享，而不同于在物质需求上不断寻求更多的拥有。精神世界更多的是内在感受的外化，遇见一处风景的感受，接触一件艺术作品的感受，甚或是内心有一种情绪需要表达……这些感受和情绪，其实都是美的萌芽状态。美育的目的就是通过多样的形式和手段，激发人们更多美的感受与表达的情绪，即身心内化的教育。同时美育是提升受教育者逐渐积累表达和传递美的能力的过程，或者说是将内在感受外化呈现的能力。

《新课标》确认了艺术课程的核心素养是"审美感知、艺术表现、创意实践、文化理解"，并明确阐述了它们的内涵，具体如下：

1. 审美感知

审美感知是对自然世界、社会生活和艺术作品中美的特征及其意义与作用的发现、感受、认识和反应能力。审美感知具体指向审美对象富有意味的表现特征，以及艺术活动与作品中的艺术语言、艺术形象、风格意蕴、情感表达等。审美感知的培育，有助于学生发现美、感知美，丰富审美体验，提升审美情趣。

2. 艺术表现

艺术表现是在艺术活动中创造艺术形象、表达思想感情、展现艺术美感的实践能力。艺术表现包括艺术活动中联想和想象的发挥，表现手段与方法的选择，媒介、技术和艺术语言的运用，以及情感的沟通和思想的交流。艺术表现的培育，有助于学生掌握艺术表现的技能，认识艺术与生活的广泛联系，增强形象思维能力，涵养热爱生命和生活的态度。

3. 创意实践

创意实践是综合运用多学科知识，紧密联系现实生活，进行艺术创新和实际应用的能力。创意实践包括营造氛围，激发灵感，对创作的过程和方法进行探究与实验，生成独特的想法并转化为艺术成果。创意实践的培育，有助于学生形成创新意识，提高艺术实践能力和创造能力，增强团队精神。

4. 文化理解

文化理解是对特定文化情境中艺术作品人文内涵的感悟、领会、阐释能力。文化理解包括感悟艺术活动、艺术作品所反映的文化内涵，领会艺术对文化发展的贡献和价值，阐释艺术与文化之间的关系。文化理解的培育，有助于学生在艺术活动中形成正确的历史观、民族观、国家观、文化观，尊重文化多样性，增强文化自信。①

---

① 中华人民共和国教育部. 义务教育艺术课程标准（2022年版）[M]. 北京：北京师范大学出版社，2022.

艺术课程的4种核心素养相辅相成，相得益彰，贯穿艺术学习的全过程。其中，审美感知是艺术学习的基础；艺术表现是学生参与艺术活动的必备能力；创意实践是学生创新意识和创造能力的集中体现；文化理解则以正确的价值观引领审美感知、艺术表现和创意实践。

在4种素养相辅相成的前提下，审美感知强调的是学生能否运用艺术的手段表达自己对美的感受；艺术表现强调的是学生能否运用艺术的手段表达自己的情感；创意实践更侧重培养学生敢于、善于在艺术活动中表达自己的，特别是与众不同的感受、想法；文化理解则是从全局的角度，一方面侧重前三种素养中文化内涵的融入，另一方面是培养学生在进行艺术活动实践时将自己对文化的感受与认知融入的能力。

从艺术素养角度讲，舞蹈、音乐、戏剧（戏曲）、文学（诗歌）、影视（数字媒体艺术）等形式都可以实现核心素养。但它们或多或少地在起始阶段，对技巧都有比较高的要求，对身体条件及呈现工具材料也有一定的要求，即需要按照社会约定俗成的表现规则和呈现形式来表达，才可能得到接受、理解。而美术活动，特别是绘画活动基本可以更自由、更无拘束地表达。因为美术（特别是绘画）最大的特点是：即使尚不具备基本的技能技巧，没有较正规的工具材料，也可以大胆表达。这应该也是人们基本都可以接受"乱画"，但是很难接受"乱跳""乱唱""乱演"和"乱说"的原因之一。

从美术教学角度讲，审美感知与艺术表现的过程，首先与学生的生活体验、文化体验密不可分，必然和其观察能力、记忆能力、分析能力和胆量、耐心与恒心紧密关联。这些既是一个公民素质养成的基本，也是一个人学习能力的基本。《论语·雍也》说："知之者不如好之者，好之者不如乐之者。"既然美术活动的起点很低，而大多数学生对美术活动充满兴趣，好好利用它，完全可以达到事半功倍的目的。所以我认为，作为美育重要组成部分的美术教育，应该是以自由表达思想为原点，从文化感受的宽度和素质能力的厚度开始，而非从技能技巧的获得开始。美术教育可以充分利用人类视觉文化的丰厚财富，培养学生爱看、乐看、会看的习惯和能力，看优秀作品，看自然景观，看人生百态，最终形成自己的审美感知。此外，可以借助极其多样的呈现材料，助力学生丰富地艺术表现，展现自己的创意实践，夯实自己的文化理解，达成审美能力的全面提升。

## 美育与教学

强调审美，不能成为排斥技能技巧的理由，所有的技能技巧都是需要的。但不同层面的技能技巧可以伴随着表达者的需求而陆续获得（直至终身）。当表达者的观察越多，感受越多，想要表达得越多时，其对提升表达能力，对助力表达的技能技巧的需求也就越多。站在美术教学的角度说，通过培养对美的感受，借助审美能力的获得，唤起发自内心的精神表达，就可以让学生更主动、更鲜活、更乐意去学习相应的技能技巧。进而，在拥有相应的技能技巧后，又能够更好更多地去感受和表达。所以，在美术教学中不能拘泥于技能技巧，而应更多思考：如何引导学生找到自己发自内心想要表达的内容和表达方式？如何运用包括技能技巧学习在内的一切手段助力学生所希望的表达？这也是美术教育必须重视教学探索的关键所在。

在《新课标》中，针对教学提出了"坚持育人为本，强化素养立意""重视知识内在关联，加强教学内容有机整合""注重感知体验，营造开放的学习情境""善用多种媒材，有机结合继承与创新""建立激励机制，激发学生的艺术潜能"五点建议。

基于这五点建议，我也提出自己关于美术教学的"六化"

建议：

1.人文化——虽然教学肯定离不开技能技巧。但是，比它们更重要且能使我们的教学更具特色的，一定是独特的人文内涵。地域特色、历史积淀、教学风格都是构成人文内涵的重要组成部分。

2.社会化——美术教学必须具有艺术表现，一定不能脱离社会现实。一方面是时时刻刻让孩子感受、认识、了解、融入社会，形成社会责任感，从大千世界获得创作灵感；另一方面是运用可能的一切手段获得社会的关注、理解、认可，这是呈现我们教学特色之所在。

3.科学化——分科要科学化。美术教学中的分科科学化包括两个方面，一方面是教师能否将学生"分门别类"，针对不同特点的学生实施个性化教学；另一方面是对课程内容的"分门别类"，能够针对不同领域的特点开展教学活动。这两点是我们教学的基础所在。

4.国际化——这里的"国际"可以理解为更宽、更高、更大范围的视野。要努力培养自己和学生的大视野。"欲穷千里目，更上一层楼"，"眼高"绝对可以助力"手高"，而且是事半功倍的高。这是当代艺术给我们带来的最大启迪，也是"文化理解"成为艺术学科核心素养的关键所在。

5.人性化——艺术教育必须努力做到以人为本，因为艺术必须是人性化表达才有存在价值。就美术教学而言，人性化除了以学生发展为本，注重学生的艺术核心素养能力提升之外，还应该以激发教师主观能动性为本。作为艺术教师，可以更多地将自己的艺术感受融入教学，是一个美术教师教学的个性所在。

6.兴趣化——这一条是最不用解释的。我个人在与许多老师探讨如何搞好教学时，都必先问"您的学生喜欢您的教学吗？"如果回答是肯定的，接下来的任何探讨都会非常有益，反之，任何探讨都是纸上谈兵。所以，这是好的美术教学的建立之本！

总之，《新课标》通篇都在强调"培养什么人、怎样培养人、为谁培养人"的问题。作为一位美术教师，在自己的教学活动中，必然应该将"美"放在首位，而将"术"放在助力"美"的位置。这样的美术教学才说得上是美育的重要组成部分！

拓展学习PPT

# 在少儿美术教育中融入"大概念"[1]

尹少淳[2]

少儿美术自古有之,古代意义的少儿美术教育自然也应该存在,因为知识、技能的存在与传承离不开教育,只是我们无法具体描述其形态而已。自19世纪末发生在欧洲的儿童研究运动之后,少儿美术教育才成为一种显性的教育门类和形式。经过无数的学者、教师的理论研究和实践探索之后,少儿美术教育日趋成熟。然而,时间未静止,探索也依然在继续。少儿美术教育在发展中,需要不断地融入新理论和新方法。

当下,中国教育界正在探讨以"大概念"建构课程和教学方法。这将给中国教育带来新的思想、新的方法,并使之产生新的面貌。为进一步促进少儿美术教育的发展,本文尝试将"大概念"的思想引入少儿美术教育。

## 什么是"大概念"

对"大概念"(Big Ideas)目前似乎还没有统一的解释。

有研究指出:"在科学教育领域,'大概念'是指在一个学

---

[1] 本文发表于《美术》,2018年第7期。经作者授权,收入本书时有修订。
[2] 尹少淳,美术学博士,首都师范大学美术学院教授、博士生导师,亚洲美术教育研究发展中心主任。教育部基础教育课程改革美术课程标准修订组组长、国家教材委员会体育艺术学科专家委员、教育部艺术教育委员会委员、教育部中小学美术教材审查委员、中国美术家协会少儿美术艺术委员会主任,美术教育国际协会会员、中国美术教育专业委员会理事,中国美术馆公共教育专家委员会副主任。

科领域中最精华、最有价值的学科内容。'大概念'通常用陈述式来表达一个观点，如'生物的多样性和适应性是进化的结果'。这是科学家经过实证后的想法或观点。'大概念'所陈述的要点是对学科核心概念理解的具体表述……'大概念'反映了物质或生命世界中的自然法则，体现了人们对自然世界理性的认知和科学的视角，是科学的自然观和世界观在科学教育中的具体展现。在理科课程中，每一个'大概念'要能够贯穿于该学科课程的全部、能够被学生接受和理解并在理解的基础上保持较长时间，由若干'大概念'构成的课程框架能够对课程有很好的覆盖。用'大概念'来构建基础教育的理科课程已经成为当代科学教育的重要特点和标志"。[1]而美国2014年公布的《国家核心艺术标准》[2]则认为，大概念"指人在信息组织成为概念框架的时候，会产生一种更大的'转换'，围绕'大概念'组织和整理思维的能力是'专家型学习者'和'初学者'的区别之一。学习者可以通过'大概念'有效检索已有知识，以及对新信息进行'思维归档'"。[3]该标准以"持续理解"来呈现"大概念"，如"创造力和创新思维作为基本的生命技术是可以培养的"。

《美术教学指南》一书引用了美国著名美术教育家悉尼·沃克提出的"大概念"，包括生活圈、敬畏生命、相互依赖、个人身份、权利、社区、生与死、社会秩序、英雄、家庭、精神性……[4]有心者会发现，在教育部原副部长韦钰院士翻译并推荐

---

[1] 《基础教育课程》编辑部.什么是"大概念"？[J].基础教育课程，2018，No. 217，No. 218（21）：64.

[2] [美]国家核心艺术标准联盟.美国国家核心艺术标准[M].徐婷，译.刘沛，校.上海：上海音乐出版社，2018.

[3] National Core Arts Standards[EB/OL]. http://www.nationalartsstandards.org.

[4] [美]迈克·帕克斯，[美]约翰·塞斯卡.美术教学指南[M].郭家麟，孙润凯，译.长沙：湖南美术出版社，2015：56.

的温·哈伦编著的《科学教育的原则和大概念》中对"大概念"的表述与悉尼·沃克的表述存在明显的不同。具体而言，前者是以一种陈述句呈现的"大概念"，后者则是由具体词汇体现出的"大概念"。从英文idea的中文含义看，将其翻译成"观念"是比较合适的，而concept则常常被翻译成"概念"。但既然"大概念"已经在中文中"约定俗成"，就只好"将错就错"了。总之，我们可以将"大概念"（Big Ideas）理解成"一个学科中具有覆盖性和迁移性，能够有助于组织知识的高位的重要概念和思想"。

## "大概念"的由来

在讨论"大概念"在少儿美术教育的运用之前，需要简单介绍"大概念"的由来，这样我们在少儿美术教育中接受和引入"大概念"的思想和方法才能变得更有意识。

1957年，人类历史上发生一件划时代的事件——苏联发射了第一颗人造卫星。时值美苏两大阵营的冷战时期，这一事件在美国朝野引起了巨大的震动。当时，在美国形成了一个"追责"的逻辑推论：第一颗人造卫星由苏联发射，而非由美国发射，说明苏联的科技比美国先进。苏联的科技先进，说明苏联的人才比美国好，进而说明苏联的教育比美国好。谁应该对美国教育的缺失负责呢？责任直接落到了美国哲学家、教育家杜威的身上。一些人认为，正是因为杜威倡导的以儿童或学生为中心，导致了美国教育整体上对学科逻辑的忽视。这预示美国的教育将要发生重大的转型。1958年，美国国会通过了《国防教育法》，数学和科学教育，被重新推上至尊的地位。美国著名教育家布鲁纳顺势推出了"学科结构"（structure of the discipline）的概念，受到了广泛的追捧，得以实施和推广。布鲁纳的学科结构理论的核心是，每一个学科课程都必须有自己严密的逻辑结构，而且必须依从它所属的学科逻辑。换句话说,物理课程依托的是物理学科的逻辑,而不能仅仅依托学生的身心发展逻辑。

　　为了提高知识学习的有效性,布鲁纳主张围绕核心概念组织课程内容,而且在不同的年级重复这些概念。随后,一些教育学者沿着这一思想,不断思考和探索,使得有关"大概念"的思想不断成熟,并被运用于各个学科的课程教学之中。由此可见,"大概念"诞生于科学学科。韦钰院士翻译的《科学教育的原则和大概念》中提出了通过科学学习,学生应该掌握的14个科学"大概念"。这些"大概念"具有覆盖性和迁移性,可以帮助学生理解和掌握科学中的不同层级的概念。"大概念"的课程和教学思想,之后也影响了人文学科和艺术学科。正是在这种影响下,美国《国家核心艺术标准》的建构方式是在11个锚定课程标准之下,提出艺术的"大概念",然后针对教学的可实施性将"大概念"分解为一些"基本问题"。

## 美术中的"大概念"

　　在现实生活和学术体系中,的确存在着不同等级的概念和原理。一个儿童会在生活中具体说出一些花朵的名称,像牡丹花、月季花、梅花、桃花等。随后,会统称它们为花朵,与此关联,还会说出树叶、树枝、树干、树根。在以后的成长中,尤其是在教育的干预下,少儿会将它们上升为"植物"的概念来认识。在少儿未来的人生中,"植物"这一"大概念",不仅帮助他们认识植物内部的种类和特征,也帮助他们在与动物、矿物等外部关系中更好地认识世界。少儿一旦完成了这种过程,也就完成了由所谓"初学者"到"专家型学习者"的转变。因为"专家型学习者"正是从"大概念"的角度来进行学习的。

　　这种过程和转变赋予少儿美术教育独特的魅力,吸引我们去尝试。那么，美术中有哪些"大概念"呢？

在少儿美术教育中，"大概念"可以分成两类，一是社会类，二是学科类。社会类的"大概念"，即能够帮助少儿理解社会问题、具有覆盖性和迁移性的上位概念。由于美术不可能脱离生活而存在，人们也需要通过美术表达对生活的认识和情感，因此选择和认识社会类的"大概念"就显得重要而且必要。悉尼·沃克提出的"生活圈""敬畏生命""个人身份""社会秩序"等都是社会类的"大概念"。学科类的"大概念"则是能够帮助学生理解学科问题的上位概念。像"整体""风格"这样的概念似应属于学科类的"大概念"。我们列出两组概念，可以比较和判断哪一组更"大"。第一组包括速写、素描、油画，多立克式、哥特式、罗马式、写实主义、浪漫主义；第二组包括整体、节奏、形体、比例、结构、空间、构图、明暗、色彩、质感、风格。显然，第二组的概念更"大"，对它们的持续理解，能帮助学生从更高的层面上认识美术的基本原理和知识，甚至可以迁移到其他艺术门类，乃至社会生活。在实际的教学中，老师可以分别用社会类的"大概念"或学科类的"大概念"组织课程教学，而在很多情况下，教师也常常将社会类和学科类的"大概念"同时呈现。

为了进一步认识美术学科类的"大概念"，我们以"节奏"为例稍作展开。节奏是可比因素有规律地反复，是艺术作品产生动感和美感的形式特征，也是自然和社会行为的表现形式。在美术中，线条的粗细、干湿、浓淡、疏密、虚实、高低、左右和明暗、色彩的交替变化等体现的正是节奏所产生的动感和美感。从美术学科迁移，在文学中也能找到节奏带来的不同感觉和表现性，例如，句子的长短、段落的疏密、情节的起伏变化等。在音乐中可以感受节拍与节奏的关系，以及作为音乐三要素之一的节奏所发挥的作用。再往自然和社会迁移，则可以感受到潮起潮落、昼夜交替、花开花谢、四季更迭所产生的节奏变化，以及我们自觉地对工作和生活中节奏的控制和把握。因此，节奏作为美术学科的"大概念"的理由是充分的：其一，对美术学科的学习具有覆盖性，即在美术（以及设计）的任何门类中都能"用得上"，学生理解了节奏就能清晰地理解相关问题，并有助于表现；其二，可以迁移至对其他学科、社会活动和自然现象的认识。

## 以"大概念"组织教学活动

如何运用"大概念"组织少儿美术教学活动，是一个更具操作性的问题。这里仅针对美术欣赏教学，提供一个程序结构供少儿美术教师参考。

以课题"人性的觉醒——文艺复兴美术"为例。概括而言，该程序结构可分为4个层面或4个步骤，①"大概念"：人文主义思想深刻地影响了美术表现的主题，并导致了观念改变和技法的革新（陈述句）。人文主义如何影响美术表现的主题、观念和技法？（转为疑问句，形成可供探究的问题，并为此设置情境，从而使得问题生活化，引发学生的探究兴趣。）②"基本问题"：对人的世俗生活的关注跟解剖和透视的发展有何联系？与中世纪美术相比，文艺复兴美术有哪些变化？为什么文艺复兴时期会出现大师林立的现象？文艺复兴美术对后世的美术产生了哪些影响？（分解和转化为基本问题，使得教学指向具体化。）③展开学习活动：胸怀"大概念"，针对"基本问题"，运用学习工具，采用自主、合作、探究等现代学习方式，展开学习活动，获得关于"基本问题"的正确答案。④进行评价：以现代评价方式，评价学生的学习态度、方法、结果，尤其是自主探索问题过程中表现出来的思维水平和行为能力。

以上提供的程序结构，仅涉及美术欣赏课程的教学，美术表现课程的教学中同样可以根据社会类"大概念"和学科类"大概念"组织教学活动。限于篇幅，本文不再赘述。

需要说明的是，以"大概念"组织美术教学是少儿美术教育中的一种模式和方法，尽管其在帮助学生认知美术知识和形成表现能力上具有独特的功效和作用，但却不是唯一性和排他性的。由于少儿是不断成长的个体，在运用"大概念"组织教学的时候，必须充分考虑其年龄特征，不应一概否定"小概念"在成长中的地位和作用。但在整体的教学过程中，要逐渐引导他们认识"大概念"，学会用"大概念"组织和整理美术知识，最终成为一个"专家型"的美术学习者。

"大概念"目前在中国少儿美术教育中还处于"相识"期，达到"深交"期尚需时日。对所有少儿美术教师而言，"大概念"是一个崭新的课题，需要大家在理解的基础上深入研究和实验。但我可以自信地说，"大概念"在少儿美术教育领域中值得一试。

# 核心素养背景下的学校美术教育展望[1]

段鹏[2]

我国从2000年正式启动基础教育"新课改"。此后20余年间,学校美术教育教学走向深化并不断发展,取得了显著成就。着力于"核心素养""学科核心素养"及"课程核心素养"培养的课程与教学,成为当下我国基础教育课程改革的新趋势,至此真正实现了"学科本位"向"育人本位"的范式转变。如今,核心素养本位的教学实践进入课程改革的攻坚阶段,使得美术教学呈现多重面貌,不断更新学校美术教育教学的内容与方法。

对此,作为美术教师及美术教育工作者,我们需要"顶天立地"——既需要关注"寰宇内外"的教育教学动态,也需要关注我们自己的一方"教室小天地"。我们需要站稳课堂,同时也要不断地将新的美育教学理念和方法积极融入。

随着"双减"教育政策的发布,愿全社会范围内的美育研究及实践能够"各美其美,美人之美,美美与共,天下大同"(费孝通语),亦希望课堂内外、大中小幼的美育工作能优势互补,形成合力,共同开创学校美育的新局面。

---

[1] 本文于2022年发表于微信公众号"清美美育研究所",经作者授权,收入本书时有修订。
[2] 段鹏,美术教育学博士,首都师范大学美术教育系副主任、副教授,现兼任教育部普通高中和义务教育美术课程标准修订组学科秘书、教育部"国培"资源库专家、北京美术家协会美术教育艺委会秘书长、北京市教育学会美术教育专业委员会理事等职务。

## 学校美术教育发展的"四个趋势"

基于当下国家美育政策、趋势及课程标准修订的整体背景看，我国学校美术教育发展大致呈现以下四个趋势。

其一，教育"立德树人"之根本任务和素养导向的课程教学会始终坚持。教育是针对人的，追求以有效方式使人获得知识和技能，学会思维、发展智力、形成态度和价值观，使之适应社会生活，既能使自己获得生存的幸福感，也能为社会的进步贡献一份力。基于美术学科核心素养，我们的美育教学旨在于把学生培养成具有审美意识、创造能力和生命灵性的人。对此，学校美术教育亟须改变诸如"机械训练+死记硬背"的传统学习方式，要更新课程理念、变革学习方式、改变教育评价策略和方法，以培养学生能够适应终身发展和社会发展需要的必备品格和关键能力。同时，伴随着2022年4月发布的《义务教育艺术课程标准（2022年版）》，义务教育阶段的艺术课程将由"学科核心素养"

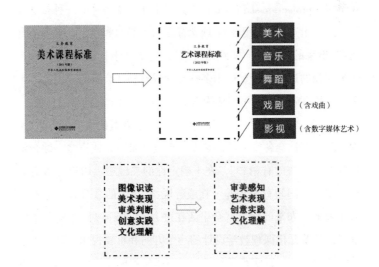

向"课程核心素养"转变，以强化艺术学科的综合性和完整、丰富的艺术体验。

其二，综合性、实践性的学习会继续得到倡导和积极推进。在应试教育的环境下，如果进行略显"极端"的表述，那就是学校里所教授的知识（含技能）会演变为学生应试成功的手段，知识与社会生活、个人经验相隔绝，变得趋于"碎片化、浅表化"。对此，学校教育亟须改变传统课程教学的诸多弊病，综合性、实践性及跨学科的学习将成为未来教育的重要趋势。具体而言，学校教育的课程教学内容会趋向于整合，不再片面追求学科间的"界限分明"，学习内容"团块化"的倾向会越来越明显。其中，主题性、大单元的课程教学是业内的一个热点，在学校美术教育中亦值得尝试。在课程内容的更新和拓展方面，义务教育新课标下的美术课程中，艺术学科之间、艺术与其他学科之间、艺术与生活和科技之间的结合度会逐步加强，融合的趋势会不断强化。除此之外，我们的美术教育还需强化对生活实践的关注——项目式学习（project-based learning）是当下比较受关注的一种教学设计思路。上述美术课程教学理念背后的主要原因在于，素养不是"教"出来的，而是"实践出真知"，它依托于真实的生活情境，解决问题的过程中需要运用多种心理资源和社会资源。因此，未来学校教育就是要尽可能地为学生模拟这一综合化的学习情境。

其三，"跨界"与"融合"是学校美术教育的重要趋势。"跨界"是当下社会各个领域的热点、重点、难点，或言之"综合就是创造，混搭就有精彩"，在不确定性的夹缝中，可以寻求突破与创新。美国教育家约翰·杜威曾说："今天的教育和老师不生活在未来，未来的学生就会生活在过去。"基于"跨学科"主题学习，是单元化课程教学设计的一个方向和重要视角。从艺术学科的角度而言，其实跨学科教学与美术学科的不确定性的契合度很高。20世纪以来，艺术自身的变革就是在不断颠覆和吸纳，除了在形式上突破和创新，新的材料、机械、生态技术、人工智能等在艺术领域内的广泛应用更是激荡出丰富多元的艺术表现。

艺术家大卫·霍克尼用ipad进行绘画表达

从中小学课程教学的层面观之，《义务教育美术课程标准（实验稿）》早在20年前就设计了"综合·探索"学习领域的教学，要求教师寻找美术各门类、美术与其他学科、美术与现实社会之间的连接点，设计出丰富多彩的学习活动。这也显示了我们学校美术教育的"前瞻性"。在《义务教育艺术课程标准（2022年版）》中，这方面的内容得到了强化和进一步的凸显，而且在"美术学科课程内容框架"中就明确地设置了相关的课程学习内容（如在3~5年级美术课程中有"融入跨学科学习"的学习任务要求）。

然而，跨学科教育如理解不当，也容易在教学中产生一些弊病和误区，如从学习效果看，课程教学流于形式化与样式化，课堂成为单纯的"表演秀"；从课程内容看，多学科内容简单杂合，学科之间缺少共同的目标所指，"形和而神不和"；从教学过程看，多有"跨"无"学"，学习只是停留于表层，"浮光掠影"。要言之，跨学科不等于学科的杂合，这里我们不妨做个通俗且形象的比喻——不能再追求课程内容一味地"多"与"泛"，如"满汉全席"。那样多少会"消化不良"，对此，追求每一餐的"营养均衡、搭配合理"反而会更加务实可行一些。换言之，跨学科的美术学习，不是所综合和跨越的学科内容越多越好，而需要进行精心的课程设计和内容统合。这是另一个我们要研讨的话题了。

吃多 ➡ 吃好 ➡ 膳食均衡

其四，教育呈现出越来越强的质量和评价意识，自由性、情意性、创造性强的美术学科亦不例外。当下美术教育"树人、化人"目标追求的实现，亟须解决的一个关键问题是：如何评测学校美育目标的达成？当下核心素养的课程改革追求又是如何通过评价、监测的途径确保其有效实施和深入推进？对此，学校美术教育课程中有"学业质量描述"，整体上国家有"学业质量测评"。其中，义务教育阶段的学业质量描述应进一步凸显素养导向，同时可分水平进行评定。对此，国家层面的学业质量测评则聚焦真实生活情境中的学科应用，强调真实性评价。特别需要强调的是，区别于传统美术教学评价侧重于对美术知识记忆和技巧娴熟程度的考核，核心素养时代的美术教育质量评价或监测更多侧重于学生在艺术认知和表现背后的"思维能力"及其相应的艺术表现力，最终能够解决相关的具体问题，这一点很重要。教育评价的目的不是为了检查、分级，把学生分为"三六九等"不符合素养时代教育评价的本义。评价的目的旨在不断地修正、改进与提升教学，给出学生合适的学习反馈与建议。

## 学校美术课程理解的"三个重点"

前面我们分析了学校美术教育的发展趋势，接下来，我们谈谈基于此趋势的美术课程及其教学。我个人认为，目前学校美术课程理解应该突出三大重点。

其一，是单元化的课程设计成为主导。新的美术课程教学强调基于"大概念"（Big Ideas）的课程统领，引发学生的深度学习，获得丰富的艺术体验与感知。其中，"大单元"或"主题式"教学是课程统整教育理念在课堂教学层面的具体反应或实践应用——其强调教学的"高站位"，是一种着眼于宏观的课程建构思想和教学内容设计思路（而非松散、零碎、片段化的知识性学习）。而若论单元之"大"，一是要有大概念对教学内容进行统领，具体的学习内容需要指向学习者对学科知识的上位理解，体现"高站位"（如美术语言中的韵律与节奏、现代中国画的传承与创新等）；二是要有"大项目、大任务、大问题"的驱动，强化学习的目标指向。此间，学习不仅是接受知识，同时也是不断反省、探究与发现的过程。

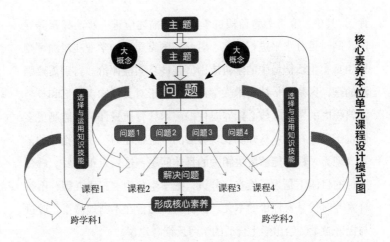

核心素养本位单元课程设计模式图

其二，是单元化课程构建下的深度学习成为教学主流。学校美术教育中的大单元化教学，并非是将众多的课程及教学内容"拢在一起"，而是旨在通过一种逻辑化的教学模式构建、组织策略和方法，实现美术教育中的"深度学习"，以及学生学习过程中的"追求理解"。因此，单元化教学不是追求"教授内容的多和广"，而是追求"理解层面的深和透"。举例而言，美术史课堂如果只是对艺术家或美术史等进行简单的知识传递，学习者自然会对教科书上的既定事实"拿来主义"般接受。而深度学习强调由事实到概念，再到方法，由一般性的认知到批判性的思考，这使学习过程呈现出极强的深浅层次。在教育学家布鲁姆"四大类型"知识中，对"元认知知识"的学习和理解，学生思考艺术家的人生经历、艺术作品的特色、艺术风格的形成、艺术审美的标准等之间错综复杂的关系，甚至对个人艺术创作的启示等，这些都已经直接指涉"高阶思维"（higher-order thinking）的特质。秉持如此路径的教学，已经不单是基于既有"知识点"的传递式教学，而是指向了学科知识的结构化和学习者的个体艺术认知、理解和判断。

深度学习中学习行为的"深入与进阶"

其三，继续强化美术教育的价值观的引导，通过学科教学树立文化自信心。美术课程具有人文性，核心素养时代的学校教育亦要强调价值观的引导，培养学生的文化自信心。美术教学需要知识、技能与价值、思想性的统一。可以说，"三种文化"（中华优秀传统文化、革命文化、社会主义先进文化）融入美术教学，是课程理解和建构的一项核心主导，其课程思政的方式方法值得尝试。然而，在美术课程和思政教学的结合中，如何发挥美术的学科主体性？如何避免"说教式""点缀式"的课程思政教学？如何让融入思政的美术教学入脑、入心，赏心悦目？如何将基于"三种文化"的美术学习变得更有当代性，更接地气？如何进行教学评价？这些问题都值得我们进一步思考。

## 学校课堂美术新教学的"一个思路"

对于学校传统美术教育的弊端，国务院办公厅《关于全面加强和改进学校美育工作的意见》（2015）中一针见血地指出，"美育仍是整个教育事业中的薄弱环节，主要表现在一些地方和学校对美育育人功能认识不到位"。就以往的传统教育教学而言，这种"不到位"在课堂教学层面集中体现在"重应试、轻素养"上，将"美术课"直接等同于"术科"——要么过于重视专业美术知识技能的掌握，艺术的丰富内涵被压缩为各种符号信息；要么一味强调各种绘画技巧的简单练习和重复训练。对此，为了破除传统基础知识和基本技能本位的美术教育之弊病，学校美术课堂教学应呼唤深度学习，课堂美术教与学需要进行深度进阶——由"浅表"至"深度"，从"知识"到"能力"，由"技"入"道"。这里，我尝试提出学校美术教育学习路径的四个阶段，并辅以齐白石花鸟画赏析教学为例进行阐释，如下图所示。

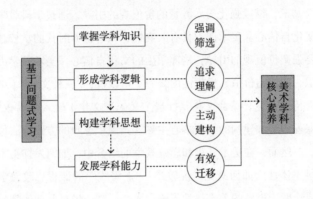

第一阶段，掌握学科知识和技能。核心素养时代课堂教学着力于培养学生的"必备品格、关键能力、价值观念"，但这并不等同于漠视学科知识和技能的掌握，二者不是非此即彼的关系。此间，学科知识和技能是素养生成的重要基础和媒介——基于真实生活中的问题情境，教学需要引导学生通过选择和学习合适的学科知识技能达成对问题的解决，在过程中形成能力和素养。

以对齐白石大写意花鸟画的鉴赏为例，试想任何形式的品鉴或"审美判断"如果不讲其独创的"红花墨叶"画法，并参照作品进行细致的"图像识读"，学习者势必无法了解其大俗大雅的艺术表现风格，进而也无法从"文化理解"方面探寻其内在的人文精神，感知现代中国画随时代而变革的艺术魅力。

第二阶段，形成完整的学科逻辑。如果素养形成仅停留于表面的事实性知识的识记、技能的训练是不够的，此间"学科逻辑"的掌握必不可少。"学科逻辑"是组成学科知识结构的必要联结，指向学科知识背后所隐藏的深层次的概念、思想、价值观念、思维方式等。新的课程教学下，学生所学的知识不应是零散、碎片式、杂乱无章的信息，而是有逻辑、有体系、有结构的知识；学生也并不孤立地学习知识，而是在教师的引导下，根据当前的学习活动去联想、调动、激活以往的经验、知识，以融会贯通的方式对学习内容进行组织，从而建构出自己的知识结构。

在齐白石花鸟画鉴赏课中，教师可以通过提问激发学生对不同鉴赏内容的关联性思考，如：齐白石的花鸟画和西方静物画有何不同？较之于传统中国花鸟画，艺术家做了哪些革新或绘画风格的创新？社会、时代的变化对齐白石花鸟画风格的形成提供了怎样的条件？此时，齐白石的花鸟画鉴赏便被放置在一个更大的"意义之网"中，中西美术比较、现代中国画的传承和创新、艺术家个性化的创意实践、艺术背后的社会文化背景等诸多内容被有机地联结和统整了起来。

第三阶段，构建学科思想（即"大概念"或"大观念"）。学科逻辑在美术教学中，更多是不同学科内容间的联结。此间，联结不是松散的，而是有序的，最终导向深层次的学科核心观念、关键概念，即"学科思想"或"大概念"。"大概念"有助于设计连续、聚焦一致的课程，有助于发生学习迁移；在性质上，"大概念"具有概括性、永恒性、普遍性、抽象性，它可以将表面上诸多的不相关的学科知识、技能、事实、概念进行统摄。从学习者的角度而言，对"大概念"或"学科思想"的深度理解和感知，可以"举一纲而万目张"，达到举一反三之功效。

例如在齐白石花鸟画鉴赏课中，教师可论及中国其他近现代艺术家，指向"近现代中国画的传承与创新之变"的关键概念。

如此可以让学生思考传承和创新之间的关系及其方法、尺度、标准等问题，将有助于形成对当下中国画创作品评和解读的能力。相较而言，西方艺术史不是"对的艺术"取代"错的艺术"的历史，而是一个不断寻求创新、突破与追求卓越的历史；"创新"虽非衡量中国画的标尺，但这并不意味着中国画在"传承"之时没有突破和变化。

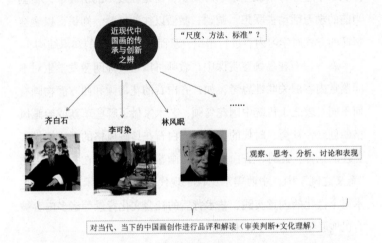

第四阶段，发展学科能力。学校教育的终极价值在于"学以致用"——学习不是对零散知识的记忆，而是促使习得的书本知识向主体经验的转化。此间，学科学习可以用来解决真实生活情境中的"现实问题"。美术教育中的"现实问题"有很多，例如：如何辨识作品的真伪，居家空间的布置，服饰色彩的搭配，如何拍摄有创意的摄影作品以表达情感、表现生活等。对这些问题的回答，需要在课堂美术教学中培养学生指向解决问题的审美品鉴、分析、判断能力和卓越的艺术沟通、创作、展示和表达能力。这些都可以称为美术的"学科能力"。

齐白石花鸟画鉴赏的课例中，可以启发学生在生活中对所学内容进行有效迁移的问题情境有很多，这里试举一例：网络和市场上关于齐白石美术作品的"赝品""仿品"不少，那么如何才能更好地辨析真伪？这种问题的提出，对于学习者想必是具有启示意义的。

上述的学习路径中，"基于问题式学习"一直在课堂中起着重要作用，每一个学习层次和进阶，都需要通过问题来对学生的学习行为进行"诱发"。在问题解决的过程中，"师生""生生"之间形成学习共同体，在交互中不断启发思维，展开探究，学习者也借此深化自身的艺术理解和审美感悟，内化深层次的审美心理结构，丰富艺术表达的手段和方式。

以上，我们分析了学校美术教育的发展趋势，希望能够对美术教育工作者、美术教师理解新课程、践行新美育起到一定的助力作用。课程改革需要我们的共同参与，大家协同共创新时代学校美育的新局面！

拓展学习PPT

# 美术教学的"馆校合作"模式与实践[1]

吕鹏[2]

　　基于核心素养的学校美育是国家终身教育与国民教育的战略规划。在学生发展总体目标的要求下，课程改革、课程标准为新的教学形态、教学模式提供了更加开阔的空间。博物馆、美术馆作为学校美育以外的一种公共教育形态，在教育资源配置上的优势愈加突出。"收藏是博物馆的心脏，而教育则是博物馆的灵魂，只有心脏而无灵魂的博物馆，其存在意义值得商榷。"除了收藏、整理、研究、展示以外，教育功能一直是博物馆一项重要的公共职责。

　　博物馆与学校开展合作，将其展品、场地、设施、活动、课程等转化成一种教育资源，共同搭建一个有较为系统的、有策略、有途径、有方法、有成果、可评估的教育平台，形成学校美育、校外培训之外的又一课堂。

## 核心素养是"馆校合作"的前提和基础

---

[1] 本文原题为《美术学科的"馆校合作"模式初探》，发表于《中国中小学美术》，2019年第8期。本文是北京教育学院重点关注课题研究的阶段性成果（课题编号 ZDGZ2019-07），经作者授权，收入本书时有修订。
[2] 吕鹏，中央美术学院博士，北京教育学院教授，学院学术委员会委员，中国美术家协会会员，北京美术家协会艺术教育委员会委员，北京工笔重彩画会副会长，中国教育学会美术专业委员会理事，北京市教育学会美术专业委员会副理事长。长期从事艺术教育、艺术创作与实践，曾在中外多地举办个人展览，作品被广泛收藏，并著有《融合·共建：美术学科馆校合作教学模式与实践》等专著10余部。

中国的美术教育起源于近代，经历了"图画课""美术课"的时期，教育内容由图画为主体的单一科目，逐渐丰富为以绘画、书法、雕塑、设计、工艺、建筑、多媒体艺术等多元组合的完整学科[①]。2016年，向社会公布的《中国学生发展核心素养》[②]将"审美情趣"作为人文底蕴的一个重要的素养指标。以"视觉形象"为素养生发之源的美术学科素养的确立，则确指了构成"审美情趣"的各项标准，包括"图像识读""美术表现""审美判断""创意实践"和"文化理解"五个维度[③]。"图像识读""美术表现"具有美术学科的唯一性。2022年，教育部又颁布了《义务教育阶段艺术课程标准》，在"坚持以美育人""重视艺术体验""突出课程综合"的课程理念下，将课程目标聚焦在"审美感知""艺术表现""创意实践""文化理解"四个方面。美术是视觉艺术，以视觉形象为本源，对视觉形象的感知、识别和解读。"审美感知""创意实践"和"文化理解"具有与其他学科相同的普遍性。"审美感知"和"创意实践"是一种行为习惯的养成过程，与"文化理解"一起成为指向性发展目标，能够使学生在生活实践中具备自主发展和社会参与的素质。艺术学科素养的提出，标志着美术教育由过去的关注知识、技能的能力积累，转变为关注学生发展的素养积累。

---

① 学校美术教育自形成以来，其课程发展基本经历了以下三个时期：第一个时期指2000年课程改革以前，注重"基本知识"和"基本技能"的培养；第二个时期从2000年到2015年是"三维"时期，关注知识与技能、过程与方法、情感态度与价值观的目标培养；第三个时期从2015年开始，中国的课程进入了"核心素养"时期，关注人的素养的培养。
② 核心素养提出文化基础、自主发展、社会基础三个方面，六大要素和十八个基本要点。参见林崇德.21世纪学生发展核心素养研究[M].北京：北京师范大学出版社，2016.
③ 尹少淳.美术核心素养大家谈[M].长沙：湖南美术出版社，2018.

2019故宫世界博物馆日主题创作①

## 什么是"馆校合作"模式

  国际博物馆协会（International Council of Museums，简称ICOM）关于博物馆的定义是"一个为社会及其发展服务的、向公众开放的非营利性常设机构，为教育、研究、欣赏的目的征集、保护、研究、传播并展出人类及人类环境的物质及非物质遗产。"②它具有非营利性特征，公共性特征，收藏、保管和陈列，欣赏、教育和研究的特征。这一概念根据我国国情还可以扩展指代一些私营和民间机构展场，以及一些动态的艺术节和艺术周等开放性大型活动，皆可以纳入"场馆"范畴。作为场馆的博物馆大体可以分为艺术类、历史类、科学类博物馆，美术学科教学则站在学科本体的角度同时关注这三类博物馆，并着重于同美术博

---

① 故宫世界博物馆日"传统的未来"艺术现场活动以"七巧板"为基本创作元素，以南宋绍熙甲寅年（1194）形成的《燕几图》和明万历丁巳年（1617）的《碟几图》为基本造型，并以中国传统文化中的黑、赤、青、白、黄为象征的色彩基调创作完成巨型装置作品。作品分为"水墨写意""红色吉祥""青山绿水""素白雅瓷""龙凤呈祥"五个部分，共有近千名学生和公众，分八场共同创作完成。

② 《国际博物馆协会章程》，国际博物馆协会，2007年。

物馆(画廊)发生更加紧密的联系。在博物馆的物理场域中,那些可转化为课程、教研、学生艺术实践解决方案的文化艺术和非物质文化遗产藏品、文献、展品,及其由宣传、推广、研究等外化功能而形成的教育资源,皆可以被视为"场馆"资源。

学校的范围,在本文的语境中可定义为既包括公立的义务教育阶段和高中阶段的全日制学校,又包括私立教育机构,以及相对混龄式教学的民间培训机构。

"馆校合作"是一种场馆与学校为实现一个共同的教育目标,双方基于各自的资源和能力在自愿、平等、互信的基础上构建起的沟通、咨询,乃至合作的关系[①],形成"一方主导""双方互动""多方合作""线上线下融合",以及"博物馆学校"等多种模式,在教育环境、教育者、学习者、教育内容等诸多方面都与学校教育和博物馆教育有着很多差别,如下表所示。

**以美术学科为例的学校教育、场馆教育和"馆校合作"模式教育因素对比**

|  | 学 校 | 美 术 馆 | "馆校合作"模式 |
| --- | --- | --- | --- |
| 教育属性 | 公共 | 公共 | 公共 |
| 教育职能 | 学校美育 | 社会美育 | 社会美育+学校美育 |
| 教育者 | 美术教师 | 公教部专业人员+志愿者 | 美术教师+公教部专业人员+志愿者 |
| 学习者 | 义务教育阶段学生+普通高中学生 | 社会观众 | 义务教育阶段学生+普通高中学生+学生的家庭 |

---

① 这种合作关系被称为"3C模式"即:communication, consultation, collaboration,意为:沟通、咨询、合作。参见Rogers R. Space for Learning: A Handbook for Education Space in Museum, Heritage Sites and Discovery Center[M]. Bath: Emtone, 2004:10.

（续表）

| | 学　　校 | 美 术 馆 | "馆校合作"模式 |
|---|---|---|---|
| 课程设置 | 学校美术课程体系（国家课程＋地方课程＋校本课程） | 美术馆课程模块（地方课程） | "馆校合作"课程模块（地方课程） |
| 教育配置及属性 | 学校＋教室<br>封闭 | 展馆＋展品<br>开放 | 展馆＋学校＋展品<br>开放 |

比较可以看出，"馆校合作"模式下的教育活动具有教学系统的开放性、教学资源的综合性、教学内容的主题性、教学过程的多样性等特征，既符合场馆教育的属性，又能满足学校教育的丰富需求，主要表现在以下几个方面：

1. 从教学实践角度来说，美术学科和艺术课程素养标准中"图像识读"和"审美感知""文化理解"在"馆校合作"课程和活动情境中具有很明显的主题性和针对性，可以考察师生学科素养在实际生活中的应用。而"审美判断""创意实践"和"文化理解"则为"馆校合作"模式的多种学科融合所形成的开放性教学预留了宽广的空间；

2. 教师在特定"场馆"所做的教研、示范课、学术研讨会等活动不同于传统模式，更加符合艺术学科特点和教师专业的发展方向；

3. 学生参与情景式、主题式艺术实践课程与活动，在真实情境中发现、探究、解决问题，将知识与技能，直接转换成能力与素养；

4. 在"馆校合作"协同教学①模式下，相应的教育资源配置，如教学设计、课程包、主题活动解决方案和大数据链接等将进一步整合成有机整体，形成教学资源的多样性；

5. 相关教育团队、策划团队、推广团队的建设，形成"馆校合作"模式的团队基础。

"馆校合作"模式拥有灵活和丰富多彩的教育形态、教育内容，是学校教育的有力补充。作为学科教学的系统工程，它涵盖了场馆和学校在内的诸多因素，既有场馆的空间资源、展品资源、教育配置和属性等，又有学校、学生和教师等教育者与学习者，并且发生有效的多向联系，形成适应"馆校合作"的相关课程、活动方案、教师研修和其他第三方教育应有的功能，从而完成"馆校合作"的教学任务。

## 美术学科"馆校合作"模式的教学途径

美术学科的"馆校合作"模式在学校资源与场馆资源形成多方位整合，教学场景、教学形态、知识构建都与传统美术课堂不尽相同：

1. 美术馆的展品往往依据特定的线性脉络加以陈列，因而教师在教学时不太可能随时转换教学情境。这就促使美术教师必须

---

① 王乐、涂艳国在文章中指出：馆校合作协同教学将"馆校合作"作为一个大的系统，场馆作为资源子系统包括展品、活动、空间和教育配置等关键参量。展品是静态待开发的可能资源；活动是动态的资源互动形式；空间是教学行为发生的物理场域；教育配置是发生教育行为的场馆支持。学校所指示的教学系统则包括觉识、多元教学方法、关联课程和全面发展等参变量。觉识是参与主体的认识程度；多元教学方法是教师教与学生学的多元设计；关联课程是场馆资源对课程标准的适应与调配；全面发展是学生成长的终极要求和归宿。参见王乐，涂艳国.馆校协同教学：馆校合作教学模式的理论探索[J].开放学习研究杂志，2017，22（05）：14-19+32.

根据教学实景安排教学环节，并利用场馆和展品所提供的条件，转化为教学资源，提高教学有效性，达到教学目的。教师个人艺术知识、审美能力、专业实践能力的储备，则是"馆校合作"模式下实施教学的保障，各项能力素养将会在整个的教学准备、教学实施、课后评价过程中交叉体现。

2."馆校合作"模式的美术学习具有"一般学习结果理论"[①]的特征，也与通常课堂学习有较大区别。在美术学科中则体现为对指定展品与场景的审美体验、感知、回应，并与其他知识相连接，使学生寻找出其所蕴含的审美和文化信息，这是一个在特定场景下知识建构的学习过程，某些环节还会考查学生的"展示"素养。

"燕京八绝"课程集体作品，宫毯，80cm×120cm，北京市朝阳实验小学，
指导教师：张璐

这种学习对教师和学生来说也是新的挑战。美术教师要准备一堂美术馆情境课程，首先需要考察场馆的教学环境，寻找思

---

① Jocelyn Dodd. Generic Learning Outcomes: Measuring Learning Impact in Museums [J]. Research Centre of Museum and Galleries, 2003.

路、设计课程,做好前期备课。思考如何利用指定场地和展品导入教学,达成教学目标,这是美术教师再学习和深度学习的过程,对真实场景的审美感受和获得远比文献所提供的信息要丰富和直观,与美术学科特点更相契合。对学生来说,场馆和展品所展现的是真实情境,他们依据这一线索要寻找、发现、回应、探究环境中隐藏的学科问题,最后尝试回答这些问题,是一次与生活紧密相连、审美经验建构的完整过程,是传统美术课堂无法替代的审美之旅。

"燕京八绝"课程集体作品,景泰蓝,120cm×80cm,北京市朝阳实验小学,指导教师:霍文正

3. 以"大概念"①串联小主题的方式进行主题教学,是"馆校合作"的教学特点。在"大概念"的基础之上,梳理基本问题展开学习是通常的做法,是属于一种特殊情境下的项目式学习,需要特定的关联课程。"馆校合作"模式的课程并不是通常意义的单一"美术课",它是一种围绕场馆内特定的展品,依据课程目

---

① 大概念(Big Ideas)是指人在信息组成概念框架的时候,会产生一种更大的"转换"围绕大概念组织和整理思维的能力,是"专家型学习者"和"初学者"的区别之一。学习者可以通过大概念,有效检索已有知识,以及新信息的改进版"思想归档",参见《美国国家核心艺术标准》,2014年。大概念是与小概念相对而言,它具有高位、抽象、枢纽和迁移的特征。参见尹少淳在中国美术馆公共教育年会上的讲演"主题",2018年。

标，符合教学原则，集教材、教学设计、教具、学习单、学习成果（美术作品）、教师教研、学生活动设计，并由场馆大数据支持的课程组合模块，是一个整体解决方案。它在美术课程中的应用能够综合发挥场馆空间、场景、多感官体验的优势，很好地补充学校以文本阅读为基础模式的课程设置，是一种实物化、微观化，有针对性的综合认知体验的教育资源整体。

以"京作工艺（燕京八绝）"①研发的"馆校合作"课程包为例。这一课程的研发遵循了以下几个原则：①对"京作工艺"的历史性、文化性维度的文化理解；②对"京作工艺"的造型、色彩、纹样等艺术样式的审美感知；③了解"京作工艺"制作工艺，并转化为美术语言，运用于创意实践；④"京作工艺"媒介材料与当代艺术媒介的有机结合与转换。这些课程并不局限于对传统手工艺制作过程的还原和重复，而是既保证了学生对传统文化的理解与传承，延展知识与技能的范畴，又充分体现了美术学科的特性，形成创意性强、易于完成、贴近学生、反映时代的美术作品。

"京作工艺（燕京八绝）"课程方案清单

| 燕京八绝课程模块 | 课程名称 | 教材与教学参考文本 | 教学设计 | 教学PPT | 教学微视频 | 学生学习单 | 材料清单 | 课程预设成果作品 | 集体活动挂图模块（集体创作） |
|---|---|---|---|---|---|---|---|---|---|
| — | — | — | — | — | — | — | — | — | — |

---

① "京作工艺（燕京八绝）"即景泰蓝、玉雕、牙雕、雕漆、金漆镶嵌、花丝镶嵌、宫毯、京绣八大工艺门类，它们充分汲取了各地民间工艺的精华，并在清代逐渐形成了"京作"特色的宫廷艺术，开创了中华传统工艺新的高峰。

由此可见，"馆校合作"模式的美术课程资源并非单一的课件，而是尽可能地转化场域、展品资源，形成教学支架，帮助教师、学生完成这一复合型的学习过程。

## 小结

在以立德树人为教育的根本任务的核心素养时期，学校教育体制与课程改革，需要更加多元化，更具广泛性，需要更多的社会资源的配合。场馆与学校的公共属性和各自涵盖的教育职能，也使"馆校合作"模式变成可能。场馆的社会教育职能的延展与细分，适应了学校美术课程的更多需要，由于场域与展品的优势明显，其资源更具直观、稀缺属性，并且在场馆开展的课程活动更加符合当代美术教育的特性。

近年来，基于美术学科的"馆校合作"模式探索方兴未艾，课堂与场馆的共同需求，促使"馆校合作"通过设计策划、组织保障、完善基础、协同教学、展现成果等实践，形成一系列灵活而有意义的教育途径与策略，使学生、教师、学校、场馆、家庭、社会各方受益，从而逐步构建以美育人、以美化人、以美培元的新时代美育生态环境。这也是"馆校合作"的最终目标。

拓展学习PPT

# 关于色彩教学的若干思考[①]

李睦

色彩教学是美术教育中的一个启蒙环节,是一代又一代受教育者认识事物、发现事物、创造事物的起点。但是长期以来美术教育却忽视了这样一个事关人才培养、公众审美素养的重要环节,出现了将色彩教学片面化、工具化的问题,并由此引发了艺术教学、艺术创作环节中的诸多偏见与误解。笔者将自己多年来关于色彩创作研究、教学研究的点滴体会进行梳理,以供从事美术教学及创作的美育同行者参考,希望引起重视,并引发一些积极的改变。

## 色彩教学中的写实与写意

### 写不出的"实"

写实在色彩教学中可以有不同的理解。一种是"形态的写实",注重客观描绘;另一种是"氛围的写实",侧重主观表达。但绘画中的这个"实"值得深究。首先,写实不是画得"细",不是越"细"越好。其次,"细"只是对刻画程度的描述,不是严格的学术概念。绘画中原本没有绝对"实"的概念,这一概念是因一些绘画者认为它存在,它才得以存在。对于"实",难有衡量的标准。也正因如此,"实"的概念至今不能落到实处。也许这一概念永远都不应该是"实"的,它最佳的状态就是"若有

---

① 本文发表于《艺术教育》,2016年第10期。经作者授权,收入本书时有修订。

所实""若有所虚"并存。对写实概念绝对化地理解与认识，会导致绘画的僵化。写实概念不能以"细"代替"实"，也不能以"似"取代"实"。"实"的目的是什么？"实"的范围是什么？一幅写实的色彩绘画应该具备哪些因素？这些都是基础教学应解决的问题。

**画不尽的"意"**

色彩中的"意"包含多层内容，画意、笔意、情意以及心意，这些因素也同样属于写实的范围。写实不仅是形态上的实与虚，还应包括意象上的实与虚。如感受上的"实"、情感上的"实"、色彩上的"实"等。尤其是色彩的"实"大多与"意"相关。色彩中的"实"，不过是"意"的另一种说法而已，而色彩中的"意"，则是对"实"的概念纠正。这既是对"实"的拓展，又是对"意"的补充。教育不可偏向极端，在色彩教学中追求简单的"写实塑造"或"写意表现"都不恰当。色彩教学的特点应该是引导学生在"'意'中见'实'"，启发学生在"'实'中找'意'"。

**画出来的"照片"**

归纳绘画与照片的共性和差异，主要取决于创作者的身份及立场。绘画者画，摄影者拍，都是追求美的事物，但绘画却比摄影多了一项自我调节功能，即绘画者可以根据主观需要，随时改变自己与所画事物之间的关系，摄影者却不能。也恰是由于这种改变，使得绘画与生活之间的关系更缠绵、纠结，也更接近。这就是绘画的特点，也是绘画在摄影被发明之后仍然存在的理由。用色彩描绘事物与用色彩描绘照片是完全不同的两件事。前者是情感作用于事物后的直接反应，人为成分很多；后者是对被记录事物的间接情感反应，人为成分有限。对于艺术创作来说，如果不能直接地用情感面对自己所要表达的对象，创作已无实际意义。

### 拍出来的"绘画"

照片与绘画自然有不同,但根本的不同在于人们看待照片与绘画的心态。一切艺术创作因艺术形式载体的不同,也必然会形成不同的创作语言,它们之间是并存的关系,不能相互取代。如果创作者在摄影中追求绘画性、艺术表现性的审美,那么照片就会成为绘画而不再是一般意义上的照片,并可能由此改变照片的性质,也改变绘画的性质。尽管临摹照片创作出的绘画,仍旧被称为"绘画",但这并不是绘画创作者所要做的全部。

## 艺术、自然与写生体验

### 通过自然看艺术

在西方传统绘画的认识体系之中,艺术是独立于自然的一种事物。它不仅独立于自然、对立于自然,更凌驾于自然之上。艺术家先后将自然作为再现的对象、表现的对象、实现自我的对象,通过自然认识艺术,发展艺术,最终也终结了艺术。这不仅是艺术的实践过程,更是艺术的演变过程和论证过程。这个过程不仅成就了西方的艺术与审美文化,也在相当程度上影响了东方艺术与审美文化。今天的绘画创作和色彩教学,已经建立在这样的认识基础之上,人们受益于此,并因此而成熟。

### 通过艺术看自然

东方的绘画认知体系自古以来注重在艺术中寻找和探索自然的规律,并且在艺术中调节自我与自然的关系,以此解读艺术的未来。在这个认识基础之上,人们更注重色彩的"主观心理感受",而不是色彩的"客观心理感受",更多的是"通过色彩了解自然",而不是"通过自然了解色彩"。这两者之间是有区别的,前者是生活的问题,后者是艺术的问题。前者是"为了生活而艺术",后者是"为了艺术而艺术"。艺术教育的目的是让人生活得更美好，而不是让人生活得更疲惫。因此通过色彩、绘画引导学生"为了生活而去艺术"，比引导他们"为了艺术而去生活"重要得多。

**写生如同作曲**

写生不是习作的代名词，写生是绘画的一种特殊形式，也是绘画中最有特色的部分。色彩写生更随性、更忘我、更"胆大妄为"。在写生过程中，绘画者从自然中获得的不止于印象，更多的应该是灵感与幻想。写生原本就是为了寻找灵感、追逐幻想。在这一点上，写生与作曲很是相像，两者都是用心灵去感知事物，并将感受转化为艺术形象，一种是"绘画形象"，另一种是"音乐形象"。这些感受的转换过程，被称为创作；这些感受的转换结果，被称为作品。这些被创作出的作品，不仅是用来听、用来看，更重要的是用来"品"。

**色彩如同心电图**

绘画者对色彩的反应，表面上看是主观的，因为即使想客观也很难做到。但笔者认为，这些反应从事实上看却是客观的，因为无论绘画者怎样主观表现，结果体现的都是他们身心的客观存在。在此所说的客观，就是绘画者本能表达的客观存在。漠视或违背这种客观存在，一味地因循以往的经验，反而是一种不负责任的主观。当人们面对色彩进行表达时，首先应该考虑如何尊重自己的直觉与本能，而不是怀疑或排除它们。人对色彩的反应就如同人类的心电图一般，因人而异、因时而异、因地而异，并不依照以往的规律和经验而重复呈现。同样道理，色彩绘画的创作也会因时不同、因人而异。也正因如此，绘画才有意思，色彩才有魅力，教学才有价值。色彩教学的目的，就在于引导学生认识直觉、注重感性、尊重审美本能，并在对直觉与审美本能的研究中，摸索属于自己的经验和理性。

## 创作中的意识、情绪与经验

### 无意地控制

绘画中所谓的习作，尤其是色彩习作，体现更多的是一种无意或非刻意状态，这是绘画者所特有的、最接近潜意识的活动，同时也是绘画者对色彩"被动控制"的活动。这里所说的"被动控制"也可以称作无意控制，无意控制不是没有控制，而是听凭灵性的安排和直觉的摆布。每个人的天性中都有对色彩的感受、选择、使用的能力，艺术家在这方面更为敏锐。色彩教学应该首先告知学生如何认识、分析、运用自己的这种天性，而不是用理性规则取代学生的天性。

### 有意地控制

绘画中所谓的创作，体现的更多是一种有意或者刻意的状态，这也是绘画者所特有的、最接近有意识的、对于色彩"主动控制"的活动。这里所说的"主动控制"，即有意控制，是绘画者根据知识和经验，理性地去选择色彩、运用色彩，把色彩作为绘画表达的最有效的工具。但是这种选择也是建立在"无意控制"的基础之上的。在基础色彩教学中，教会学生理解关于色彩的"主动控制"的知识，是教学内容中非常重要的环节。有意地控制画面色彩关系，就是理智地使用色彩，但理智不是僵化，而是绘画者在对自身"感性、直觉所作出的理性选择。一所美术院校色彩教学水准的高低，取决于学生在创作过程中，如何认知感性与理性的关系。

### 被色彩"笼罩"

画色彩不是对事物的再现，也不是似是而非的表现。从某种程度上来说，色彩完全是一种"笼罩"，既"笼罩"画面，又"笼罩"绘画者，最终还会"笼罩"观看色彩的观众。这种"笼罩"不仅是绘画者主观情绪的流露，同时也是色彩作为绘画独立价值存在的具体体现。一方面，绘画者具有制造色彩"笼罩"的力量；另一方面，色彩自身具有"笼罩"的力量。但无论是绘画者还是色彩自身所具有的"笼罩"的力量，都是就普遍而言的。它们独特的个性魅力，需要每一位创作者，通过每一幅色彩作品来体现。怎样形成个性化色彩的表达，表现出不同的色彩"笼罩"，是基础教学所要解决的基本问题。

### 被经验"稀释"

经验作为绘画过程中的辅助因素，是不能够在绘画中，尤其是色彩绘画中占主导地位的。这里所说的经验，是指艺术史上既有的绘画、色彩为人们留下的经验。艺术的延续虽然离不开这些经验，但是更多地依靠每一位绘画者自己的感受、幻想和创造。往往是经验越多，感受就越少，当感受减少时，画面就会被经验所占据和"稀释"。一幅被经验所充斥的绘画，毫无疑问会降低艺术的水准，丧失艺术的创造力，因为经验是色彩的天敌。色彩的创作过程，是经验与色彩的博弈过程。在美术学院的色彩教学中，学生对于经验的依赖，大多数源于他们对自身色彩感受能力的怀疑。学生被既往艺术作品中所表现出的经验影响，丧失了自己的判断能力，使得他们除了崇拜以外就只能继承和模仿，而少有鲜活的创造。

## 感性、理性与取舍、选择

### 感性是理性的基础，理性是感性的升华

感性源于人的直觉，源于人的认知。但认知不等于理性，只是理性生成的源泉。没有感性作为理性的前提，理性将是僵化的。色彩创作是感性与理性交织的典型产物，如果不能对感性充分地分析、认识、思考，那么对于色彩的理解一定是机械的。人们过分强调了绘画者经验中的理性因素，并武断地认为这些因素

是掌握色彩的充分条件，从而忽视了感性对于色彩的支配作用，以及对于绘画者审美判断能力培养所具有的积极作用。部分教师只向学生传授了关于色彩规范的知识，没向学生展示关于色彩自由的可能。脱离了感性的理性，只能在论述中具有共性的意义；拥有感性的理性，才能在创作中具有个性的价值。社会不会关注绘画者感性的存在，只会关注在他们在感性基础上形成的理性思考。

理性建立在人的感性之上。人类之所以不断地分析认识自己的感性，是为了感性的意义能以理性的方式确立，并在随后的认知过程中使感性得以升华。在绘画的世界中，感性与理性的关联一直是交织在一起的。没有感性的理性，不能称其为完整的理性，因为它没有自我调节能力；没有理性的感性，同样也不能算作完善的感性，因为它没有自我约束能力。尤其是在绘画色彩的观察、表现、创作的过程中，感性与理性的交织关系体现得淋漓尽致。这本应该是一个完整的、系统的、成熟的艺术创作与美育体系，但是多少年来人们创作和教学都很少从理论上研究这个体系，而是将创作和教学都僵化地固定在"经验主义"和"功能主义"的模式当中。因此，很多人的创作和教学已经失去了艺术应有的作用和活力。

### "取"与"舍"

"取"与"舍"永远是一对相互对应的艺术认知概念，同时也是绘画教学中所要思考的一种关系。"取"是往画面里放东西，"舍"是从画面中减东西，也可以说是关于画面中诸多元素的去留问题。取与舍的平衡就是绘画的最终结果。但"取"要依赖于"舍"作为参照，取得多了，当然就要舍弃。"舍"也要依靠"取"作为参考，舍得多了，自然还要重新获取。在色彩绘画中，"舍"比"取"更考验绘画者的认知。绘画创作中的"舍"是指从画面中放弃那些本不应该画的形与色，减去那些已经画出，但没必要留下的色和形。但什么是"不应该画"的色,什么是"不应该留"的形,依旧是绘画者最大的困扰。在舍弃中获得,不仅是绘画的方法,更是绘画的境界。

## 叙事、情景与开始、结束

### 用色彩讲述的故事

用色彩讲述故事,还是用故事讲色彩,这两者之间有本质区别。前者色彩是陪衬,故事是主体;后者色彩是主体,故事是陪衬。但即使色彩是陪衬,也有高下之分。所谓的用色彩讲述故事,主要是指在绘画中用色彩的方式去叙述故事、形容故事、完善故事。将故事视觉化,让它们从文字情节显现为形象。将故事色彩化,让它们从黑白世界中显现为彩色。用色彩讲故事,还体现在色彩的叙事性作用。色彩的叙事是一种渲染,是一种象征,有时还是一种夸张。用色彩讲述故事,既是对主题的发挥,又是对主题的超越;既能在主题中看到色彩,又能在色彩中想到主题。色彩与主题结合就会出现情景,这些情景才是画面,这些画面才是叙事。

### 用故事衬托的色彩

首先,叙事艺术与视觉艺术不同,前者用文字讲述,后者用形象描述;前者用情节做载体,后者用色彩作载体。其次,美术教学是否认可构成故事的主体不仅是情节,还有色彩本身,两者都可以用来叙事和营造情景。再次,多数人会习惯性地认为绘画只不过是文字的视觉体现,色彩只不过是故事的视觉润色。原本在孩童时代能无师自通的图画语言,反而不能为成年人所接受。当下,教师是否还能让学生恢复在色彩中感悟故事,在故事中讲述色彩,以及用色彩传递幻想、传递错觉、传递新鲜感的能力呢?

**从哪里开始很关键，在哪里停下很重要**

一幅画应该从哪里开始画起，因人而异。有人从画面颜色最深的部分开始画起，由深到浅逐渐完成。有人是从画面景深最远处开始画起，从后往前逐步推移。还有人会从画面的任意一个地方画起，并逐个完成所需的内容。总而言之，不同的绘画起始方式会造成不同的绘画效果、不同的观察方式、不同的认识方式，乃至不同的审美判断。这是美育的基本教学内容，即让学生主动选择不同的绘画起始方式，让他们懂得学习绘画首先要学会独立感知和选择而不止于摹仿，不要再"用相同的方式开始，以相同的方式结束"。

绘画怎样开始，事关它的"结束"，而绘画的"结束"，又与作品最终的品质相关。在色彩创作的过程中，"结束"的意义远大于"开始"。绘画的"结束"不能简单地理解为把画面填满，或已没有东西可画。真正意义上的"结束"，应该是绘画者灵感的完结，被灵感驱使的绘画动力的完结。绘画本身就是绘画者对灵感的视觉转化，没有灵感的驱使，没有被驱使的动力的时候，绘画就应该停止下来。就像绘画从何时、何处开始要听从心灵的召唤一样，绘画的"结束"也同样要听凭心灵的呼唤。当绘画者无法再感受到灵感的冲动时，就说明绘画的过程已经"结束"了。在此之后所做的任何事情，都只是经验重复和理性的补充而已，都会使绘画沦为理论和经验的图解，色彩于是丧失了独立意义。此外，绘画的"结束"与否，也不能以画面的大小、创作时间的长短为依据。画大画，有可能时间会很短。画小画，有可能时间会很长。

## 结语

本文针对当今色彩教学中问题的论述，并没有从色彩的技艺层面着手，为读者提供标准的方法或可用的答案，而是将色彩概念的认知作为探讨的出发点，系统地揭示了在色彩教学过程中存在的问题及其背景和原因，并在此基础上尽可能地提出了分析问题和解决问题的角度。希望更多的美育教师和同学能够通过笔者的思考而有所启发和感悟。

拓展学习 PPT

# 设计思维如何激活美育课程设计[①]

于妙[②]

## 我们为什么而教？

学习，从来就是一个发现问题、解决问题的过程。不要把学生变成细枝末节上的技能型人才，而是教育成复合型人才。学生主动思辨能力的缺失，我们老师何尝不需要自省？

人工智能时代稀缺的底层能力

---

① 本文原题为《人工智能时代，如何通过设计思维课程实现内容创新？》，于2020年发表于微信公众号"清美美育研究所"，经作者授权，收入本书时有修订。

② 于妙，中级工艺美术师，清华大学美术学院社会美育研究所学术委员、所长助理，清华青岛艺术与科学创新研究院美育实验室副主任。

我们在教育中付出了巨大的投入，总让人觉得缺了什么？我们究竟为什么而教？

人工智能时代，人最稀缺的底层能力是：敏锐的感知力、独特的想象力、跨界的表现力、无穷的创造力、独立的思辨力。这些能力都"因爱而生"，离不开人类所独有的"爱的能力"。

## 为什么要重新定义教师的角色？

我们的教育环境正在发生快速而深刻的变化。学习中心正从传统的"以学校为中心"迁移到"以学生为中心"。创新授课方式的出现让学生学习的形态越来越多元。近年来居家学习的情况使自学的意义更加凸显。无论公立学校升学还是出国留学似乎都无法完全满足我们对教育的期待。学习的方式也在发生着各种变化。最显著的变化就是学生学习的途径和设备越来越丰富，学习再也不是只能发生在学校教室里了。相比于传统教学方式，一切都不再是"固定"的，时间、空间、知识、人际关系，都"流

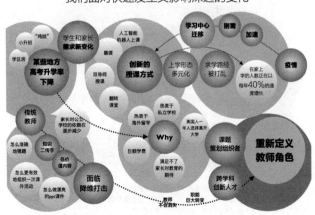

重新定义教师角色

动"了起来。表面上看,"有序"与"结构"的东西都被消解了。传统的教师如果还是知识的二传手、生产低价值内容将面临降维打击。教师在未来不会消失,但是教师的职能会发生巨大的改变。未来的教师将是跨学科创新人才,将扮演复合型的角色,例如课题方案的编制者、导演者、参与者、深度学习者……

**设计思维在美育内容创新中的作用**

美育像水一样,既"无形"又"有形",既"无用"又"有用"。无形可不拘一形,无用可不限私用。通过美育的如水般浸润,消除五育各自的"边界意识",在五育彼此融入、渗透、融合的过程中,创新出富有生机的五育融合教育生态圈。美育就应该是用最有创意、不拘一格、不限私用的方式将"教育的美"呈现。美育可以在不推崇必然性、确定性的课题研学中,通过主题的生动设定,将多学科融合的教学方式变得极具趣味性、创新性。美育作为我们进行教育创新的独特抓手,就是要通过富有美

美育用最有创意的方式将教育的美呈现,让学生浸润其中,点燃学生的好奇心,自己主动探索。
美育把教育变得更有趣;美,找到自己;有自我,才有美可言。
美育是滋润学生内心生命的清泉;因爱而生,爱的能力。

设计思维在美育中的作用

感的跨学科课程设计和创新教学方法,让学生浸润其中,点燃学生的好奇心,自己主动探索,自信地去创造。设计思维具有理性思维和感性思维两个面,因而是践行美育的重要的创新思维工具。通过设计思维的5个步骤和6个思维工具,策划设计课程体系,探索创新教学方法,能使课堂发生巨大转变,让学生成为独立思考者、终身学习者与创客。

教育的美是浸润学生内心的清泉,美育是帮助学生找到自己并遵循本心出发的非凡工作。它能让学生既能仰望星空,又脚踏大地,这样的学习生活才有美可言。

**为什么设计思维风靡教育领域?**

设计思维是一种认知框架,是一种解决问题的设计方法。它引导学生主动寻找现实问题,并创造性地解决问题。该方法对解决未定义或未知的复杂问题极其有用,主要分为以下5个步骤:同理心——收集对象的真实需求;需求定义——分析收集到的各种需求,提炼要解决的问题;创意概念——打开脑洞,创意点子

设计思维的5个步骤

越多越好；产品原型——把头脑中的想法动手制作出来；产品测试——优化解决方案。可归纳为：理解所涉及的人的需求，以人为中心重新解构问题，在头脑风暴会议中创造许多想法，在原型和测试中应用实践方法。

设计思维起源于斯坦福大学，这是一种全新的组织课程与教学方法，也是STEM教育、创客教育、项目式学习、探究式学习背后的关键思维。作为一名教师，将设计思维应用于课堂教学，意味着你可以在挖掘学生创造潜力的同时，开发自己的创造力。

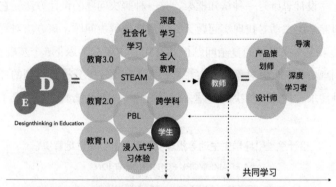

为什么设计思维风靡教育领域？

### 如何通过设计思维课程实现内容创新？

创造力属于我们中的每一个人。设计思维课程帮助老师找到课堂与现实世界的真切连接，知道如何分辨要点，培养将知识转化为能力的学习素养，不再茫然和被动传授知识。从当下社会热点话题入手，通过思考工具，激发调动学生的感知力、想象力、创造力。在"理性调研，感性创意"的课程理念指导下，针对"问题背后的问题"，组织学生"设想计划"出多角度的应对方案。通过大量案例分析，从教育1.0（从单一学科视角进行跨学科课程体系创新设计），到教育2.0（PBL项目制跨学科课程体系设计），再到教育3.0（问题实验室的平台化学习），教育创新的最大的趋势是学科的边界越来越模糊，课程聚焦真实场景中的复杂问题，通过富有美感的跨学科课程设计和创新教学方法，美育贯穿德智体美劳全人教育的全过程。

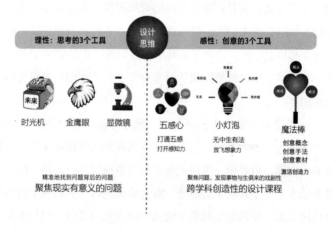

我们在不确定的世界里，建立自己的课程的确定性，点燃学生热情，让学生们自主去探究。希望设计思维课程能够帮助到那些立志优化教育，在教育上留下痕迹的美育教师们。

拓展学习PPT

# 中外原创绘本的创作与阅读[1]

熊亮[2]

## 绘本的基本逻辑与结构

绘本并非仅是文配图的工作,它跟戏剧有些相像,是一个单独的艺术门类,有其自身基本的结构和逻辑。我最初是希望把写作和绘画结合起来创作,但当我接触绘本之后,发现它是一种新的语言和构思方式,由此开始对绘本感兴趣。在2002年时我做出第一本绘本,这也就使得我从通常意义上的艺术创作慢慢转向了绘本创作。

一本绘本通常由十几页组成,整本书基本是在围绕书名的几个字进行一系列延展,它跟连环画或漫画的区别在于不以故事情节为主线,后者中,图像一定是和故事或叙述方式结合的,而绘本的本意并不是故事的演进,而是意识的转换。近些年大力推行传统文化,中国绘本被赋予传播中国文化的使命,但绘本不应脱离其基本的逻辑与结构,讲述方法是研究的重点。中国绘本应该更加注重视觉设计和图文结构。设计绘本是以图像传达为核心的,通过把绘本语言的可能性发挥到极致,用图像设计的方式让全世界都能看懂并喜欢我们的故事。而创作绘本最有意思的是突

---

[1] 本文原题为《中外原创绘本的创作、阅读与美育》,于2022年发表于微信公众号"清美美育研究所",经作者授权,收入本书时有修订。
[2] 熊亮,著名作家、画家、诗人。作为第一位入围国际安徒生插画奖短名单的中国画家,他的绘本注重线条和墨色感及东方色彩观,作品汲取中国传统艺术精华,人物景致独特且充满诗意,极富情感表现力,过去17年间,共创作绘本100多本,获得国内外绘本界各类奖项。

破行业语言的边界,迸发出意想不到的灵感。

2002年,我创作出第一本绘本《小石狮》,共16页。20年前的中国艺术界,既没有人创作绘本,更没有人重视以传统的题材来创作绘本。虽然从小在中国长大,但我接触的很多事物是较为"西化"的,长大后觉得头脑中世界文化的思想和所处的现实世界是有距离的,我想重新回顾身边的故事,本着一种想要重新找回某种温暖感觉的状态,我创作了这套《小石狮》。

每个人都有关于童年和家乡的记忆,"小石狮"象征的就是过去,它承载着某种温度和情感。这个概念就成为我创作的核心,但这些想法都是成人思维,儿童是通过一种纯粹的观察和体验的方式了解世界的,他们不懂像"童年的记忆"这样抽象的概念。如果把这些概念全部扔到绘本中,很容易做出一本大人说教式的绘本。创作者想要传达的情感应该融入绘本中,而不应直接表述,同时,情感也应是创作背后的重要驱动力。

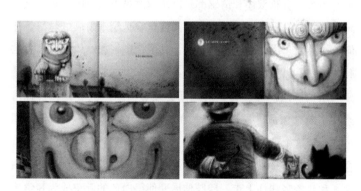

绘本《小石狮》节选

大多数绘本中的主角都是活灵活现地跟人物发生关系,但"小石狮"是不会动的,于是我就通过人们与"小石狮"之间距离变化的方式体现互动关系。绘本的前三页一直强调"大"这个概念,"小石狮"的面部逐渐占据整个页面,之后出现转折,其实"小石狮"的个子比猫还小。紧接着,体量的大转变为年纪的大,因为"小石狮"年纪大,大家过年也不会忘记它,这里是情感深厚的体现,这样就完成了词语意义的转换。画面中"小石狮"的体量通过和人物的对比,发生了大中小三次变化,形成一个循环。图像经历了时间和记忆,体现出变迁的过程,使小朋友完全进入绘本的世界中并产生共情。

绘本的讲述重点通常是不变的,如果从头到尾一直在变,可能就不是图画书或绘本而是故事书了。其实绘本有点类似图像诗歌,讲述重点虽然不变但是会产生不同的语言层次。绘本的图文结构有一个比较基本的模式,叫作"三段式"。初始点作为基础出现,第一段需要在此基础上做一个递增,第二段再做一次递增,第三段呈现转折,转折之后要回到初始点。《小石狮》中虽然都是具象的画面和情节,但小朋友看的是画面之间的变化和对比,例如颜色、形式或远近之间的变化。三段式只是一种最为基本的形式,所有叙述和情感都是以图像逻辑来呈现的,每一页之间有参照点,同一个参照点的不同变化就是绘本发展的脉络。任何绘本只要是成功的、可借鉴的,其图像逻辑和结构都可以总结和分析。

从情感层面看,每一页之间必须有情绪点的变化,各种情态在不断地累积,层层推进。在松冈达英的《蹦》中,作者通过"蹦"这个动词完成了情感的累积,竖版翻看的设计形式也符合主题。首页是只趴着的青蛙,下一页就蹦跳起来,画面中的白肚子和几条竖线往上走,四肢伸展开使得白色的肚皮成为视觉焦点。下一页猫咪的蹦跳就是一次明显的递增,猫咪手脚张开的幅度和体量都比青蛙要大。下一页中小狗的蹦跳更加剧烈,直接把文字撞破,同时露出了受到惊吓的表情,这就是第三段递增。然而递增的逻辑不能用太多次,遵循惯常思维也无法吸引注意、调动思维。之后的兔子、蜗牛、鱼和小女孩的蹦跳都有各自的特点

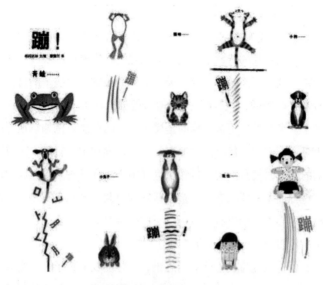

绘本《蹦》的部分内容

和变化，例如兔子的耳朵因撞上画的边框而变得平直，蜗牛使劲却蹦不起来，鱼跃出了水面，小女孩饱含开心与活力地蹦跳。按此逻辑，只要在书本画的边框内充分发挥视觉构思能力，每人都可以做出一本关于"蹦"的书。

## 儿童的启蒙与绘本创作

爱尔兰诗人谢默斯·希尼曾在诗歌中构建了一个世界的中心，即"奥姆弗洛斯"（omphalos）。"中心"这个概念有非常鲜明的指向性，想象力再丰富的人也会被这个概念所影响。当使用"奥姆弗洛斯"这样一个词语时，"中心"就变成一个符号，即某种聚合的事物或参照点，是自身跟外界发生关系的参照。当我们进行创作时，所有的词汇都可以成为符号，延展出无穷的语言层次。因此，绘本的思维中常常包含隐喻，呈现出理念世界与现实世界之间的关系。

同时,"奥姆弗洛斯"也是一个具有教育和启蒙意义的概念或符号。在希尼的诗歌中,孩子们能把它与家乡抽水泵的声音联系起来,荒诞不经的思考常出现在他们的头脑中。孩子的自我观念通常是模糊的,"自我"这个词通过成长过程中的各种事物逐步确定下来,他们更多寻找的是属于中心的概念。例如空地上的抽水泵,人们会在傍晚向空地聚集,拎着桶在中心打水,来时桶是空的,走时桶是满的,好像从世界中心汲取某种来自地底的东西。这种抽象的联系启发儿童不断发现自我,并从自我出发在外界找到中心点。如果有人告诉孩子们水泵是如何运作的,水井是什么,他们的思维反而会被束缚住。

我常惊叹儿童拥有活跃的思维,一位朋友的孩子在听交响乐时说那是玻璃碎掉的声音,这个极妙的形容立即让我联想到托马斯·特朗斯特罗姆的比喻——音乐是坡上的一幢玻璃房屋,那里石头在飞,石头在滚。石头飞滚着横穿过屋子,但每一块玻璃都完好无损。在生活中,玻璃杯是无意中被打碎的,但是却和音乐发生了联系,启发了孩子们的思维。儿童对自我的理解是与外界的观察结合在一起的。教育者要有耐心,应该让儿童在体验中去慢慢感受自我,要给予他们足够的时间。但目前大家往往只是直接快速地传输知识,以便看到成果。其实不然,自我会成为创作方法的延展,儿童时期的启蒙非常重要。在当下逐渐趋同化的成长环境中,与他人不同的经历、体验和记忆就是最好的财富,是时间赋予我们独有的天赋。真正的启蒙是不告诉孩子什么是确定的答案,而是给予他时间去探索、思考和发现,然后建立自己跟世界联系的方法,形成自己的思考方式。

"秘密"也是我常用在创作中的概念。真正的自我成长是拥有自己的想法和不被人所知的秘密。儿时的我经常躲进一个大木箱中,仿佛重新回到母体,被一种熟悉的安全感包围。诗人希尼小时喜欢躲进农场附近一棵中空的大柳树里,在洞里可以看见头顶的枝叶向四面八方散开,甚至能感受到茂密生长的树木在土壤中呼吸。这个秘密也是"奥姆弗洛斯"的延伸,通过符号的方式表达中心、边界以及与世界的关系。我们应该给予孩子们空间和信任,把时间还给他们自己,让他们在环境中不断地探索,慢慢形成关于自我的认知。

在体验中慢慢感受自我

我认为低幼阶段的美育是极其难做的,粗糙的教育方式会扼杀小朋友的观察力,把艺术变成符号化的事物,切断了他们发展视觉语言的道路。孩子们是世界的体验者,他们的感受往往是超语言的,研究儿童其实是研究各种概念和词汇的原点。我们的创作需要找寻这些原点,用视觉语言引导孩子们走进绘本的世界中探险。

### 儿童心理与分级创作

谈到创作,艺术家大多渴望通过表达呈现深刻的情感或道理,儿童如何理解并不在他们的考虑范围内;另一些人则觉得成人教育的"降维化"就是儿童教育,把自己所知的丰富的艺术知识简单化,精炼出来讲给孩子们就足够了。但其实这是远远不够的,我们必须了解每个阶段孩子们不同的认知方式和行为特点,采用分级创作的方式。

刚出生的婴儿并没有自我的概念,因为突然从母体中被分离出来,所以有着极度渴望回归的冲动。此时绘本就像是父母与孩子之间的纽带,让孩子通过听觉、视觉和触觉与父母发生互动,在他们眼中外面的世界都不如与父母之间的关系重要。婴儿对于事物的观察、分析和归纳能力是极强的,有些方面连人工智能都难以达到。其中,触摸是婴儿认识外界最初也是最为重要的方式。通过触摸,孩子能够确立边界,逐步理解抽象的概念。

孩子的心理并不能用大人的逻辑去揣测,分级创作的意义在于理解孩子的状态并引导他们向下一个阶段迈进。例如,父母常常训斥孩子不愿分享玩具,认为这是自私的表现。其实对于孩子们来说,玩具是爱的象征,他们并不理解借还或分享的概念,强迫借出玩具几乎是夺爱的过程。孩子们把自己的房间看作最熟悉、最亲切的世界,而父母是他们世界的核心,父母外出带回的玩具就是爱的证物。如果父母不能理解孩子甚至恐吓和威胁他们,儿童便难以跟他人建立良好的社交联系。绘本可以通过图像和故事让孩子看见借还玩具的行为,当整个过程被发现和理解,孩子就在慢慢地成长。孩子与大人的共情方式完全不同,大人共情是交换经验,通过彼此的抽象经验获得共鸣,而孩子共情的基础是共同的经历,共同去体验变化。

分级创作需要了解阅读对象,也要了解市场的需求,目前中国的儿童绘本并不是系统化的,也尚未与世界充分接轨,大有可为的空间。除了英美等国家的绘本之外,日本作家的逻辑和创作方式与中国文化比较接近,可以成为借鉴的对象。创作时不能把自己陷入"我是中国人,所以只能做传统风格的绘本"的框架之中,这样可做不出好绘本。创作的题材应确确实实是有启发性的,或是充满儿童想象力的。传统故事的现代化需要思维方式和技巧,但更出于创作者自身的需求。我们应当明确:首先,绘本应该以孩子为核心,而不是以传播和教学为目的;其次,绘本一定不是以语言、文字为主导的,而是以图像传达思想和情感,重视视觉设计。同时,关于绘本创作理论的提出并不是为了抬高创作的门槛,而是让创作更加自然流畅,更符合读者的心意。

## 课堂问答与互动

**问题一:如何让孩子们尝试自己制作绘本?**

答:不管是大人还是孩子,制作绘本都要遵循图像逻辑,从视觉做起。如果满足于用现成的符号画画,其实跟写字没有区别,这就失去了绘本创作的精髓。因此我们要回到视觉本身,把视觉当成一种独立的语言,每个人把自身经历中最有趣、最具启发性的事物呈现出来。

**问题二:您创作时是以纸上手绘为主还是版画为主?绘本图画在扫描后,最后纸上打印的色差该如何解决?**

答:我的绘本基本上是手绘为主,当然也会用电脑后期的制作方式,调整和修图的过程会很细致,最后会重新处理画面。在到印厂印制之前,我们都会对纸张和书籍材料有一定的了解,对绘本出版的整个过程都很关注,以至于出书前都会直接设想成书的模样。

**问题三:您会把关于绘本的前沿性的思考发布在公开平台上,以便大家持续关注和学习吗?**

答:我很少讲述创作背后的方式和理念,更少在社交平台上发布。绘本教育跟儿童教育一样,都要因材施教,项目制学习是最适合的。每个项目的侧重点都不同,集合不同的思考才能够提升创意,所以我觉得真正的绘本教学都是在项目中完成的。

**问题四:对于想要创作绘本的初学者,您有相关的书籍或教材推荐吗?**

答:其实我很少看到这类的书籍,我认为从绘本中学不会创作绘本。因为绘本画家原先可能从事任何职业,他只是非常懂得写故事和视觉设计,同时具有童心和自由的天性。他能够把专业优势和自己的绘本思维结合起来，因此每个作家都是难以模仿的。没有一本绘本是由字母形成单词再组合成文章这样的逻辑构成的，关于绘本创作的书籍很难写，但还是挺有意义的一件事情。

**问题五：在儿童创作绘本的过程中，如何做才能激发孩子的创意？**

答：教孩子如何创作绘本时，首先，我们要呈现方法和结果的多样性，允许所有可能性的存在。其次，构思不再是为了讲述故事，而是要帮助孩子们理解，让他们在绘画中建立一个尝试和挑战的渠道，找寻属于自身的特色。

**问题六：请熊老师推荐几位您欣赏的绘本作家，或是一些您自己非常喜欢的绘本。**

答：中国绘本作家有几米、朱成梁等，国外绘本作家我推荐像比利时的凯蒂·克劳泽、加拿大的乔恩·卡拉森、法国的文森特·帕兰德等。我购买绘本并不是本着专业的态度挑选的，完全是凭兴趣爱好。每个作家都有自己喜欢和擅长的事物，把自身的特点发挥到极致就是好作家。一本好书会让孩子通过阅读安定下来，并得到很强的接触性的满足感，而这样的绘本在全世界都极少，是需要我们去创作的。

**问题七：分级创作是因为儿童认知发展阶段的不同吗？针对这些问题该如何学习？**

答：我并不是专业做儿童分析研究的，更多是通过观察现象来学习。尽管不断对孩子的行为和心理进行观察，我还是很难避免从大人的角度出发思考问题。有时我们的身份越专业，很可能离孩子们的想法和世界越远。因此我们应该尽量成为他们的同伴，内心真实地渴望体验和成长，才能理解不同阶段孩子的特点。

## 延伸思考

　　幼儿园、小学、中学的教育，是美育的启蒙阶段，也是随后的高等教育乃至社会教育的基础。中小幼的教育应该尽可能多地探究方法，尽可能少地依靠理论。将美育的道理融入方法中，这也是中小幼美育教师的重要责任，而这个责任并不容易担当。教师水平不仅与他们自身的技能所长有关，更有赖于他们对每个学生特点的敏锐捕捉。比如，我们能否认同，每一个学生都有自己的性格，自己的才能，自己的幻想，并且帮助他们去认识所拥有的这一切……

## 拓展学习

丰子恺：《艺术教育》，北京：海豚出版社，2015年版。

［美］拉尔夫·史密斯：《艺术感觉与美育》，滕守尧译，成都：四川人民出版社，1998年版。

［美］陈怡倩：《统整的力量——直击STEAM核心的课程设计》，长沙：湖南美术出版社，2017年版。

钱初熹：《基于项目学习的美术教育》，上海：上海教育出版社，2020年版。

陈卫和：《美术新课程中教师的角色认识》，载《中国美术教育》2002年第6期。

胡泊，黄丽丽：《核心素养导向的美术大单元作业设计案例》，福州：福建教育出版社，2022年版。

吕鹏：《融合·共建：美术学科馆校合作教学模式与实践》，北京：清华大学出版社，2024年版。

李杰：《童年美术馆》，北京：北京联合出版有限公司，2021年版。

乡村儿童美育网格：《乡村美育教师胜任力模型1.0及应用手册》（PDF版），2023年版。

李甦：《当小朋友画画时，他们在画什么》，载《一席》2018年第615期。

［德］鲁道夫·斯坦纳：《给教师的实践建议》，温鹏译，贵阳：贵州教育出版社，2013年版。

叶蕾蕾：《从环境到心灵——艺术与群创的转换力量》，炎黄艺术馆，2023年版。

戴亚楠：《生命合伙人——美育从妈妈开始》，北京：中国青年出版社，2017年版。

# 第五章 审美素养如何评价

# 引 言

"美育进中考"是广大师生、家长最为关注的美育话题之一。在一个考试文化浓厚的环境中,对于教育评价,我们往往理解为"一考了之"。而有标准答案的常规考试真的能起到评估学生审美素养、以评促教的作用吗?

在一些艺术家、艺术学者看来,审美作为人的一项精神财富、一种人文素养,几乎不可能被标准化评价;而在一些教育管理者眼中,任何一种教育教学形态,如果缺乏科学的、标准化的、以及可量化的指标体系,则注定难以在学校被落到实处。艺术与审美素养的特殊性,导致了评价的两难。作为一线美育工作者,我们不妨自问:审美素养评价的对象是谁,仅限于学生吗?审美素养评价应遵循哪些基本原则?审美固然难以被评价,但是否存在可被观察的外化能力,可以作为审美素养评价的主要指标?国内外有哪些审美素养评价的案例和方法可供借鉴?

本章中,对于以上棘手而又无法回避的审美素养评价难题,我们逐渐思考、正在实践、未有定论,希望你能加入我们的探讨,促进审美素养评价的标准和实施更加符合教育规律、更加健全,从而真正起到呵护学生成长、以美育人的作用。

# 审美素养评价的基本原则[①]

清华大学美术学院社会美育研究所[②]

在传统意义上，美育，全称为审美教育，以培养理性与感性统一、人格健全的人为基本宗旨。其本质是以人文艺术教育为主要途径的感性教育、价值教育，是丰沛情感与心灵、创新思维的重要源泉。从美育的学科归属层面，美育源起于美学，从属于教育学，而在教育实践中广泛地采用艺术学科的观念与方法。而在此基础上，美育更有其新时代的扩展内涵，亦即：美育是一种跨艺术、人文与科学等学科的综合教育，美育用"育"的方式将美的理论与美的实践融合为一体进行感悟和表达。不仅如此，美育也是科学的求知原则和人文的生命天性在"育"的作用下碰撞熔炼的独特领域，因此，我们认为：美育是真善美的价值追求在审美层面的教育实践。我们对审美素养评价原则的认识，主要基于美育的经典思想，并在其中融入了我们对于美育扩展内涵的解读，望与教育工作者、学者与社会公众讨论，以期不断完善，更好地助推当代学校美育的教育实践。

---

① 本文原题为《审美素养的评价原则》，初稿由孙墨青起草，清华大学美术学院社会美育研究所李睦、高登科、李春光等共同修订，发表于《中国美术报》2021年1月11日版，经作者授权，收入本书时有修订。
② 清华大学美术学院社会美育研究所成立于2017年，秉承"为美好人生而艺术，为大众启思而美育"的学术宗旨。以艺术陶冶美的人性为核心，以启迪创新智慧为特色，以课题研究为载体，开展面向大中小学的艺术通识教育、美育教师培养、美育机构咨询，举办美育学术论坛及主题展览等。

## 什么是审美素养？

美育是全人教育的重要组成部分，涉及渗透审美精神的跨学科领域，而审美素养则是美育的人格展开与行为表征，是美育在每一个个体身上的具体体现。审美素养关乎人最基本的情感能力、价值判断与人格整全，主要包含审美发现、审美表达、审美理解、审美共情、审美创造五个维度，缺失其中某一个维度，都不算具备健全的审美素养。

## 审美素养是可以评价的吗？

审美素养固然无法像数学一样量化，但仍然有其自身的衡量标准。以往的美术评价主要关注审美素养的两个因素——艺术常识和艺术技巧，但未能全面涵盖审美素养中的创造性、沟通能力和心灵层面。建立健全审美素养评价的重心，就是要更为全面、全过程地考查学生的审美能力与审美心灵发展。

## 为何学生的审美素养需要评价？

评价学生的审美素养不是出于美学和艺术的必需，而是出于教育实践和学生成长的现实需求。审美教育的理念和精神无论如何高远，要想在学校教育中落到实处，课程设计、教学方法、素养评价三者缺一不可。就现阶段的评价而言，学生对审美的个人理解、交流分享与独立创造，尚未被全面地考察。只有契合审美教育理念、科学有效的评价，才能确保其在现实的大中小幼教育中有章可循，有据可依，形成可持续发展。

### 评价的对象是谁？评价对象决定了什么？

有一个前提必须反复强调，审美教育的对象是全体学生，而非仅仅是少数艺术专业学生。这意味着审美素养评价的标准并非专业艺术素养的低阶版，而是有其自身的考评重点，应结合学生发展核心素养标准，关注有助于长期成长的核心能力，包括独立思考、情感、沟通等因素。

### 审美素养评价的"评委"至少应包含哪几种角色？

教育评价往往是教学的指挥棒，那么谁有权力评价学生的审美素养呢？教师应当是主角，但不是唯一的角色。应由教师评价、学生自评、同学互评共同组成，而各自所占比例尚需进一步探索、实验和研究。

### 如何保证审美评价标准的学术性、公正性和权威性？

在教育评价的现实语境中，努力保证审美评价标准的学术性、公正性和共识性至关重要。审美评价标准应由与审美教育相关的领域专家共同研讨、提出草案，由主管教育部门制定和出台。有关专家包括但不限于美育学者、教育家、心理学家、艺术家、人文学者等。在草案阶段，除了关注大中小幼教育管理者、教师的观点，学生的看法、家长的意见是否也应给予表达的机会并予以重视？

### 审美素养评价"结果"的适用范围

审美素养评价的结果对评估学生的审美感知力、创造力、情感能力具有重要的参考价值，是衡量一个学生未来综合发展潜力的重要因素，但不是一种"判决书"。因为审美发展受多重因素影响，在一个人的一生中会发生变化。同时，审美素养评价的主旨是督促而非选拔，不宜以其来决定一个学生是否适合以艺术为职业。

## 审美素养评价与"学生发展核心素养"的关系？

审美素养评价不能孤立来看，它是"学生发展核心素养"的重要支柱之一。人的审美素养的健全与发展，有助于促进人的感知、思维等多种学习能力，因而审美素养与其他素养（科学精神、健康生活、实践创新等）并行不悖，且相互促进。与此同时，审美素养评价的一些误区应引起重视。

## 审美素养评价应避免哪些误区？

审美素养，与其他核心素养一样，是在相对长的时间里形成的，因而它的评价应重视"发展"多于重视"结果"。审美素养不是竞技比赛，仅以一幅考场上的画、一张艺术常识考卷来评价学生的审美素养是极其片面的，尤其应引起教育界的重视。

## 在国内外，审美素养评价有哪些可供参照的经验？

我们应当承认，在国内外，学生审美素养评价是一个备受教育界关注，然而尚还年轻的领域。其中，有代表性的探索之一是哈佛教育研究生院"零点项目"，注重过程性评价，关注学生的成长曲线，以及审美素养对"元学习"能力的促进程度。近年来，国内一些大中小学在此方面也开展了积极的探索，同样非常值得关注。我们应当在中外互鉴中为审美素养评价探索新道路。美育评价改革仍在路上。

# 审美素养评价，为何不同于美术考试[①]

孙墨青

审美素养评价不是狭义上的美术问题，本质上是审美教育问题。从前者的角度来看，除非学生选定美术作为未来的专业或职业方向，否则没有接受考评的必要；后者与专业学科无关，而是面向具有审美、独立思考、创造力发展需求的每一个学生。但凡谈论审美素养的评价标准和评价方法，以上是不可不认清的基本前提。

## 审美素养与"核心素养"是什么关系？

2020年，国务院办公厅印发的美育意见[②]指出："美育是审美教育、情操教育、心灵教育"，对美育的性质给出了明确的定位。而在一些教学与评价实践中，美育则悄悄变成了"文艺常识背诵、技能培训、特长竞赛"。这两者之间的差距，你可曾注意？有人说，审美素养离不开一定的艺术知识和实践经验，但在讨论任何具体的素养之前，"中国学生发展核心素养"（以下简称"核心素养"）不应忽视。"核心素养"分为"文化基础、自主发展、社会参与"三方面，又综合表现为"人文底蕴、科学精神、学会学习、健康生活、责任担当、实践创新"[③]六种素养。虽然审美素

---

[①] 本文原题为《审美素养评价，"美术"岂能代"美育"？》，发表于《中国美术报》2021年1月11日版，经作者授权，收入本书时有修订。
[②] 中共中央办公厅 国务院办公厅印发《关于全面加强和改进新时代学校美育工作的意见》[J]. 中华人民共和国国务院公报, 2020(30):20-26.
[③] 核心素养研究课题组. 中国学生发展核心素养[J]. 中国教育学刊, 2016(10):1-3.

养没有被单独列出，但它实则是人文、健康、责任、创新等素养的重要源泉。审美素养不应独立于核心素养之外，而是本就内在于其宗旨之中。

当下，我们往往把作为核心素养的"审美""美育"与作为技艺的"美术"混同。如果美术技艺也可是"核心素养"的话，那么也就没有理由不把酿酒、理发、修电脑、烤蛋糕的技艺纳入核心素养——不错，世间各种技艺都可学习，可是否都应纳入学校人才培养方案呢？审美素养与美术技能不同：一方面，学生对艺术常识与技巧的掌握值得重视，这是一个人在艺术领域"成才"的基础；而人对审美的感知力、创造欲、思辨意识与分享精神，通过美而生发的自爱—爱他的心灵潜力，则关乎一个人在何种意义上"成全为人"，我们对后者的重视却远远不够。如果审美素养评价只是评价艺术知识的多寡和技能的高下，就证明我们没有触及美育的核心，也证明我们对审美和教育的理解止步不前。蔡元培曾说："没有美育的教育是不完整的教育"，难道我们今天不应反思，远离了核心素养宗旨的美育，不也是残缺的美育吗？

## 审美素养评价应避免哪些误区？

审美教育就像"以手指月"，如果"手"是艺术的知识、技巧、表演能力，那么"月"则是一个人对事物微妙的心灵直觉、与其他生命的共感共情，还包含丰富的想象。我们当下的美育是否过度重视那只指月的手，却忘了它所指向的月亮？

审美素养不是竞技比赛，人人都对审美有所感知，受后天的成长环境、教育、经历而发展程度有所不同。因而评价审美素养，不可论有无、论高低，而应看它是否全面，是否均衡。审美素养与其他人文素养一样，是长时间积淀而成的，因而审美素养评价应重视发展多于重视结果。如果美育一定要论结果的话，那么重心应是"人的完善"而不是"作业的完善"，仅以一幅命题作画、一张文艺常识考卷来评价无疑是不全面的。相比而言，学生个人在一段时间里的纵向变化比同学之间的横向差异更能体现人的审美潜质。如果两人的审美认知起点不同，而其中一人的"审美成长曲线"上升幅度较大，则应在评价中加以肯定。

## 审美素养评价，考验我们的教育观

审美素养评价，考验我们对审美教育理解的深度。在《多元智能与多元评价》中，贝兰卡等教育学者指出，由于鼓励原创性是视觉艺术教育的重要原则，因而评价中应鼓励学生"在他们已完成的功课中，能够选择和他们或他们同学以前所尝试的不同方法"[1]。换句话说，基于对美育中创造力培养的认识，审美素养评价应鼓励学生创造"例外"——不只是例外于身边的小伙伴，更重要的是不断开拓他们自己。

我们深知，审美素养评价绝非易事，它是否真的懂得学生成长规律，是否契合美育原理，能否得到教育界的共识，是否具有可行性，都直接影响评价的实现。更为根本而无法回避的是，我们的教育管理者、教师、家庭乃至社会能否共建起更加健全、目光长远的"人才观"？只有在"人""才"共生的意义上理解美育，美育才不是可有可无的面子工程，而真正切中今日教育的当务之需，成为教育转型的突破口、学生身心全面发展的必经之路。

---

[1] [美]贝兰卡，查普曼，斯沃茨.多元智能与多元评价——运用评价促进学生发展[M].夏惠贤，等译.北京：中国轻工业出版社，2004.

# 审美素养的五维评价体系与培养路径[①]

王东[②]　于妙

当下，研究美育的意义已毋庸置疑，但美育中"审美素养"的核心内涵、外化能力、培养路径等应用理论，还亟待更为深入地探讨，更需要构建有针对性的美育评价体系。研究从"审美素养"的核心内涵、外化能力、培养路径的基础应用理论入手，运用逆向思维，洞察美育的价值，探索学校美育评价体系的构筑方式。

## 美育的初心和目标

美育的目的是对学生进行审美素养的教育培养，当下的社会大众对审美素养的认知已被严重局限，由此美育的概念也被曲解。国家大力推进美育并非凭空而来，而是社会和经济发展到一定阶段后的必然趋势，然而在审美教育变革的初期，一谈到美育，对于大中小学、课外培训机构、家庭来说，美育的评价体系和标准都不同程度偏重于学生对不同艺术门类知识和技巧的考试结果评测。而对于国家来说，教育部推动美育工作的初心和目标是什么呢？研究者认为，是形成全民的审美共识，而不是对艺术专业知识的比拼或者对少数专业艺术家的培养。美育评价的初衷绝不在于"选拔艺术专业人才"（那是艺考的任务），而是在于通

---

[①] 本文原题为《"培根铸魂"的学校美育评价体系构建原理与方法研究——从审美素养的核心内涵到多维空间的培养路径》，发表于《工业设计》，2021年第9期。经作者授权，收入本书时有修订。
[②] 王东，中级工艺美术师，北京儿童艺术剧院院长、剧目制作人。

过综合性评价对学生个体或学校、机构予以激励、"诊断"、分析，并提供具有帮扶性的美育指南。其目的在于使全民都能接受美育，在心中配备"美的接收器"，能听到、看到这个世界上本就应该被感受到的美好事物，能够共鸣、共情、共享。至于谁的审美素养比谁高，能不能有更多的人成为职业的艺术工作者，并不是美育工作的初心和目标。

对于美育中的审美素养，很多人都会提出这样的疑问：与学科专业素养相比，审美素养体现了"中国学生发展核心素养"的哪些方面？具备审美素养的学生能展现出哪些外化能力？审美素养的培养是独立的一门课程，还是跨越学校、家庭、社会、自然等不同空间，需打破学科藩篱的综合课程？如果把学生比作苹果，把学校的育人环境比作果树，那么美育评价的主要对象应是苹果还是果树？应采用分数评价模式还是抽样检测模式？只考量学生的考试成绩，还是结合学校综合的美育水准作为考评的加权指数？这些问题的解决都需要依靠对审美素养的理论分析来解释。

## 审美素养的核心内涵——学校美育评价体系的基础

众所周知，很多艺术作品，是艺术家通过质问、抗争、讽刺、悲悯的态度来创作的，这些艺术家的情感与思考都在启发人们看待世界的新的视角——学习艺术，接受审美教育，就是为了激发学生独一无二的潜能，创造不同于前人已经固化的解释世界的方式。正如叔本华所言，艺术其实是一种"独立于根据律之外的观察事物的方式"[1]。所谓审美素养的培养，就是让学生首先能开启敏锐的感受力，并拥有丰富的接触美的经历，其次通过在认

---

[1] [德]叔本华.作为意志和表象的世界[M].石冲白，译.北京：商务印书馆，2004:128.

知、鉴赏、想象、创造等不同审美素养层面的历练，实现对美的感知、热爱与创造。

美不只是单纯地甜美，更不只是简单地好闻、好看、好听，世间大美往往展现着生命的执着、倔强、坚定、不屈不挠。要体验这些美好，进而开发出属于自己的独一无二的表达形式，就必须大胆地打开自我的全部触角，努力去感受生命的多彩、多样、多难，让生命的体验更多元、更丰富。花在春天里绽放的美很容易感受，但为了保持树心里的生命而被割舍到地面上的枯叶的美却很少有人发现。同理，重视艺术表层的知识和技巧，轻视艺术底层感受力的激发和培养，其实是当下美育观念与教学实践中最显著的问题。开启美的"盲维"，让看不见的素养不再被视而不见、充耳不闻、触而无感，让自己能始终照见自己的感受，不自卑、不谄媚、不孤独、不自弃，正是2020年《关于全面加强和改进新时代学校美育工作的意见》中，美育作为"情操教育""心灵教育"的意义所在。

根据上面的阐述，结合分析，我们认为审美素养的核心内涵应包含五个维度，即感受美的素养——"敏锐"、认知美的素养——"博学"、鉴赏美的素养——"精微"、想象美的素养——"大胆"、创造美的素养——"不倦"。如下图所示，这五个维度具有内在联系，层层递进，各有侧重，通过0~10不同的分值，可在一定的时间节点对评价对象的审美素养作出比较客观全面的评价，这种评价很像影像CT的横切面检测图。相较于当下"一张考卷定优劣"的美育评价方式，"审美素养五维评价体系"是综合性、立体性、均衡性的评价体系；与中考、高考中的艺术类考试不同，它的评价对象不局限于具备某种艺术天赋的少数人群，而更适用于普通学生。此外，在测试题目、评分标准适当调整的情况下，该体系也可作为对学校、培训机构美育教学体系特色的认定方式。

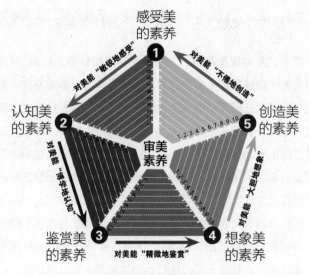

"审美素养"的核心内涵

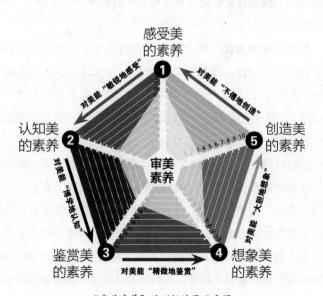

"审美素养"的测评结果示意图

## 审美素养的外化能力——学校美育评价体系的依据

看似抽象的审美素养的五维，如何显现为可以观测的评价因素？这是美育评价的关键所在，也是美育评价体系构建的依据之一。审美素养可观测的因素就是测评对象审美素养的外化能力。首先是该对象在某一时间点的外化能力，如下图所示；其次，如果把时间轴延长，通过持续多次记录，还可以得出评价对象的审美素养成长变化的立体图表，更能够通过观察分析图表结果，对被评价的个人或教育机构给予更为客观的分析与指导。

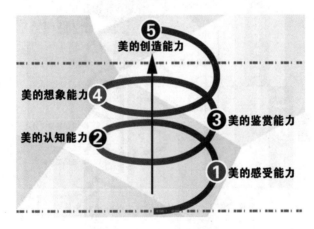

"审美素养"的五种外化能力

审美素养的外化能力包括：感受力、认知力、鉴赏力、想象力、创造力。这五种能力是循序渐进、逐级提升、螺旋式发展的审美综合能力。由点到线再到面和体，这个评价模型所呈现的并非是二维的状态。人一生的审美素养的积累和提升是一个立体的、循环往复、螺旋式上升的过程，在不同年龄阶段的循环是相互连接、渐进提升的，如下页图所示。因此该体系所作出的评价结果，更倾向于对人的综合审美素养外化能力的评价，而非对于某种特长的评判。这不仅对于个体的审美素养评价，更对众多致力于提升美育工作水平的学校、教育机构具有现实意义。

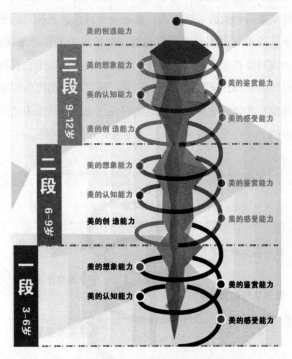

个体"审美素养"的外化能力的螺旋式发展

## 审美素养的培养路径——从多维培养的角度切入美育评价

**创造审美机缘，激活感受能力**

美育要育心。人工智能时代的到来使人们意识到，人的丰富、细腻的感受力是与逻辑分析同等重要的竞争力。有丰富感受力的人，就像一块具有很多面的钻石，无论光线是否充足，都有几面能映射出光芒和色彩；而缺乏感受力的人，就像一面镜子，单维的映射能力使其在光线不好的时候无法映出光芒，于是黯然失色。那如何培养像钻石一样，不管顺境逆境都能发现光和色彩的人呢？我们作为美育工作者，应尽可能地创造审美的机缘，让美不期而遇。

在现在的美育场景中，学校和培训机构对于看得见的美育成果极为重视，比如能不能做出一台能评奖的少儿参演的戏剧、一次少儿绘画和雕塑作品的展览、一台少儿一起演奏的音乐会，等等。当美育仅以作品成果为导向时，就出现了使少部分具有特长的孩子增进了知识和艺术技巧，却导致了大部分孩子面对艺术只能望而却步的情况。以那些不爱弹钢琴，却通过了钢琴十级考试的人为例，他们掌握了一定的艺术技巧和知识，但却错失了审美的感受和情感。同时也有很多人，认为自己没有艺术天分而与艺术"老死不相往来"。当下很多学生的感受麻木，更不懂得如何面对他人进行表达和情感交流，这些学生被日复一日的学习生活束缚了，缺少全面、均衡的身心发展。创造审美的机缘，让美不期而遇，应是当前审美教育最需要关注的问题，但也是审美素养培养中，被严重忽视的根基部分。

### 积累审美经验，拓宽认知能力

如果一个人对美的感受力被激发出来了，兴趣也调动起来了，紧接着就是无法绕开的知识积累、技巧提升。任何艺术都有前人留下的经验和印记，对它们的学习与分析，有助于积累审美经验，拓宽认知范围，避免闭门造车、坐井观天。这种能力培养的重点在于对艺术的理解应建立在学生个人对艺术感性体验的基础上，不仅用体验去印证知识，而且从体验中学会总结出一定的艺术特征与审美规律。

### 品评审美格调，提升鉴赏能力

通过积累审美经验，认知能力得以拓展，随着积累的经验越来越丰富，对美的差异，美的品位、格调就有了更深的见解。能独立思考，说出自己的品评观点，不人云亦云，标志着鉴赏美的素养的提升。

**探寻审美标准，拓展想象能力**

当人的鉴赏能力有了一定的提升后，就会不满足于已有的、固化的解释世界的方式，探索自己的言说方式就成为新的审美追求。"如果今天地心引力增加两倍，人会长成什么样？"面对类似这样的开放式问题，美育提倡放下惯性思维，通过大胆地想象、追问，或表达不同观点，启发人们看待世界的新的视角、激发人的想象力。学习艺术，接受审美教育，激发学生独一无二的想象潜能，这是探索一切新的有生命力的解释世界方式的必经之路。

**鼓励审美实践，丰富创造能力**

创造力是审美素养培养螺旋式发展里最高的一级。在现实生活里，有创造力并能发挥创造力，并最终成为艺术家的人毕竟是少数。但创造性思维、创新精神是值得普及和倡导的。各行各业都需要有创造性思维的人才，审美教育对培养人的创造性思维的意义亟待重视。健全学生的审美素养，仅依靠美术、音乐、戏剧等艺术课显然不够。审美教育必须要通过多维空间的渗透、配合、设计、强化，才能达成培养学生审美素养的目标。

学校空间、家庭空间、自然空间、社会空间、虚拟空间，每一个空间都有很多适合培养审美素养的特定"接触点"，这些接触点如果被策划、设计，并组织完善，就会像滴灌一样，以点连线、以线带面、多面成体地构筑起美育的教学体系，如下图所示。

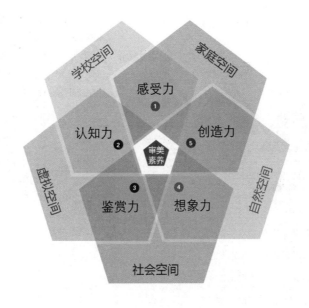

"审美素养"培养路径的多维空间

**接触点的寻找、聚焦、锁定**

通过寻找、聚焦、锁定多维度空间里的，学生能够接触到的有效"接触点"，如下页图所示，教师或潜移默化，或循循善诱，或精心设计，在最合适的时间和地点、最恰当的场合，把美传递给学生们。言传身教、潜移默化是铺陈，正面引导、目标教育是提升。

研究表明：健全美育教学理论体系必须以审美素养的核心内涵为中心，以其外化能力为指标，以其培养路径为手段，以其多维空间接触点的选择、组织、配合为抓手，逐步形成由内而外的美育教学规划与实践方案。让学生们通过身边的接触点，与美相遇，被美浸润、启迪、温暖、点燃！

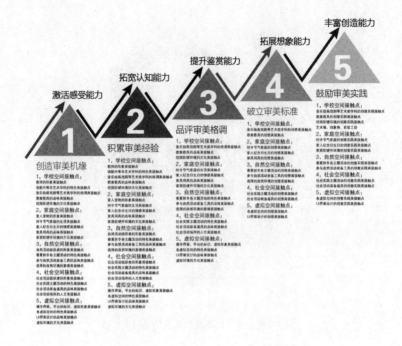

"审美素养"外化能力的培养路径及接触点

## 构建"培根铸魂"的美育评价体系

上述关于审美素养的核心内涵、外化能力、培养路径、多维空间接触点的选择等理论思考,都是为了论述美育不是灌溉,而是浸润;"看不见"的潜移默化远比"看得见"的考核标准更为重要。"培根铸魂"就是要多做当下"看不见",未来却一定"看得见"的事。美育评价标准的主要考评对象是学生,还是培养学生的学校多维环境?是用清晰的评价规则预先设定模式,还是模糊的抽样检测随机模式?是仅以学生的考试成绩为主要标准,还是应加入学校综合美育环境考评的加权指数?针对这些问题,研究提出以下两个论点。

**以学校教学综合环境系统为主要考评对象，而非学生一时的考试成绩**

习近平总书记说过："分数是一时之得，要从一生的成长目标来看。如果最后没有形成健康成熟的人格，那是不合格的。"① 对于美育而言，每一个孩子都像一颗"种子"，而学校、家庭、教师等外部环境就像水源、土地和园丁。美育的教育"成果"一定会在至少10年以后的将来得以呈现，人们是无法在现在对他们未来的审美素养用清晰的分数标准作出准确评判的。教育工作者之所以被人尊重，就是因为他们的工作是当下的奋斗、是良心的事业，这样才能在未来呈现结果，教育、美育的真正成果都显现于未来。

而评估"种子"的成长前景，不仅应聚焦于种子当下的长宽高相关数据本身，更重要的关注点应该是种子赖以生存的外部环境。同理，美育工作的评价能否以学校综合人文环境的考评作为学生美育评分的重要标准？如果教育部门通过将学校的美育综合环境指数评估与该校学生的美育分数挂钩，学校美育综合环境评估指数越高，就会拉动个体学生的美育得分，以此作为激励，一定会充分调动学校美育工作务实投入的积极性。

研究对假设存在A、B、C三所学校，并对其美育多维接触点进行模拟评价，测评结果：A校得分1.3（最为优秀），B校得分是1（基本达标），C校的得分是0.9（不达标），而假设分别来自三所学校的三位学生，每一位在审美素养的五维评价中总分都是90分，但这并非他们的最终得分。经过教育部门给三所学校美育综合环境的评价加权指数的相乘计算，第一位学生来自得分是1.3的学校，那么他的个人得分就是117分（90×1.3=117）；第二

---

① 两会论语 | 分数只是一时之得！孩子应当赢得人生的大考[EB/OL]. https://baijiahao.baidu.com/s?id=1693578377440649760&wfr=spider&for=pc.

所学校的孩子得分则是90分（90×1=90）；第三所学校的孩子得分则是81分（90×0.9=81）。这种评价方法注重学校美育综合环境，包括教学体系、教师素养、校园环境等因素，将更有助于激发学校在美育工作上的积极性，提升该校的招生竞争优势，一定程度上形成区域二梯队学校的审美教育特色，缓解对一流学校学区房资源的抢购现象，助力教育部门平衡辖区内的学校招生分流压力。将美育指数引入学校教育评价体系，促进地区内的教育公平，学校与学校、学生与学生之间"各美其美、美美与共"，更重要的是让校长及教学主任能有意愿带领全校师生系统地整合美育工作的深层次资源，实现学校环境"看得见的改变"。

**以模糊抽样检测模式为考评方式，而非规则预先设定模式**

经济学上有一个著名的古德哈特定律，若一个经济学的特性被用作经济指标，那这项指标最终一定会失去其功能，因为人们会开始利用这项指标。这个定律对美育评价体系的构筑是一个提醒：应从程序和评价方法上避免学校和学生只关注美育中有形的因素，而对其他同样重要的维度选择性忽视，因为考试不考。因此，可以告知学校评价应着眼于众多与审美教育有关的多维度教学接触点，但不明确告知将抽检的是哪些。过去，人们总是觉得，所有的政策运行都必须依靠显性的规则，规则越清晰越好，以便清晰地知道边界在哪里。这是最恰当的方式吗？在一些特定的领域，更为行之有效的规则将会是"模糊规则"。

以搜索引擎公司为例，如果公布规则：谁的点击量大，谁的排名就上升，刷点击量的黑色产业就会出现；如果进一步发布规则：发现谁刷点击量，就惩罚谁，就会有人恶意地刷竞争对手的点击量，让平台惩罚对手。所以，更严谨的做法是公布一个模糊规则，而不是清晰的规则，让那些想钻漏洞的人无法猜到。

值得强调的是，模糊抽样检测模式并不是没有规则，而是将美育的评价体系构建成一个像围绕着地球的卫星群一样的接触点评价体系，接触点即评价点，学校会很清晰地知道评价点在哪里，但由于数量多且分散，无法预知评价会抽取哪些美育接触点，从而不作秀、长远打算、从细节着手，这就是研究提出的美育评价体系所特有的"看不见的标准"。

## 结语

从美育工作激励政策的制定层面，让学校校长及教学骨干教师能有动力和意愿实现教学综合环境"看得见的改变"；从美育评价的实践层面，让学校校长及教研团队能潜心于自身美育特色的挖掘与构建，而不再受制于被动满足评价标准，追求"面面俱到"而失去自身定位。这是研究与设计美育评价体系的目标。显然这个体系还不完善，研究还在继续，希望这一研究思路能引发美育工作者对于建立健全的学校美育综合评价体系的进一步探讨，共同探索出符合美育规律的实践路径。

拓展学习PPT

# 学生审美素养评价的方法与思考[1]

高登科　弋语可[2]

随着美育的内涵在新时代的扩展，审美教育的提升和审美素养的评价逐渐成为美育诸多任务中的关键环节。审美素养提升的基础是审美能力的锻炼，主要涉及对艺术作品的接受和审美经验的理解。健全的审美素养关乎人最基本的情感能力、价值判断与人格整全，至少包含心灵感知、创造性思维、知识和技巧四个方面，缺一不可；它使我们不止于对作品的单纯享用，而且能进入在作品中敞开了的真理境域。

然而，制订和实施契合美育学术理念、科学有效的评价却并不简单。评价的对象、实施者，评价的标准和范围等都是值得注意和思考的问题。

## 被评价群体的共性

就现阶段的教育评价而言，学生对审美的个人理解、交流分享与独立创造，尚未被现有的评价所全面地考察。更为广阔的美育观念中，并不存在独立的"创意人才"或"创意行业"，各行各业都在不断涌现出里程碑式的"颠覆者"或"艺术家"。在审美素养的提升和评价中，应帮助学生从个体出发，理解审美和艺术，寻找社会生活中需要的创意点，走向他者和更广阔的世界，实现审美意趣的情感沟通。

---

[1] 本文发表于《中国美术报》2021年1月11日版。经作者授权，收入本书时有修订。
[2] 弋语可，清华大学美术学院艺术史论系硕士。

## "评委"应包含的角色及评价标准

任课教师应当是评价学生审美素养的主角,但不是唯一的角色。应由教师评价、学生自评、同学互评共同组成,而各自所占比例尚需进一步探索、实验和研究。学生审美评价的标准也应由与审美教育直接相关的领域专家共同研讨、提出草案,由主管教育部门制定和出台。有关专家应包括但不限于艺术教育家、艺术家、教育家、心理学家、人文学者等。应在草案阶段开启听证会,邀请大中小学教育管理者、教师、学生代表、家长代表发表意见。

目前已有许多关于艺术课程的评价理念和框架,比如瑞士心理学家皮亚杰(J. Piaget)提出的建构主义学习理论。而钱初熹总结了建构主义的教学模式特点,其中提到"形成性评价是至关重要的,以及主观和非正式性的评价数据可能是最具价值的。"[1]通过了解相关理论和框架,不断提高评价角色、方法及标准的丰富度和融合度,才能保证学生审美素养评价的学术性、公正性和权威性。

审美素养评价是目的,也是方法。无论我们用什么样的方式推进评价机制,都可以在某种程度上推动人们对审美素养的认知,推动整个社会对审美素养的重视。宏观意义上的审美素养已经涉及学科融合和跨媒介研究的领域,基本层面的审美素养则以人文精神为背景。当下我们的审美素养评价走到了十字路口,是直面学科发展的整体趋势,还是走进单一学科的死胡同,是需要我们思考的。我们希望审美素养评价能够有针对性、具体化,能够在形成审美素养共识的基础上,共同走进学科整合和社会美育的广阔疆域。

---

[1] 钱初熹.美术教学理论与方法(第二版)[M].北京:高等教育出版社,2013:38.

# 大学生艺术素质评价体系及提升策略[①]

石春轩子[②]

## 艺术教育是美育的基本途径和突破口

在很长一段时间，以音乐、美术等学科为主的艺术教育被作为美育的主要手段，甚至被等同于美育。但美育与艺术教育之间有着显著的区别，又有着内在的联系。一是美育涵盖范畴更广泛，评价指标更抽象。美育包括了艺术、人文、自然、社会等所有学科，以抽象性的审美素质作为评价指标，属于教育总目标的范畴。而艺术教育属于课程范畴[③]，以音乐、美术、舞蹈、戏剧等艺术学科的知识与技艺为考察内容，以更为具象的艺术素质为评价指标[④]。二是艺术教育是实施美育的主要途径和突破口。艺术教育是美育的一个子集，它以相对可被量化的艺术素质指标为突破口，适合中国的国情，确保了推进学校美育的可行性。

高校实施美育需要循序渐进，以表演艺术、造型艺术、语言艺术和综合艺术的艺术教育为基础，制订更加完善的艺术素质评

---

[①] 本文原题为《美育背景下大学生艺术素质评价体系及提升策略研究》，发表于《中国大学教学》，2020年第6期。经作者授权，收入本书时有修订。

[②] 石春轩子，华东师范大学音乐学院教授，博士生导师。研究方向：声乐表演艺术、艺术学理论。在《中国音乐》《艺术百家》等核心期刊发表论文10余篇，出版著作2部。主持6项省部级以上科研项目，包括国家文化创新工程项目、教育部人文社科青年基金项目、上海文化发展基金会重大文艺创作资助项目等。

[③] 奚传绩.艺术教育与美育[J].艺术教育，2003（4）.

[④] 朱丹，资利萍.从"审美与表现"到"艺术素养"——中小学综合素质评价中艺术考评的演进历程与特点[J].中国音乐教育，2019（4）.

价指标，推进学校美育的教学质量和发展水平①。艺术素质的各项评价指标涵盖范围广泛，如艺术审美、艺术想象力、艺术创造力等难以评估量化，从而影响了对美育发展进程的了解。为此，国内外学者经过长期的研究实践，英国、日本、美国、韩国、中国等逐步推出了艺术教育的评价指标和量化标准。2015年，教育部发布《中小学生艺术素质测评办法》，以音乐、美术两个学科为基础，测评学生在音乐和美术课程学习、课外活动、基础知识和基本技能方面的情况。

## 普通高校大学生艺术素质评价指标的构建

我国各个高校在办学理念、教学资源等方面存在较大差异，对于大学生艺术素质方面的重视程度差别很大，存在较显著的艺术教育课程不均衡的现象。一些知名院校，如清华大学、复旦大学、浙江大学艺术教学资源丰富，截至2020年，艺术课程数量均超过60门。其中，清华大学在2014年就组建了13支学校艺术团，艺术课程有近100门。而大部分普通大学基础性艺术课程不到10门，例如某中医药大学在校生1.5万人，只开设了6门艺术课程②，甚至完全没有开设导致很大比例的大学生提升艺术素质的需求无法满足，不能适应我国对学校美育工作的目标要求。

近年来，一些学者针对普通高校大学生艺术素质评价，提出了相应的指标模型。

我们充分借鉴学者前期成果和部分高校大学生艺术素质的评测标准，与专家组成员经过多轮探讨、修订和调整，制订了"普

---

① 杜卫.当前美育和艺术教育关系的若干认识问题[J].美育学刊，2019（3）.
② 郭必恒.2018年中国艺术教育年度报告.高校篇[J].艺术评论，2019（3）.

通高校大学生艺术素质评价表",如下表所示。该表既关注艺术类基础学习,也重视艺术实践,分为艺术文化知识和技能(艺术类课程及分数情况、艺术活动情况)、艺术能力(艺术鉴赏力、艺术表现力、艺术创造力)和艺术加分项(艺术类比赛奖项或表彰情况、艺术专项发展)等指标,充分考虑了艺术学习过程和效果,为大学生提升个人艺术素养提供借鉴。

**普通高校大学生艺术素质评价表**

| 一级指标 | 二级指标 | 观测点及描述 | 分值 |
| --- | --- | --- | --- |
| 艺术文化知识和技能 | 1.1 修艺术类课程与成绩情况 | ①必修或选修艺术课程门数及完成学分情况。②完成艺术课程考试或考查及获得成绩等级情况。 | 30 |
| | 1.2 参加艺术实践活动情况 | ①去艺术馆、博物馆、美术馆等场馆进行有目的的艺术实践,到特色地区进行考察和游学等。②主持、策划、参与各类各级艺术文化活动情况(如艺术展演、艺术比赛、艺术讲座、沙龙、论坛等)。③阅读、视听艺术类书籍、影视资料和各类文学作品及其掌握情况。④参加艺术社团与出席社团活动情况。 | 20 |
| 艺术能力 | 2.1 艺术鉴赏力(审美能力) | ①能感知常见艺术类型的表现要素的作用,能够鉴赏各类艺术形式,包括特点、表现力和感染力等。例如,能了解音乐作品结构、体裁和形式。②能够正确鉴赏各类艺术形式,掌握常见艺术类型分类方法及特点,能够发现并了解音乐、美术等艺术形式中的美的规律。例如,掌握中西方乐器分类方法及音色特点。③了解国内外经典艺术成果,了解不同类型艺术作品及风格、流派和代表性人物。例如,了解国内外优秀音乐作品的风格、流派和代表性人物等。 | 15 |

（续表）

| 一级指标 | 二级指标 | 观测点及描述 | 分值 |
|---|---|---|---|
| 艺术能力 | 2.2 艺术表现力 | ①主动参与各种艺术活动，能选择合适的艺术方法表达作品情绪。例如，选择适当的演奏方法表达乐曲情绪。<br>②学习表演简单的音乐、戏曲、舞蹈等表演艺术活动，或者从事绘画、雕塑等造型艺术活动等。 | 15 |
| | 2.3 艺术创造力 | ①对一种或多种艺术形式有探索的想法或尝试。例如，在工作学习中能够运用艺术创作的思维模式（如发散、直觉等）。<br>②能够按照要求进行一种或多种艺术创作实践。例如，能够根据乐曲内容或情绪，用相应舞蹈进行编创表演活动。<br>③能够在日常生活中，运用艺术性的思维对个人形象和公共环境进行装饰和布置。 | 20 |
| 加分项 | 3.1 艺术类比赛奖项或表彰情况 | ①个人或所在团队在各级比赛中获奖情况。<br>②个人或所在团队举办专场艺术演出、展览或媒体专访、专刊和报道情况。 | 10 |
| | 3.2 艺术专项发展 | ①有一项或多项艺术特长。<br>②在各级艺术社团中担任理事、团长、副团长等职务。<br>③在学校、学院学生会文艺部担任部长、干事等职务，在班级担任文艺委员等职务。 | 10 |

注：满分为120分，包括加分项20分。

该表在具体实施中，一是需要进一步细化，设置更多的量化观测点和分配不同的权重值；二是需要根据高校自身状况，对指标适当增删，以符合不同高校的培养需求。

## 美育背景下普通高校大学生艺术素质提升策略

### 平衡高校艺术教育资源，加强艺术学科建设

高校可充分借鉴其他院校的美育成功经验，以艺术学科建设为基础，构建适合自身的美育课程体系。主要从如下四个方面开展：其一，将大学生艺术素质纳入高校考核评估指标，明确高校在学校美育工作的主体责任。近年来，教育部多次发文，强调美育是国家战略高度的工程，要求以高校为基础，汇集全社会各领域的资源，建立学校、家庭、社会相协同的美育育人机制。其二，加强师资培训工作，提升美育教学水平。高校应建设一支优秀的教师队伍，在各学科的教学中引经据典，启迪引导，融入审美精神。同时，按照学校办学规模，配备合适的艺术教师队伍，使学生有机会得到足够的艺术熏陶。另外，需加强外部交流合作，邀请艺术领域资深专家学者开展论坛讲座，营造富有美感的学习氛围。其三，面向全校学生有计划开设各类艺术课程，以满足学校美育工作要求。高校应以学分制为基础，必修课与选修课相结合，涵盖音乐、美术、文学、电影、戏剧等各类艺术形式。必修课（如"美学研究""大学美育基础"等）向学生传授艺术审美基础知识，帮助学生认清美的本质和特征，认识美的形态和范畴，了解美的起源和发展、审美心理过程及其规律等。选修课（如"中外音乐鉴赏""经典戏剧赏析"等）扩大学生视野，提升学生鉴赏能力和审美水平。鼓励学生阅读美育书刊和视听美育节目，了解蔡元培、朱光潜、李泽厚、宗白华等人的美学思想，熟悉《中国美学史》《艺术的故事》《美学散步》《美的历程》等艺术、美学著述。其四，利用互联网信息技术，构建美育课程"超市"，平衡高校艺术资源。积极探索线上、线下相结合的课程教学模式，录制或引入高质量的网络艺术课程，整合各类优秀网站或APP中的艺术资源，如"学习强国""中国大学MOOC""一

席"中的美育课程资源，形成课程"超市"。学校应以学分制为基础，鼓励学生在"超市"按需选课，将有效平衡高校艺术资源，大幅提升学生艺术学习效率。

**建设美育实践基地，为学生搭建艺术实践与创作平台**

搭建学生艺术实践与创作平台，主要包括以下四个方面：其一，围绕校园环境建设，营造出美育的良好氛围。高校应汲取中华艺术精髓，建设具有传统底蕴、优雅和谐、朝气蓬勃的校园环境，使学生潜移默化地感知环境之美、艺术之美和生命之美。例如，北京大学的未名湖、华东师范大学的丽娃河、武汉大学的樱花大道，将校园自然环境和人文环境完美结合，宁静中充满艺术的气息，成为学子心中的精神家园。同时，可以通过校园橱窗、板报，以及明信片、文化衫等，积极传播校园文化。例如，华东师范大学"大师屋"专属纪念品中心，通过《情绘华东师大》系列画作和艺术衍生品加快艺术之美在校园内外的传播，推进高雅的校园文化建设。其二，开展形式多样的学校艺术活动，提升学生艺术创作水平。学校可根据当前社会热点，积极开展校园歌曲创作大赛、校园歌手比赛、摄影大赛等艺术活动，以丰富校园文化，提升学生艺术素养。例如，为庆祝中华人民共和国成立70周年，开展"短视频制作""曲艺表演"类校园活动；为致敬所有在抗击新冠肺炎疫情中的"逆行者"，组织"摄影大赛""诗词创作"活动等。其三，联合大学生艺术社团，建设长期稳定的艺术实践渠道。高校大学生艺术社团，一般包括合唱团、民乐团、摄影社、书画社、诗社和戏剧社等，吸引着众多对艺术有兴趣的学生。学校可以艺术社团为中心，与校园文化建设活动相结合，推动普通大学生积极参与校园文化活动，提升艺术实践水平。其四，积极开展校外艺术实践。组织师生以合唱团、舞蹈团等形式参加文化艺术节，开展外景写生、摄影等，了解我国风土人情，充实精神文化生活。例如，华东师范大学艺术团组织师生以合唱团等形式参加"上海之春"和"上海国际艺术节",使学生得到丰富的艺术熏陶。又如,作者考察湖南大学期间,遇到该校学子手绘校园和岳麓山风景,制作成明信片,勤工俭学。

**完善艺术素质评价机制,建立数字评测平台**

随着互联网(特别是移动互联网)的快速普及,以传统表格填写的评价体系难以适应当前艺术素质评价需求。需要顺应时代,建立艺术素质数字评测平台,从而充分利用互联网优势,实现观测点数据实时录入上传和学生间的实时交流互动。平台围绕"普通高校大学生艺术素质评价表"中各项指标和观测点,通过课程数据自动同步,将观测点数据自主上传,加入自评、互评和教师评定等方式,完成学生艺术素质的评测。当前,一些中小学(如华东师范大学第四附属中学)、高校做了平台建设尝试(网站或APP形式),取得了积极的成果。

建立艺术素质数字评测平台具有以下优势:其一,方便对指标内容和权重数据进行调整。由于各高校面临的条件差异,对大学生艺术素质评测需要根据学校具体发展情况,对指标内容进行增减,或对权重予以调整,需要通过美育教学指导委员会不断完善。其二,方便观测点数据信息的及时录入。艺术素质的评测更多是过程性评测而非结果性评测,及时录入各种观测点数据(如上课打卡记录、实践活动视频、学习成绩证明、演出比赛图片等)为最终成绩评定和考核奠定了基础。其三,明确了学生发展艺术素质的途径。在电子平台上,各项评测指标和分值权重一目了然,对于学生艺术学习或艺术实践具有引导促进作用。其四,通过作品交流互动,激发学生参与度。学生可以在平台发布艺术作品,分享活动过程和体验心得,形成良性的竞争,促使艺术作品品质提升,激发参与艺术活动的热情。学校在具体实施中,还需要对各项指标进一步细化分解,以完整覆盖学生的艺术学习和生活中的方方面面。

## 延伸思考

  美育的评价是美育教学的参考标准，同时也是美育实施的参照标准。有了这个标准，才能挖掘出各种美育的路径，美育才能免于空谈，落在实处。然而，这个标准奉行的只是"底线"原则，而不是"上线"原则，也就是我们是否达到了起码的育人目标。育人目标实现的程度，就是美育评价的标尺，我们也只有在这个标尺的参照下，才能确定出切实可行的、有针对性的评价方法和评价指标。比如，学生们是否喜爱他们的美育课程，学生们是否亲近他们的美育教师……

# 拓展学习

教育部：《关于全面实施学校美育浸润行动的通知》，2023年版。

教育部基础教育课程教材专家工作委员会：《义务教育艺术课程标准（2022年版）》，北京：北京师范大学出版社，2022年版。

彭吉象，刘沛，尹少淳：《义务教育艺术课程标准（2022年版）解读》，北京：北京师范大学出版社，2022年版。

中华人民共和国教育部：《普通高中美术课程标准（2017年版2020年修订）》，北京：人民教育出版社，2020年版。

中华人民共和国教育部：《普通高中音乐课程标准（2017年版2020年修订）》，北京：人民教育出版社，2020年版。

[美]国家核心艺术课程标准联盟：《美国国家核心艺术课程标准》，上海：上海音乐出版社，2018年版。

[美]朱迪·戴蒙德，迈克尔·霍恩，大卫·尤塔尔：《实用评估指南：博物馆和其他非正式教育环境的评估工具》，邱文佳译，潘守永审校，上海：复旦大学出版社，2022年版。

郭声健，刘珊：《国家美育评价政策：背景、内容与原则》，载《湖南师范大学教育科学学报》2021年第20卷第3期。

郭成，赵伶俐等：《大美育效应——美育对学生素质全面发展影响的实证》，北京：北京师范大学出版社，2017年版。

易晓明：《关于学生艺术素质测评的问题思考》，载《美育学刊》2018年第3期。

汪宏，陈笑浪：《中小学美育教学评价智能化平台的建构与运用》，载《湖南师范大学教育科学学报》2021年第20卷第3期。

郑冠群：《基于档案袋评价的中小学美育评价体系建构》，载《基础教育课程》2021年第13期。

# 后 记

为广大一线教师做一本"美育手册"的想法,源于清华大学美育工作者们多年实践中的观察和思考。2021年,在清华大学建校110周年校庆前夕,习近平总书记来到清华大学考察时指出:"美术、艺术、科学、技术相辅相成、相互促进、相得益彰"。清华园有着很好的教育研讨氛围、育人传统和育人生态,在这样的氛围中,作为一名从事通识课程管理的工作者和研究者,我有幸就美育课程建设工作向不同学科的教育专家求教、探讨。随着研讨的不断深入,我的一个感受渐渐加深,并且得到了一些老师们的共鸣——从事美育教学的教师,或许首先需要接受美育。

教师需要美育,可是教师美育这项工作如何开展呢?有人说,美学理论研究与美育课程教学之间存在隔阂,需要活化理论;有人说,既体现育人理念又受到学生好评的美育课程相对分散,需要梳理集中;也有人说,高校美育与中小学美育经验之间各不相闻,需要对话互鉴……似乎我们亟须做些什么,来黏合美学理论与美育实践,促进不同学科与学段的对话,梳理总结多种多样的美育经验,特别是希望这些经验能让实际从事美育教学的老师们有所思、有所用,成为促进可持续性教学工作的资源。因此,如何让一线教师对美育理念有比较真切的思考,并融会贯通于自己的教学实践,就是我们构思和编辑这本手册的初衷。并且,我们以"理论、方法与实践"作为副书名,也希望重申这一主张——美育的生动开展离不开以上三者的融会贯通。

参与本书编写的作者从教授专家到中小学教师，从艺术家到哲学家，从美育研究者到社会美育践行者，不可谓不广泛。在编纂过程中，我们尽量兼顾内容的广泛性、知识的专业性和讲述的通俗性，并不拘泥于学术论文、演讲稿，或是教师访谈、师生问答，共同之处在于每一篇文章都经过仔细斟酌。有些话题非常重要又暂无合适的文章，我们则向作者特别约稿。在此，我们要特别感谢每一位作者接受我们的邀请——有的作者是我们多年受教的前辈和同事，有的作者远在杭州、南京、上海、成都、重庆乃至海外，因本书而结缘。正是各位美育先行者的慷慨赐文，这本书才得以汇集宽阔的视野、丰富的研究视角、鲜活生动的教学案例，并以不拘一格的讲述风格最终呈现在读者面前。

书中未尽之处，恳请各位读者朋友积极反馈，提出不同意见和建议，以助本书在未来的修订中更趋完善（联系邮箱：sunmq@tup.tsinghua.edu.cn）。希望这本手册可以陪伴你左右，成为你"向美而行"的同路人。

沈晖

2022年9月